中国经济文库 · 应用经济学精品系列（二）

余晓敏◎著

可持续发展视角下的企业社会责任

动因、机制与绩效

Corporate Social Responsibility from the Perspective of Sustainable Development: Motivation, Mechanism and Performance

中国经济出版社
CHINA ECONOMIC PUBLISHING HOUSE
北 京

图书在版编目（CIP）数据

可持续发展视角下的企业社会责任：动因、机制与绩效 / 余晓敏著. -- 北京：中国经济出版社，2024.3

ISBN 978-7-5136-7693-9

Ⅰ. ①可… Ⅱ. ①余… Ⅲ. ①企业责任-社会责任-研究 Ⅳ. ①F272-05

中国国家版本馆 CIP 数据核字（2024）第 061955 号

责任编辑　邓媛媛
责任印制　马小宾
封面设计　华子工作室

出版发行　中国经济出版社
印 刷 者　北京建宏印刷有限公司
经 销 者　各地新华书店
开　　本　710mm×1000mm　1/16
印　　张　17
字　　数　227 千字
版　　次　2024 年 3 月第 1 版
印　　次　2024 年 3 月第 1 次
定　　价　88.00 元
广告经营许可证　京西工商广字第 8179 号

中国经济出版社 **网址** http://epc.sinopec.com/epc/ **社址** 北京市东城区安定门外大街 58 号 **邮编** 100011
本版图书如存在印装质量问题，请与本社销售中心联系调换（联系电话：010-57512564）

目录
CONTENTS

第一章 导论

一、研究背景

进入 21 世纪，可持续发展日益成为各国实现经济繁荣、社会公正、环境保护等多重发展目标的理论指南。面临经济全球化的现实，企业社会责任（Corporate Social Responsibility，CSR）逐渐成为实现可持续发展目标的重要推动力量。1999 年联合国秘书长科菲·安南提出“全球契约”计划，号召企业履行以联合国公约为基础的，涵盖人权、劳工标准、环境和反腐败领域的全球契约十项原则，并每年报告进展。2010 年，国际标准化组织在日内瓦发布《国际标准化组织社会责任指南（ISO 26000）》，该指南参照和引用了自 1948 年以来的 68 个国际公约、声明和方针，与联合国及其下属相关机构，特别是国际劳工组织（ILO）的规定条款相辅相成、互为补充，是一个适用于各种类型企事业单位的企业社会责任国际标准（齐丽云、魏婷婷，2013）。发展至今，企业社会责任已经成为全球范围内推动世界可持续发展的重要力量。

中国加入世界贸易组织（WTO）后的几年间，企业社会责任迅速成为我国政府、企业界和学术界共同关注的发展议题。围绕企业社会责任议题相继颁布、出台了一系列法律、法规和政策。2006 年 1 月 1 日生效的《中华人民共和国公司法》修订案在其总则第五条中，明确规定“公司从事经营活动，必须遵守法律、行政法规，遵守社会公德、商业道德，诚实守信，接受政府和社会公众的监督，承担社会责任"。2006 年，深圳证券交易所发布《上市公司社会责任指引》；2008 年，上海证券交易所发布《上市公司环境信息披露指引》；2008 年，国有资产监督管理委员会出台《关于中央企业履行社会责任的指导意见》。2018 年，证监会发布《上市公司治理准则》，确立环境、社会责任和公司治理（ESG）信息披露的基本框架，进一步强化了上市公司社会责任和信息披露要求（李浩然、吴丹红，2022）。2015 年，三项以"36000"数字为系列企业社会责任国家标准：GB/T 36000— 2015《社会责任指南》、GB/T 36001—2015《社会责任报告编写指南》和 GB/T 36002—2015《社会责任绩效分类指引》，由国家质量监督检验检疫总局、国家标准化管理委员会批准发布。这既是 ISO 26000 社会责任国际标准在我国的落地，也为我国组织履行社会责任提供了系统、全面的指导。2020 年，为促进我国组织建立和完善社会责任管理体系，提升社会责任管理绩效，GB/T 39604—2020《社会责任管理体系—要求及使用指南》、GB/T 39653—2020《在管理体系中使用 GB/T 36000》相继颁布实施。

从地方层面协调发展综合竞争力（邵邦、何元增、程诚，2015）各地地方政府围绕企业社会责任议题采取了以下措施：①严格执行相关的法律；②制定企业社会责任指导方针，例如浙江、上海、陕西、山东、重庆、甘肃、湖北、深圳等省（市）地方政府结合本地实际发布了企业社会责任指导方针或制定了企业社会责任标准；③通过财政刺激来激励企业"超越合规"，例如引进税收激励，实施绿色信贷和绿色财政项目；④设置企业社会责任奖励项目或开展企业社会责任能力提升活动，调动企业履行社会责任的积极性并提升其管理能力（殷格非等，2020a；李浩然、吴丹红，2022）。

从企业层面来看，企业社会责任的理念在我国各类企业中获得了广泛认同，参与社会责任实践的企业数量激增，社会责任管理水平普遍提高。中国社会科学院经济学部企业社会责任研究中心发布的"中国企业社会责任发展指数"的研究数据显示，2017 年社会责任发展指数达到五星级的企业数量（属于"卓越者"水平）持续增加，由 2010 年的 1 家增加到 2017 年的 43 家；而一星级的企业数量（属于"旁观者"水平）整体呈现下降趋势，由2010年的218家下降到2017年的130家（黄群慧等，2017）。同时，企业社会责任发展水平在不同所有制、不同行业类型的企业之间存在显著差异。首先，在所有制类型方面，2017年，国企、民营和外资三类企业社会责任发展指数差异化明显，国有企业社会责任发展指数得分最高（58.7分），其中，中央企业社会责任发展指数得分为51.7分，民营企业次之（29.7分），外资企业最低（23.9分）。其次，在行业类型方面，电力行业社会责任发展指数得分最高，为76.0分（达到四星级水平，处于“领先者”阶段）；家电行业、特种设备制造、银行、汽车、石油石化5个行业的社会责任发展指数得分为40～60分（达到三星级水平，处于“追赶者”阶段）；而近年来新兴的互联网金融平台相对较差（6.5分），在企业社会责任管理和信息披露方面亟待加强（黄群慧等，2017）。

从社会层面来看，各种行业协会，包括中国纺织工业联合会、中国企业联合会、中国银行业协会、中国工业经济联合会、中国中小企业协会、中国对外承包工程商会和其他地方性协会，都发布了行业性企业社会责任指引或者在行业内建立了企业社会责任报告原则（宋路路、刘红，2018）。据统计，截至2018年，已有40余家行业协会（联合会）发布了行业社会责任指南或公约，为行业企业履行社会责任提供了指引和规范，对鼓励企业结合自身特点和行业特色开展企业社会责任实践、探索企业社会责任管理模式发挥了促进作用（殷格非等，2020b）。

二、文献回顾

企业社会责任在全球以及中国的兴起，为实现可持续发展提供了新的动因与机制，也为企业社会责任、社会治理及发展研究领域提出了一系列新的研究议题，主要体现在企业社会责任的动因模式、实施机制及多重绩效三个方面。

（一）企业社会责任的概念辨析

1. 企业社会责任相关概念的历史演进

企业社会责任这一概念的提出由来已久。如图1－1所示，企业社会责任的相关概念由 20 世纪 50 年代的“商业道德/商业慈善”（business ethics/business philanthropy，charity），到 2000 年以后出现的“企业公民”（corporate citizenship），总体上出现了逐渐“理性化”的趋势，即关注点逐步由个体微观层面向中观组织层面以及宏观社会层面转变。同时，理论导向由关注道德伦理问题转向管理议题。

图 1－1　企业社会责任相关概念的历史演进

资料来源：De Bakker Franck G A，Groenewegen Peter，Hond Frank den. A biblometric analycis of 30 years of research and theory on corporat social responsibility and corporale social performance ［J］. *Business and Society*，2005，44（3）：283－317.

2. 企业社会责任的经典定义

过去几十年间，在企业社会责任相关实践和理论不断发展的过程中，出现了大量来自学者以及国际组织、实践机构的企业社会责任定义。其中，比较经典的企业社会责任定义如表 1－1 所示。

表 1－1　企业社会责任的代表性定义

作者	企业社会责任的定义
Carroll（1979）	社会在特定时间点对组织的经济、法律、道德和任意责任方面的期望
Jones（1980）	公司超出了法律规定和工会合同的要求，对股东以外的社会群体负有义务
McWilliams 和 Siegel（2001）	超越公司利益和法律要求，促进社会公益的组织行为

续表

作者	企业社会责任的定义
European Commission (2002)	公司志愿性地将社会和环境问题的考虑纳入其商业运营以及与利益相关者的互动中
Kotler 和 Lee (2005)	通过自由裁量的商业实践、贡献公司资源，致力于改善社区福祉
Aguinis (2011)	考虑到利益相关者的期望和经济、社会、环境绩效三重底线的特殊情境下的组织行动和政策
World Business Council for Sustainable Development (2000)	企业承诺持续地采取符合道德标准的行为方式，并且在寻求经济发展的同时改善员工及其家人、当地社区，以及整个社会的生活质量

资料来源：Jang Soebin，Ardichvili Alexandre. Examining the link between corporate social responsibility and human resources：Implications for HRD research and practice［J］. *Human Resource Development Review*，2020，19（2）：183－211.

3. 企业社会责任定义的概念维度分析

虽然不同的企业社会责任定义各有侧重，但是不同的企业社会责任定义作为一个整体都具有三个相同的关注点：责任内容、责任对象及责任性质（表 1－2）。具体而言，Dahlsrud（2008）对 1980—2003 年出现的 37 个企业社会责任定义进行了比较分析，发现不同的企业社会责任定义总体上体现了企业社会责任的五大概念维度。其中，有三个概念维度是关于责任内容的，即企业主要是在环境、社会和经济三个维度上履行社会责任。同时，在责任对象这一关注点上，多数企业社会责任定义强调企业履行社会责任的对象是企业的利益相关方，具体包括雇员、政府、供应商、社区、环境等多种主体。此外，多数企业社会责任定义强调企业履责的志愿性，即企业往往超越法律政策要求的底线，志愿性地承担更多的社会责任。

表1-2 企业社会责任定义的概念维度分析

关注点（概念维度分类）	概念维度	企业社会责任定义中的相关短语
责任内容	环境维度	更清洁的环境； 环境管理（environmental stewardship）； 企业运营中的环境问题
	社会维度	为更美好的社会做出贡献； 将社会关注融入其商业运营； 考虑企业对社区的全面影响
	经济维度	为经济发展做出贡献； 保持盈利能力； 商业运营
责任对象	利益相关方维度	与利益相关方的互动； 组织如何与员工、供应商、客户和社区互动； 对待公司的利益相关方
责任性质	志愿性维度	基于伦理价值观； 超越法律义务； 志愿地

资料来源：Dahlsrud Alexander. How corporate social responsibility is defined: An analysis of 37 definitions [J]. *Corporate Social Responsibility & Environmental Management*, 2008, 15 (1): 1-13.

（二）企业社会责任的动因模式

1. 国外理论研究

国外有关经典研究按照企业履行社会责任的动机差异，将企业社会责任模式分为三类：道德型企业社会责任（ethical CSR）、利他型企业社会责任（altruistic CSR）和战略型企业社会责任（strategic CSR）（Lantos, 2001）。其一，道德型企业社会责任需要实现企业的道德义务。这种责任之所以属于“社会责任”，是因为企业应该在道德上对那些因为企业特定行为而在物质上、精神上、经济上、心灵或情感上受到实际或潜在伤害的个体或组织负责。道德型企业社会责任强调摒弃自私自利的行为，即企业做某件事不是因为能够盈利，而是因为做这件事情是正确的。其二，利他型企业社会责任需要企业帮助减轻“公共福利不足”，包括城市衰退、毒品及酒精问题、贫困、犯罪及文盲问题、教育经费不足问题、长期失业问题和其他社会问题等。利他型企业社会责任是以企业的实力为前提的，只有那些资源充足的企业才有可能承担这类企业社会责任。其三，战略型企业社会责任或者说是“战略型的慈善”，是用来实现企业战略目标的——这些慈善性的行为既利于企业盈利也利于社会。战略型企业社会责任回馈社会是因为企业的慈善行为也会带来利润，这也将慈善行为和获取利润的动机有效地结合起来——实现社会公益目标的同时，也能带来企业利润目标的实现，从长远来看，企业开展的慈善行为会从各个方面为企业带来利润上的增长。

2. 关于我国企业社会责任动机的实证研究

近年来，随着企业社会责任理念与实践在我国不断发展，学术界围绕我国企业社会责任动机开展了越来越多的实证研究。由于分析维度涉及宏观环境、组织以及个体多个层面，现有研究对我国企业承担社会责任的动机出现多样化的解释。

姜志华、沈奇泰松（2013）通过 280 多份问卷调查，认为我国企业的社会责任行为受到多种力量的同时驱动，既有经济的因素、制度的因素，也有伦理的因素。同时，对于不同类型的企业社会责任行为，其背后驱动因素存在差异。例如，对于企业的慈善公益行为，调查显示经济因素是最重要的驱动力量，其次是伦理因素；而对于企业的环境保护行为，伦理因素和制度因素同样重要；企业在员工方面的社会责任行为更多的是经济因素的驱动，还有伦理因素。

王宇等（2015）对山西省 230 多家民营企业进行了调研，调查结果显示，80% 以上的企业都出于塑造良好的企业文化、提升企业形象而履行社会责任；71.98% 的企业认识到履行社会责任可以增强员工凝聚力，有利于员工更加努力工作以回报企业；30% 左右的企业是出于企业家个人情感、改善与利益相关者关系、迎合企业营销策略的原因而履行社会责任。

李冬伟、俞钰凡（2015）通过分析中国社会科学院企业社会责任研究中心 2010—2012 年中国国有、民营 100 强企业的样本数据，发现大型上市公司的企业社会责任战略是国家政策、政府压力和国际资本市场压力等强制同构要素驱动的结果。

杨韵（2017）在2014—2016年对广东顺德300强企业进行了企业社会责任评估调研，发现企业社会责任行为确实受到内外多种力量的同时驱动，而不同驱动因素对不同类型的企业社会责任行为产生的影响力也存在差异。其一，政策法规因素作为政府层面的政策引导和法律法规的约束，在企业环境保护方面的驱动力最大，其次是对客户隐私保护、企业社会责任制度保障方面均有一定的影响力，而在企业员工关怀和社区慈善行为方面的影响相对较弱。其二，包含消费者、客户、供应商等在内的利益相关方因素对企业社会责任的驱动力主要体现在消费者权益保护、员工关怀、环境保护三个方面。其三，经济因素是指企业出于自身可持续发展方面的考量因素，主要影响企业在员工职业能力提升、社区慈善行为、企业社会责任治理等方面履行社会责任。其四，伦理因素在企业社会责任的影响力中相对较弱，主要在社区慈善行为和员工关怀方面发挥一定的驱动效应。

王淑霞（2018）在对我国中小企业的社会责任动因研究中发现，责任意识和外部约束力对企业社会责任履行行为有显著的影响，而企业生存压力对企业社会责任履行行为的影响不显著。这反映出在现实中，中小企业的社会责任履行行为存在两类动力：一类是来源于内的责任意识，代表企业的道德基因；另一类是来源于外的监管力度，反映企业所处的制度环境。

马少华、黎友焕（2021）运用多案例分析法对农业企业履行企业社会责任的动力机制进行研究，发现农业企业履行企业社会责任的动机主要是内生性的，包括营利性动机、关系性动机和道德性动机。

（三）多元利益相关方视角下企业社会责任的实施机制

“利益相关方理论”认为，企业社会责任的发展取决于包括投资者、消费者、雇员、政府、媒体、社区成员、社会组织等多元利益相关方的影响。由于具有不同的影响力、合法性、诉求紧迫性，利益相关方可以分为决定型、主导型、依附型等不同类型（Mitchell et al.，1997）。从多元利益相关方的研究视角来看，企业社会责任的实施机制与政府、消费者、投资市场、社会组织等多种利益相关方对企业社会责任进程的参与和影响密切相关，产生了多元化实施机制。

过去20年，中国企业社会责任理念和实践逐步由基本达成社会共识阶段进入社会责任管理的新阶段，并在总体上形成了政府引导、行业推动、企业实践、社会参与、国际合作“五位一体、多元共促”的社会责任推进格局（殷格非等，2014）。由于企业社会责任参与主体、目标以及涉及的具体问题纷繁复杂，企业社会责任的实施机制，即企业实现企业社会责任目标的具体方式也是多种多样的。目前受到较多研究关注的企业社会责任实施机制包括以下五类：企业社会责任立法与政策、企业社会责任标准、企业社会责任报告、社会责任消费（道德消费、绿色消费）、企业社会责任投资。

1. 企业社会责任的立法与政策

（1）中央层面

2006年1月，《中华人民共和国公司法》修订案正式施行，要求“企业要承担社会责任”。2006年10月，党的十六届六中全会审议通过《中共中央关于构建社会主义和谐社会若干重大问题的决定》，明确提出要“增强公民、企业、各种组织的社会责任”。

针对国有企业（尤其是中央企业），2008年1月，国务院国资委发布《关于中央企业履行社会责任的指导意见》，提出了中央企业社会责任的指导思想、总体要求和基本纲要。2009年11月，国务院国资委召开中央企业社会责任工作会议。会议总结交流中央企业社会责任工作的成效和经验，公布了2009年度“中央企业优秀社会责任实践”征集活动结果，研究部署下一步中央企业社会责任工作。2010年8月，在“履行社会责任，央企在努力”媒体见面会上，国务院国资委要求所有的中央企业3年内都要向社会公开发布企业社会责任报告。2016年，《关于国有企业更好履行社会责任的指导意见》发布，将全面指导以中央企业为代表的国有企业社会责任工作的全面深入开展（杜鹏，2010）。

针对上市公司，2006年9月，深圳证券交易所发布《上市公司社会责任指引》。2008年2月，国家环境保护总局发布《关于加强上市公司环境保护监督管理工作的指导意见》，明确提出进一步完善和加强上市公司环保核查制度。2008 年 5 月，上海证券交易所发布了《关于加强公司社会责任承担工作的通知》和《上市公司环境信息披露指引》，以引导各上市公司积极履行社会责任。2009 年 8 月，上海证券交易所和中证指数有限公司正式发布了“上证社会责任指数”。2010 年 2 月，深圳上市公司协会与深圳市证券业协会创设的“企业社会责任指数”发布。2010 年 7 月，环境保护部发布了《关于进一步严格上市环保核查管理制度加强上市公司环保核查后督查工作的通知》。

针对外资企业，2008 年 9 月，商务部举办“跨国公司企业社会责任研讨会”，以征求意见的形式发布了《外商投资企业履行社会责任指导性意见》。

（2）地方层面

2004 年以来，江苏常州、深圳、上海浦东、山东烟台、浙江等地区相继出台地方政府推进企业社会责任建设政策。近年来。我国各地方政府在企业社会责任领域发布的主要政策措施如表 1－3 所示。

表 1－3　地方性企业社会责任的政策与措施（2004—2018 年）

地方政府	年份	企业社会责任政策
江苏常州	2004	《企业社会责任标准》
	2005	《常州企业社会责任标准实施意见》
深圳	2007	《关于进一步推进企业履行社会责任的意见》
	2015	《关于进一步促进企业社会责任建设的意见》 《企业社会责任　要求》（SZDB/Z 133—2015） 《企业社会责任评价指南》（SZDBZ/Z 134—2015）
上海浦东	2007	《推进企业履行社会责任的若干意见》 《推进建立企业社会责任体系三年行动纲要（2007—2009）》
浙江及杭州、嘉兴、义乌、宁波	2008	《关于推动企业积极履行社会责任的若干意见》
浙江宁波	2011	《企业信用监管和社会责任评价办法》
浙江衢州	2013	《关于推动企业积极履行社会责任的实施意见》
浙江杭州	2014	《关于转发杭州市企业社会责任建设促进办法的通知》

续表

地方政府	年份	企业社会责任政策
江苏南京	2009	《江苏省南京市企业社会责任地方标准》
江苏丹阳	2009	《丹阳市企业社会责任评价体系》 《丹阳市企业社会责任评估办法》
广东	2009	《广东省房地产企业社会责任指引》
	2010	《广东省食品医药行业履行社会责任标准》
陕西	2010	《陕西省工业企业社会责任指南》
海南	2010	《海南省企业社会责任行动纲要》
湖南长沙	2012	《关于加强企业社会责任建设的意见》
	2013	《关于印发〈长沙市企业社会责任评价试行办法〉的通知》
山东烟台	2018	《关于 2018 年度企业社会责任考核评价体系的实施意见》

资料来源：①郝琴．地方政府企业社会责任政策分析［J］．中国市场，2013（11）：71－76.

②杨韵，罗世华．地方性政策法规引导企业社会责任分析［J］．合作经济与科技，2017（1）：186－188.

③唐源珑．关于我国地方政府企业社会责任政策研究［J］．安徽行政学院学报，2020（6）：29－36.

2. 企业社会责任标准

过去 10 年，企业社会责任标准在我国的发展也出现了本土化的趋势。其中重要的本土化发展先后出现了国家级、地方性和行业性三类企业社会责任标准（杜鹃，2010；殷格非，2021）。

（1）国家级企业社会责任标准

国家级企业社会责任标准，形成了以社会责任实践、社会责任管理、社会责任绩效评价以及社会责任报告为主要内容，给予组织履行社会责任全方位指导的通用的基础性系列社会责任标准（殷格非，2021）。2014 年，国家工商总局发布《网络交易平台经营者履行社会责任指引》，明确网络交易平台经营者履行社会责任的主要内容。2015 年，国家质量监督检验检疫总局、国家标准化管理委员会批准发布了以“36000”数字为系列的三项企业社会责任国家标准：GB/T 36000—2015《社会责任指南》、GB/T 36001—2015《社会责任报告编写指南》和 GB/T 36002—2015《社会责任绩效分类指引》（李浩然、吴丹红，2022），标志着我国企业社会责任标准正式与国际标准 ISO 26000 实现接轨（金仁仙，2019）。2020 年，两个关于企业社会责任管理的国家标准，即 GB/ T 39604—2020《社会责任管理体系要求及使用指南》以及 GB/T 39653—2020《在管理体系中使用 GB/ T 36000》得以颁布实施，为企业建立、实施、保持以及改进其社会责任管理体系并为提升企业社会责任管理绩效提供了指南（殷格非，2021）。

（2）地方性企业社会责任标准

地方性企业社会责任标准，通常与国家级企业社会责任标准相对应，同时具有一定的超前性（殷格非，2021）。2008 年 11 月，《浦东新区企业社会责任导则》（2007 年发布）被批准为上海市企业社会责任地方标准，成为我国首个企业社会责任方面的省级地方标准。2013 年，山东省颁布了《企业社会责任报告编写指南》（DB37/T 2451—2013）以及《企业社会责任指标体系》（DB37/T 2452—2013），适用于山东省企业履行社会责任的管理、测算、考核等。河北省在 2017 年颁布了《企业社会责任管理体系要求》（DB13/T 2516—2017）地方标准。宁波市于 2018 年发布了《宁波市企业社会责任评价准则》（DB3302/T 1047—2018）地方标准。河南省还针对民营企业于 2013 年颁布了《民营企业社会责任评价与管理指南》（DB41/T 876—2013）地方标准，并于 2020 年颁布了《民营企业社会责任评价指南》（DB41/T 876—2020）地方标准。

（3）行业性企业社会责任标准

行业性企业社会责任标准，是将国家级企业社会责任标准与行业实际相结合所制定的、适用于特定行业的社会责任标准，通常由行业协会、企业和相关社会组织共同制定，由行业主管部门审批发布，并交由国家标准化管理机构备案（殷格非，2021）。2016 年，《电子信息行业社会责任指南》（SJ/T 16000—2016）发布，这是工信部批准的第一个企业社会责任的行业标准。2017 年，在工信部的指导下，《电子信息行业社会责任治理评价指标体系》《电子信息行业社会责任建设发展报告》及《电子信息行业社会责任指南》（SJ/T 16000—2016）实施手册发布，确立了电子信息行业社会责任治理的评价指标体系框架，并对评价指标体系进行分类和标记，适用于电子信息行业的企业、事业单位和社团组织及其供应方和分包方等组织。

3. 企业社会责任报告

（1）我国企业社会责任报告发展概况

2006 年是我国企业社会责任报告的开元之年，报告数量从当年的 32 份增长到 2019 年的 2030 份（张艳艳，2021）。《金蜜蜂中国企业社会责任报告研究（2019）》数据显示，我国企业社会责任报告发布总体呈现“国企引领、民企紧跟”的特点。2019 年在企业社会责任报告发布主体中，国有及国有控股企业有 881 家（占比 55.13%），民营企业有 518 家（占比 32.42%），外资及港澳台企业有 138 家（占比 8.64%）。从公司性质来看，在企业社会责任报告发布主体中，上市公司为 1321 家（占比 82.67%），非上市公司为 277 家（占比 17.33%）。

企业社会责任报告不仅在数量上呈现出稳步增长的特点，在质量上也呈现逐年提升的趋势。依据《WTO 经济导刊》制定发布的《金蜜蜂中国企业社会责任报告评估体系 2016》，社会责任报告按照质量等级分为卓越、优秀、追赶、发展和起步五个等级。《金蜜蜂中国企业社会责任报告研究（2016）》显示，2010—2016 年，处于优秀水平以上的报告数量持续增长，由 50 份增长到 345 份。2016 年的优秀水平以上报告中，制造业企业、电煤水生产及供应业企业和金融保险业企业报告数量较多，占比分别为 33.04%、11.59%、10.72%。

（2）企业社会责任报告的编制依据与质量

目前，我国企业社会责任报告的主要编制依据包括以下五类：①全球报告倡议组织（GRI）《可持续发展报告指南》；②中国社会科学院《中国企业社会责任报告编写指南》；③国务院国资委《关于中央企业履行社会责任的指导意见》；④深圳证券交易所《上市公司社会责任指引》、上海证券交易所《上市公司环境信息披露指引》、香港证券交易所《环境、社会及管治报告指引》；⑤国际标准化组织《ISO 26000》。其中，运用最广泛的报告编制依据是 GRI《可持续发展报告指南》以及中国社会科学院《中国企业社会责任报告编写指南》。总体而言，我国企业社会责任报告编制依据具有以下特点：既参照政府和权威研究部门指南，也重视与国际标准的接轨程度（张艳艳，2021）。

然而，由于企业社会责任报告的披露很大程度上是自愿进行的，且不同行业、不同性质的企业社会责任报告的内容及其指标有一定的差异，尚无统一的标准对其进行规范，因此报告质量参差不齐。目前，发布的企业社会责任报告主要存在以下问题：其一，企业社会责任信息披露过于形式化，报告篇幅过短、内容过于简单随意、框架不清、信息凌乱；其二，企业社会责任信息披露存在报喜不报忧、言行不一致的现象；其三，企业社会责任报告缺乏独立的第三方审计（毛洪涛、张正勇，2010；王宇平、史雅洁，2016）。整体而言，企业社会责任报告在完整性、科学性、实质性、可信性等评价指标上的表现有待提升。

（3）企业社会责任信息披露的影响因素

企业社会责任信息披露受到组织外部宏观因素、组织层面各类因素以及企业家个体层面因素的影响。首先，组织外部的宏观因素对企业社会责任信息披露水平产生影响。邓韵、唐更华（2018）通过分析263家上市公司2009—2015年的面板数据，发现政府、媒体所造成的外部压力对企业社会责任信息披露水平具有正向相关性。

其次，企业规模、盈利能力、行业性质、公司治理结构等组织层面的因素会影响企业社会责任信息披露水平。李正（2006a）发现，公司资产规模越大、负债率越高，公司社会责任信息披露越好。沈洪涛（2007）在对石化塑胶行业进行研究时，发现公司盈利越好、规模越大的上市公司社会责任信息披露状况越好。陶文杰、金占明（2012）基于A股上市公司发布的企业社会责任报告数据的分析，发现企业财务绩效对企业社会责任信息披露水平有显著影响，即企业财务绩效越好，企业社会责任信息披露水平越高。这种影响是企业感知的外部环境压力和内部资源能力及企业发展战略共同作用的结果。张正勇（2013）以2009—2012年我国A股上市公司发布的1967份社会责任报告为研究对象，发现董事会规模与社会责任的相关信息披露呈反向关系，监事会规模与信息披露呈正向关系，而独立董事规模、董事会会议召开次数与上市公司信息披露相关性不显著。冯丽艳等（2016）分析2009—2014年沪深A股上市的5646家公司样本数据，发现在我国自愿和强制披露并行的特殊制度环境下，经济绩效依然是目前我国企业社会责任信息披露决策的重要影响因素，良好的经济绩效可以促进企业提高社会责任信息披露水平。杜剑、曹玲燕（2016）以中国社会科学院发布的2010—2012年的企业社会责任研究报告100强系列企业为研究样本，分析发现企业社会责任信息披露的动机主要包括提高盈利能力、满足融资需求、降低代理成本。邓韵、唐更华（2018）通过分析263家上市公司2009—2015年的面板数据，发现企业规模对社会责任信息披露水平具有正向影响、盈利能力与社会责任信息披露水平不显著相关、财务风险则对社会责任信息披露水平存在负向影响，表明企业规模越大，越有压力和动力提高披露水平，盈利能力强弱对社会责任披露水平推动作用不明显，但若企业负债经营则只会更关注生存问题。

最后，企业社会责任信息披露受到企业家个体层面因素的影响。张正勇、吉利（2013）以A股上市公司2008—2010年的1207份社会责任报告为研究样本，从企业家学历、教育专业、年龄、性别、任职期限、社会声誉等方面，实证检验了企业家人口背景特征对社会责任信息披露的影响。研究结果表明：企业家人口背景特征与社会责任信息披露水平之间存在一定的相关性，主要表现在学历、年龄、社会声誉上。

（4）企业社会责任信息披露对经济绩效的影响

现有研究发现，企业社会责任信息披露水平对企业经济绩效会产生正向影响。刘茂平（2012）通过对3年时间连续发布企业社会责任报告的1360个A股上市公司的样本分析，发现企业社会责任信息披露质量与企业经济绩效呈正相关关系，表明积极承担社会责任不但不会成为企业的压力，反而能成为企业发展的动力和源泉。李红玉（2015）以431家上市公司为样本进行量化分析，发现企业披露社会责任信息与社会声誉显著正相关，企业披露员工类、政府类、社区和公众类社会责任信息更有利于提升社会声誉。同时，对于社会声誉相对较高的企业，披露社会责任信息会显著提高其短期绩效。马俊峰、毛美仪（2022）分析2012—2018年披露社会责任信息的A股上市公司数据，发现企业社会责任信息披露对财务绩效具有正向促进作用，制度环境、媒体监督在一定程度上削弱了企业社会责任信息披露对财务绩效的促进作用；因企业产权性质、披露意愿及行业特征的不同，这一影响存在差异。陈承等（2019）以2011—2016年披露社会责任报告的沪深A股上市公司为样本，发现企业社会责任治理信息披露水平对企业财务绩效产生显著的负向影响，其负向影响程度随制度环境的提升而减弱；而企业社会责任产出信息披露水平对企业财务绩效产生正向影响，其正向影响程度在制度环境较好的情境下减弱，但在制度缺失的环境下反而增强。丁浩洋等（2021）基于2005—2018年我国86家商业银行的面板数据分析，发现银行履行社会责任能够改善财务绩效。而且绿色信贷政策对银行财务绩效的影响具有异质性，对股份制银行的财务绩效具有显著的政策正效应，而对城市商业银行具有显著的政策负效应。谭文双等（2021）对2017—2018年A股上市公司数据进行分析，研究表明企业社会责任信息披露提升了企业声誉，继而媒体关注使得企业的绩效上升。

4. 社会责任消费（道德消费、绿色消费）

20世纪90年代以来，环境、社会、道德问题逐渐成为影响消费者购买决策的重要因素。消费者对环境、社会以及道德问题的关注，不仅表现为个体购买行为的变化，而且在欧美国家的社会，甚至在全球掀起了一场“道德消费者运动”，要求商业组织，尤其是大型的品牌公司和零售商承担“公司社会责任”。在这种经济全球化背景下，消费者对于环境、社会、道德问题的关注对其购买动机和购买行为模式产生重要的影响，对此国内外学术界进行了大量理论和实证研究。

目前关于“道德消费”的研究，可以分为三个发展阶段（见表1-4），每个阶段聚焦于不同的研究议题，研究方法上反映了从理论研究到质性研究再到量化研究的变化趋势。

表 1－4　道德消费研究的发展阶段

发展阶段	研究问题	研究方法
1995 年以前	1. “道德的消费者行为”主要有什么样的表现？ 2. 在不同国家“道德消费主义”有什么不同特征？ 3. 对于“道德消费主义”，商家有什么样的反应？“道德营销”有什么样的风险	描述性的研究居多，主要用问卷、量表、访谈的方法
1995—2000 年	1. 什么因素导致“道德的消费者行为”的产生？ 2. 为什么具有道德意识的消费者道德性购买行动？ 3. 实施“道德营销”的公司，其“社会责任绩效”与“市场/财务绩效”存在什么相关性	解释性的研究逐渐增多，抽样社会调查方法开始被运用
2000 年至今	1. 与传统的产品特征（如价格、质量）相比，产品的道德价值对购买行为的影响有多大？ 2. 如何从产品概念的角度理解消费者对道德问题的关注？如何定义“道德产品”	解释性的研究居多，多用实验、问卷方法

资料来源：余晓敏．道德消费主义：欧美管理学界的理论与实证研究以及对我国政府与企业的启示［J］．甘肃社会科学，2005（4）：237－245.

过去 10 多年，社会责任消费、绿色消费在我国经历了从兴起到深入发展的变化过程，引起了国内学者的普遍关注。目前的相关实证研究主要围绕以下五个研究议题展开：①社会责任（道德）消费相关概念的定义与测量；②社会责任（绿色）消费在我国的发展概况；③消费者的社会责任（绿色）消费意识与购买意愿及其影响因素；④社会责任消费行为的影响因素；⑤绿色消费行为的影响因素。

5. 企业社会责任投资

在中国责任投资市场规模稳步增长的过程中，社会责任投资、ESG 管理、绿色投资在我国迅速发展。中国责任投资论坛（2021）调查数据显示，截至 2021 年 10 月底，国内已有 344 只泛 ESG 公募基金产品，基金规模高达 5000 多亿元人民币。聚焦于我国新兴的社会责任投资发展实践，学者们开展了大量研究，主要研究议题包括以下四个方面：①社会责任投资的概念及特征；②我国社会责任投资的发展概况，具体包括政策背景、投资机构的社会责任投资实践、社会责任投资策略及发展缺陷；③我国社会责任投资的绩效及其影响因素；④我国股民对社会责任投资的认知、动机与策略。

（四）企业社会责任的多重绩效

从可持续发展的角度来考察，企业社会责任的综合绩效主要体现为“三重底线”——实现长期的经济绩效、维护社会公正、保护生态与环境。

1. 企业社会责任与经济、市场、财务绩效的关系

（1）国外研究

国外文献关于企业社会责任与企业经济、市场、财务绩效关系的研究，存在两种不同的观点。Pava 和 Krausz（1996）总结了 1972—1992 年 21 篇相关研究的结论，发现在任何时期都存在相互冲突的两种观点。但是总体来看，多数研究还是认为企业社会责任会对企业财务绩效存在积极影响。同时 Griffin 和 Mahon（1997）提供了一个 1972—1997 年有关企业社会绩效和财务绩效的关系的 51 篇文献研究综述，也得出了相似的结论。Margolis 和 Walsh（2003）分析了 1972 年以来的 109 项将企业社会责任作为自变量用以预测财务绩效的实证研究，发现支持两者正相关、不相关和负相关的文献分别为 54 篇、28 篇和 7 篇，另有 20 项研究结论不明确。

一方面，多数国外实证研究发现，企业社会责任与企业财务绩效存在正向关系。Stanwick 和 Stankwick（1998）采用多元回归分析方法对 115 家企业 1987—1992 年的情况进行分析，他们用财富名誉调查排行评价企业社会责任水平并依次作为回归方程中的因变量，将企业的销售利润、规模、以有毒废弃物排放报告为基础的环境绩效作为自变量，最后发现，企业的社会绩效与财务绩效有着积极的关系。Simpson 和 Kohers（2002）对美国所有的国有银行 1993—1994 年的企业社会绩效与财务绩效的关系进行了研究，他们用企业社会再投资行为排序评价企业社会绩效，用总资产利润和贷款损失率评价财务绩效，发现二者之间有着积极的关系。此外，其他研究也发现企业社会绩效和财务绩效存在积极的关系（Wu，2002；Moore，2001）。

另一方面，也有国外实证研究发现企业社会责任与企业财务绩效之间不存在关系或者呈负向关系。McWilliams 和 Siegel（2000）用回归模型检验了企业社会责任绩效与企业财务绩效的关系，他们用 DSI400（又称 KLD）

评价企业社会责任绩效，用企业 1991—1996 年年度价值的平均值测量财务绩效，发现企业社会责任绩效与财务绩效之间并无联系。

（2）国内研究

企业社会责任与企业经济、市场、财务绩效之间的关系，近年来成为国外国内工商管理学科重点关注的热点问题。与国外研究类似，目前，我国多数实证研究发现企业社会责任与企业财务绩效之间呈正向关系。张洪波（2009）选取 2001—2007 年沪市 A 股 256 家制造业公司作为样本，研究发现企业社会责任与企业财务绩效之间呈正向相关。孔玉生、李菊（2010）选取 2006—2008 年沪市 A 股制造业 121 家公司作为样本，研究结果表明，企业社会责任和财务绩效呈显著正相关关系。陈可、李善同（2010）分析在我国东南沿海某省份收集的 279 份企业问卷，发现企业面对不同利益相关方承担的不同方面社会责任对企业财务绩效的影响是不同的，对政府和慈善的企业社会责任行为会直接正向影响财务绩效。张兰霞等（2011）分析了 2003—2008 年沪深两市的 1000 家上市公司数据，研究结果表明，公司当期的财务绩效明显受其当期及前期履行社会责任水平的影响，同时各期企业社会责任之间存在多重共线性；不同行业和规模的上市公司当期财务绩效受各期企业社会责任影响的状况不尽相同。陈德萍（2012）以 2007—2010 年沪深两市 A 股 1198 家上市公司为样本，研究发现企业社会责任与其财务绩效存在显著正相关关系。张兆国等（2013）以 2007—2011 年沪市 A 股上市公司为样本，运用系统 GMM 方法进行实证分析，研究结果表明，滞后一期的社会责任对当期财务绩效有显著正向影响，当期财务绩效对当期社会责任有显著正向影响。钱瑜（2013）以 2006—2010 年沪市石化及塑胶行业上市公司为样本，运用典型相关分析方法对企业社会责任和企业绩效进行了实证分析，发现企业社会责任与企业绩效具有正相关性。冯锋、张燕南（2020）通过分析 A 股上市公司 2008—2016 年的数据，发现企业社会责任与会计性公司绩效呈倒“U”形关系，与市场性公司绩效呈现正向线性关系。郑培等（2020）基于对 3812 家在 2010—2016 年发布社会责任报告的上市公司的样本数据分析，发现当期企业社会责任与当期财务绩效呈正相关关系但不显著，滞后一期的企业社会责任显著正向影响当期财务绩效。贾娟娟、李健（2022）分析 2009—2019 年 A 股上市公司慈善捐赠支出以及 2016—2019 年企业精准扶贫中产业扶贫项目支出数据，发现总体战略型企业社会责任正向影响企业财务绩效；战略型企业社会责任（持续性战略）虽然在三年投资与五年投资期限上都正向影响企业财务绩效，但随着投资时间延长，财务绩效有所下降。南美格（2022）分析沪市 A 股的非金融类企业 2016—2020 年的样本数据，发现前期企业社会责任履行情况对企业当期财务绩效有显著影响，具体而言，上期对股东、债权人、消费者和供应商的社会责任表现与当前财务表现呈显著正相关关系。

同时，也有一些国内实证研究认为企业社会责任与企业财务绩效存在负向关系或不相关。李正（2006b）以 521 家上市公司为样本分析企业社会责任的价值相关性问题，结果表明，从当期来看，承担社会责任越多的企业，其价值越低；但从长期来看，承担社会责任并不会降低企业价值。温素彬、方苑（2008）以 46 家上市公司 2003—2007 年的数据为样本，发现大多数企业社会责任变量对当期财务绩效存在负向影响。寇小萱（2012）对制造行业的企业社会责任履行情况进行了实证研究，发现企业社会责任履行在短期内与企业绩效之间呈负相关关系，影响企业绩效的增长。

近年来，由于企业社会责任实践具有明显的行业差异，关于国内企业社会责任的经济绩效影响的研究也更聚焦于行业背景下分析。王丹丹、夏子叶（2019）基于对 20 家中国造纸上市公司 2017 年截面数据的分析，发现造纸企业社会责任与财务绩效呈正相关，其中，造纸企业承担供应商责任、股东责任和国家责任能够显著提高企业财务绩效。林健（2020）分析 27 家上市的化工行业企业 2015—2018 年的年报数据，发现企业对消费者、社区、股东履行企业责任则对财务绩效有显著影响。何雪莉（2021）通过分析沪深两市 A 股上市物流企业的数据，通过区分会计性和市场性公司绩效指标，实证检验企业社会责任对两类公司绩效指标的不同影响，研究证明，物流企业社会责任与当期会计性公司绩效指标呈负相关，与市场性公司绩效指标呈正“U”形关系。党婷婷（2021）以2015—2019年A股上市的医药制造企业为样本，研究发现企业承担对股东和债权人的责任对企业财务绩效有显著的积极影响，承担对员工的和社会的责任对财务绩效有显著负向影响。周翔、张武康（2021）分析油气行业8家A股上市公司2016—2018年的面板数据，实证结果发现，短期内油气企业绩效水平与企业社会责任表现情况呈现显著正相关；滞后一期的油气企业绩效对当期的企业社会责任履行具有显著正向影响，影响程度也更为显著。郭晔蓉等（2022）以A股上市的33家食品行业企业2017—2021年5年的财务数据为研究样本，研究发现企业履行对股东、员工和消费者的责任有助于提升财务绩效。

同时，近年来国内实证研究在分析企业社会责任的经济绩效影响时，在理论模型中加入了可能对两者关系产生调节效应或中介效应的探究，从而为解释企业社会责任的经济绩效影响提供了更回应现实复杂性的结论。郑培等（2020）基于对3812家在2010—2016年发布社会责任报告的上市公司的样本数据分析，探究当期企业社会责任与披露意愿、经济周期、股权性质等调节变量的交互作用。研究发现，相较于经济繁荣期，在经济收缩期企业当期自愿披露企业社会责任报告会更显著提高当期财务绩效；当期企业社会责任与股权性质的交互作用表明，相较于非国有企业，国有企业当期承担企业社会责任会显著提高当期财务绩效；滞后一期的企业社会责任与股权性质、经济周期的交互作用表明在经济收缩期，国有企业上一年履行企业社会责任会显著降低当期财务绩效。王凯、赵宇航（2022）以2015—2020年A股互联网行业上市公司为样本，探究互联网企业社会责任对经营绩效的非线性影响机制，发现企业社会责任对经营绩效的影响呈倒“U”形关系，企业社会资本在社会责任对经营绩效的影响中发挥部分中介效应，企业组织惯性正向调节社会责任对经营绩效的影响。李钧（2022）基于2013—2020年沪深A股制造业上市公司数据分析，探讨了企业社会责任对其自身经营绩效的影响，并验证了动态能力在二者关系中的中介作用。研究发现，企业履行社会责任可以显著提高企业经营绩效和动态能力。总体来看，动态能力在企业社会责任与经营绩效之间起到中介作用，但分维度来看，该中介作用存在差异，吸收能力、适应能力的中介效应显著，创新能力的中介效应不显著。Huang 等（2022）分析 2016—2020 年中国上市公司的 108 份精准扶贫项目发布事件对公司市值的影响，发现精准扶贫项目发布事件提高了公司的整体市场价值。此外，精准扶贫项目的内容和企业所有权对两者间的关系具有调节作用，即当精准扶贫项目涉及慈善扶贫而非产业扶贫时，以及发布的企业是私营企业而非国有企业时，发布事件对公司市值的积极影响将会更为显著。同样，Jing 等（2023）的研究发现，企业积极实施精准扶贫项目可以提高机构投资者的持股比例和政府补贴，提高企业声誉，从而显著提高企业价值。然而，参与精准扶贫项目对企业价值的影响受到产权性质、行业竞争强度和市场化程度等因素的限制。这种影响通常在国有企业、行业竞争较小、市场化程度较高的地区更为显著。

2. 企业社会责任的环境绩效

关于我国企业履行企业社会责任的环境绩效，实证研究相对较少，且研究结论不一致。其中，多数学者认为履行企业社会责任会产生积极的环境绩效。例如，杨冬云、谢杨（2019）分析 2011—2016 年 A 股共计 6379 家非金融类上市企业的数据，发现企业社会责任与环境绩效之间显著正相关，即企业社会责任信息披露质量越高，其环境绩效水平就越高；绿色创新能力与企业环境绩效之间显著正相关；社会责任显著增强了绿色创新能力与企业环境绩效之间的正相关。张晨等（2021）分析 A 股 1242 家重污染企业 2012—2017 年的面板数据，发现重污染企业当期与前期环境绩效对当期财务绩效都有显著的正向影响，前期与当期社会责任在同期环境绩效对当期财务绩效的积极影响中均起到部分中介作用。

然而，也有研究发现企业社会责任与环境绩效之间呈显著负相关，即中国企业社会责任实践存在着环境掩饰现象。例如，伊力奇等（2023）通过分析 2010—2018 年 A 股上市的 609 家公司的非平衡面板数据，发现企业社会责任与环境绩效显著负相关，即中国企业社会责任实践存在着环境掩饰现象。作者进一步从企业内部动机、监管压力和信息不对称角度分析了企业社会责任环境掩饰的作用机理，提出以下研究结论：其一，依据企业内部动机的分组发现，环境掩饰动机低的国有企业和低捐赠支出企业，其企业社会责任与环境绩效无显著负相关性；其二，依据外部监管压力的分组发现，公司所在地环境监管程度高的企业以及重污染行业企业，其社会责任环境掩饰现象不显著；其三，依据社会责任信息披露质量的分组发现，社会责任报告参照国际标准的企业以及审计机构为国际四大的企业，其社会责任环境掩饰现象不显著。

3. 企业社会责任的社会绩效

企业社会责任的社会绩效内容十分广泛，涉及社会可持续发展的方方面面，如消除贫困（扶贫、乡村振兴）、劳工标准、社区发展、教育、医疗、社会服务等议题。其中，消除贫困和劳工标准是两个核心议题，受到国内外企业社会责任相关研究的普遍关注。

（1）消除贫困（扶贫、乡村振兴）

尽管从理论上而言，参与消除贫困（扶贫、乡村振兴）事业是我国企业履行社会责任的重要工作领域，但实际上我国扶贫工作的企业参与以及政企合作起步较晚。在《中国农村扶贫开发纲要（2011—2020 年）》中，对企业在扶贫中的作用也仅仅表述为“大力倡导企业社会责任，鼓励企业采取多种方式，推进集体经济发展和农民增收”。从当前我国上市企业参与扶贫的情况来看，扶贫水平参差不齐，扶贫实践过程中依旧存在许多问题。许多发展良好的上市企业缺乏扶贫动力以及扶贫指导，仅在政府的协调下参与扶贫，而多数上市企业为非农企业，这就导致它们无法深入地帮助贫困地区的人民解决当地的切实需求（倪苗苗，2020）。

在此背景下，学者对于企业以履行社会责任的方式参与消除贫困（扶贫、乡村振兴）的实证研究较少，但近年来还是出现了少量经验研究（以质性案例研究居多）探讨企业社会责任实践在消除贫困（扶贫、乡村振兴）领域的社会绩效。其中，多数研究发现企业履行社会责任有助于减贫、扶贫、乡村振兴事业的发展。

郭沛源、于永达（2006）以“中国光彩事业扶贫项目”为案例，对光彩事业聚焦公司、农民、政府和非政府组织参与下的公私合作模式展开深入分析，发现1994年以来光彩事业在扶贫领域取得了重大成就，累计帮助460万人脱贫、创造200万个就业岗位、提供200万个培训机会，极大地推动了“国家八七扶贫攻坚计划”的开展，促进了中国贫困地区社会经济发展、民族团结和人权保护，集中体现了我国私营企业的社会责任，因而受到政府的高度评价。张蒽（2018）以“华润集团金寨希望小镇”扶贫项目为战略型企业社会责任实践参与精准扶贫的典型案例，研究发现在金寨华润希望小镇产业帮扶项目中，企业采取了多样化的产业帮扶措施，包括：统购统销一次性提高了农民收入，并依托华润的市场优势打开了新的销售渠道；合作经营优化改良了猕猴桃品种，加强了对猕猴桃种植的规划；土地流转带动村民共同发展了1000亩生态猕猴桃种植产业扶贫项目；以金寨华润希望小镇润农农民专业合作社为平台，统一生产物资、统一技术标准、统一过程监管、统一果品质量，最后依托华润集团旗下华润五丰有限公司的销售渠道及华润万家超市的销售终端优势帮助贫困户进行统一销售。项目的实施产生了良好的扶贫效果，农民从个体农户转变为合作社农业工人，由原来的一份收入转变为土地租金、务工工资、合作社分红三份收入。2016年村民年均收入较2013年增长近80%。唐亮、赵佳佳（2020）以华润五丰为案例，研究发现，在精准扶贫区域，华润五丰通过农民专业合作社，建立“企业+合作社+农户”的扶贫模式，进行企业社会责任履行与精准扶贫战略结合的有益探索，通过产业扶贫、投资扶贫、人才扶贫、公益扶贫等举措，多领域、全方位、多层次地开展精准扶贫工作，取得了显著的社会效果。潘健平等（2021）以2013—2018年沪深A股2427家非金融上市公司作为样本，研究实施精准扶贫对扶贫企业以及被扶贫地区的影响。研究发现，对于扶贫企业而言，实施精准扶贫能够显著缓解其融资约束。从扶贫方式来看，产业扶贫和教育扶贫的效果最为明显。从经济后果来看，实施精准扶贫不仅提高了扶贫企业的经营业绩，而且增加了股东的财富水平。对于被扶贫地区而言，精准扶贫显著提高了地区经济发展和居民可支配收入的增长速度。王艳等（2023）通过对广药白云山帮扶贵州刺梨产业的案例分析，发现企业将市场化机制融入扶贫实践，通过科技赋能机制、资源互补机制及品牌引领机制能够实现企业发展和扶贫开发的互动共赢。其中，扶贫开发的积极成果主要通过脱贫总人数、转移就业人数，以及贫困户人均收入增长率等指标体现。

（2）劳工标准（或劳动者权益保护）

20 世纪 90 年代以来，随着新自由主义经济全球化的加剧，劳工问题和劳资矛盾日益凸显，受到国际劳工组织、各国政府、劳工组织和社会组织的普遍重视。在此背景下，旨在保障劳工权益、构建和谐劳动关系的企业社会责任运动在全球各国兴起。

近年来，回应企业社会责任实践在我国的发展实践，一些研究开始关注我国企业的社会责任实践对于劳动领域的社会绩效，主要体现在企业社会责任对于劳工标准（或劳动者权益保护）的影响。为数不多的实证研究发现，我国企业履行社会责任或者执行企业社会责任标准对于提高劳工标准（或劳动者权益保护）发挥了有限的积极作用。

冯同庆（2006）通过访谈和问卷的形式对 52 名跨国公司和国际组织代表、50 家工厂的 500 名工人、80 家工厂的 200 名企业主或经营管理者、200 名政府官员、24 名消费者进行了调查。研究发现，56% 的劳动者认为企业社会责任施行后，劳动和生活状况有所改善；66% 的企业主或经营管理者认为企业社会责任的施行是促进工厂改善工人劳动和生活状况的主要因素；53% 的受访政府官员认为，企业社会责任可以促进中国劳动法律的完善，改变工人的生产和生活条件。余晓敏（2007）以美国某跨国公司在中国南方一家运动鞋供应商工厂实施其企业社会责任标准的过程为案例，探讨跨国公司的企业社会责任标准对我国外资企业劳工标准和劳动关系的影响。研究发现，作为一种“志愿性的”“私有化的”“以市场为导向的”劳工标准规范机制，供应商对于跨国公司企业社会责任标准的执行，有助于遏制一些严重的劳工侵权问题，比如童工、职业伤害和职业病、强制性的过度加班、辱骂体罚员工等。然而，在可能直接妨碍资本利润最大化的问题上，例如工资、自由结社和集体谈判的问题，跨国公司企业社会责任标准对于提高劳工标准、改善劳动关系的有效性就十分有限。朱勇国（2008）基于对我国珠三角、长三角和环渤海地区的多家出口加工企业调研数据的分析，发现企业社会责任运动对出口加工企业劳工权益的保护产生了有益的实质性影响。但是，包括已获得 SA 8000 认证的很多优秀企业在内，在劳工标准方面，特别是工时和加班工资发放方面并不多见实质性的改进。魏万青（2011）基于对珠三角企业调查数据的分析，发现企业为劳工安排住宿的行为与其说是履行企业社会责任，不如说是企业经济理性的产物，是在面对激烈的全球竞争的情况下企业对劳工进行生产控制的竞争策略。在制造业企业低利润生存的状况下，寄希望于企业出于社会责任为劳工提供更好的福利是不现实的。

三、研究问题

上述文献回顾为我们认识、解析企业社会责任的动因模式、实施机制、多重绩效提供了基础性的理论与视角。但是现有研究也存在明显的不足：①在理论视角上，以微观、中观理论为主，重点关注企业社会责任的运营与管理，缺乏社会变迁与发展的宏观视角，较少借助可持续发展的理论透镜分析企业社会责任对于“国家—社会—企业”多重发展主体的意义；②在分析视野上，多从经济全球化切入，重点分析跨国公司的企业社会责任，而很少以发展中国家的企业社会责任为关注点，更少关注我国近年来新兴的企业社会责任实践；③在研究主题上，描述性的研究偏多，解释性的研究欠缺；④在分析框架上，就企业社会责任动因、机制、绩效的单方面探讨较多，未有研究将这些密切相关的问题联系起来进行系统的分析；⑤在研究方法上，具备经验研究数据的文献大多分别采用定性或定量的研究方法，而很少将两者结合起来，实现研究发现在深度与广度上的互补。

本书旨在弥补现有研究在理论视角、分析视野、研究主题、分析框架、研究方法等方面存在的不足，重点研究以下三个研究主题：

第一，从各类利益相关方的不同角度分析企业社会责任的动因，研究的重点在于解释促进企业社会责任发展的主要推动力量及其对于企业社会责任目标的不同解释。

第二，关注各类企业社会责任实施机制，包括企业社会责任的立法与政策、企业社会责任标准、责任消费、社会责任投资、企业社会责任领域企业与社会组织的关系、企业社会责任报告等，在我国不同类型、规模、行业企业中的发展实践，重点对各类企业社会责任实施机制的发展脉络、基本特征、实施效果进行全面梳理和比较分析。

第三，从可持续发展的角度进行企业社会责任的绩效分析，重点关注企业社会责任的实践产生的经济绩效、环境绩效和社会绩效。

四、研究意义

在学术研究方面，本书对于促进相关研究领域的理论创新和学术对话具有重要意义，主要表现在以下四个方面：其一，通过深入分析经验数据，对我国新兴企业社会责任的社会过程及社会影响进行理论总结。其二，通过对企业社会责任的分析，对市场转型期“国家—市场—社会”的变化关系这一经典社会学命题进行理论解析。其三，突破现有发展研究以“国家”为分析重点的图圄，寻找市场主体即企业作为发展主体的崭新意义，力图实现可持续发展理论的创新。其四，坚持国际比较视野，推进我国社会学与国际的接轨与对话。

在指导实践方面，本书的研究将为我国政府持续推进可持续发展战略、企业深入全面履行社会责任提供启示与建议。企业作为国民经济的基本组成单位，积极、全面、有效地履行社会责任，对国家总体实现可持续发展战略具有至关重要的作用。探究我国企业社会责任的动因、机制及绩效，对我国推进可持续发展具有重要的实践意义。其一，通过实证研究发掘企业社会责任的优秀经验，并将这种经验以学术研究成果等方式广泛传播，有助于整体上提升企业的社会责任的认知与实践能力。其二，在研究基础上形成的政策建议，有助于国家制定相关法律、法规、政策，引导企业社会责任实践的健康发展，最终服务于党和国家推行“可持续发展观”“构建社会主义和谐社会”“转变经济发展方式，实现经济又好又快发展”的发展大局。

五、研究方法

在研究设计的总体特征上，本书的研究属于解析新兴社会现象的探索性研究，因此在研究方法上采取以质性研究为主、以定量研究为辅的思路。

（一）质性研究（案例研究）

在质性研究方面，本书主要采取案例研究方法。综合考虑研究方法与研究议题的匹配度以及数据的可及性，本书具体运用两种不同的案例研究方法：“单一案例研究”（single case study）和“多案例研究”（multiple - case study）。单一案例研究的优势在于对研究主题进行深入的、全面的描述性分析，多案例研究的优势在于对研究主题进行比较分析，有助于建构和验证理论假设（Yin, 2003）。

1. 单一案例研究

对应本书的三大研究主题，即企业社会责任的动因模式、实施机制与多重绩效，本书中的多数研究（第二章、第四章、第五章、第九章）分别选取具有丰富企业社会责任实践的 5 家企业作为研究对象。案例选择遵循“战略抽样”（strategic sampling）原则（Mills et al.，2010），即选取与研究主题最相关、信息最丰富的企业进行深度研究。同时，如表 1 – 5 所示，案例的选择兼顾企业在所有制性质、行业、成立时间、规模等方面的差异，从而最大限度地保障所选案例的总体代表性。

表 1 – 5 本书所选案例的总体特征

公司名称	所有制性质	行业	成立时间	规模
中国南方电网公司	中央企业	电力	2002 年	2023 年《财富》世界 500 强第 83 位
中国建筑股份有限公司	中央企业、上市公司	建筑	2007 年	全球最大的建筑地产综合企业集团，2023 年《财富》世界 500 强第 13 位

续表

公司名称	所有制性质	行业	成立时间	规模
华为	民营企业	信息通信	1987 年	2023 年《财富》世界 500 强第 111 位
腾讯	上市公司	互联网	1998 年	中国市值最大的上市公司， 2023 年《财富》世界 500 强第 147 位
中国有色	中央企业	采矿	1983 年	2015 年《财富》世界 500 强第 390 位

此外，本书中有少数研究虽然采用“单一案例研究”方法，但是研究对象并非企业。例如，在本书的第八章中，研究者以“中国支付清算协会”为典型案例，对我国行业协会推动行业企业社会责任发展的路径与效果进行研究。

2. 多案例研究

同样遵循“战略抽样”（strategic sampling）原则，在数据的可及性有较好保障的条件下，本课题中一些研究采取了“多案例研究”方法。例如，在本书的第三章中，研究者以 18 家北京区属国有企业为研究对象，对地方国有企业履行企业社会责任的认知、动机、实施机制与绩效影响进行比较分析。

另外，本课题中有少数研究虽然采用“多案例研究”方法，但是研究对象为社会个体而非企业。例如，在本书的第七章中，研究者以四种不同类型的个体投资者作为研究对象，对我国个体投资者的社会责任投资认知与参与进行分析。

（二）定量研究（问卷调查）

综合考虑研究方法与研究议题的匹配度以及数据的可及性，本课题中有少数研究采取定量研究方法。例如，第六章中，研究者采取“便利抽样”的方法，借助在线问卷平台发放并回收有效问卷 218 份，并基于问卷调查的数据，对北京消费者的企业社会责任认知与责任消费意愿展开深入分析。

（三）数据采集方法

本课题主要采用了四种数据采集方法：半结构式访谈、问卷调查、参与式观察和二手资料分析。

1. 半结构式访谈

本课题的研究议题均需要从不同利益相关方的角度进行多方考察，从而最大限度地反映企业社会责任实践的现实复杂性。为此，在进行研究设计时，研究团队分别结合各自不同的研究议题采取了针对主要利益相关方的半结构式访谈。对于企业的内部利益相关方而言，访谈对象包括企业中高层管理者、企业社会责任项目运营团队、企业员工等。对于企业的外部利益相关方而言，访谈对象包括个体投资者（股民）、相关政府部门工作人员、相关行业协会工作人员、参与企业社会责任项目的社会组织等。此外，为了尽可能地保障访谈数据与研究问题的相关性，课题组采取了“半结构式访谈”，即访谈主要依据提前准备好的访谈大纲进行，而访谈大纲是参照既定的研究问题、相关文献以及以往研究经验设计的。

2. 问卷调查

对于研究对象是社会个体而非企业的研究议题，本课题采取问卷调查的方式收集数据，以提高样本的代表性。例如，第六章中，研究对象是消费者，研究者则采取“便利抽样”的方法，借助在线问卷平台开展问卷调查。

3. 参与式观察

在一些案例研究中，例如本书第四章、第八章的研究，研究者有机会以项目参与者或者支持者的身份参与到案例项目或事件的发生过程中，以“参与式观察”的方法见证并记录案例事实，从而获得难得的一手数据。

4. 二手资料分析

在本课题的多数案例研究中，课题组都使用了二手资料分析的方法，通过多种信息渠道（如企业、社会组织、政府、行业协会、社会组织的网站、媒体等）收集有关案例事实的二手资料，包括组织概况、项目介绍、企业社会责任背景信息、有关案例的补充信息等，从而实现案例研究方法中强调的“三角验证法”（triangulation）（Yin，2003），提升案例数据的深度、广度与丰富度。

六、研究发现概览

围绕本书的三大研究主题，即企业社会责任的动因模式、实施机制与多重绩效，课题组开展了八项专题研究。各专题研究的主要内容在本书的第二章至第九章中具体呈现，以下对各专题研究的主要研究发现进行概述。

第二章中央企业履行企业社会责任的驱动因素及推进机制——基于两家央企的比较案例分析。作者从 106 家中央企业中选取了中国南方电网公司和中国建筑股份有限公司作为央企的典型代表，围绕央企履行社会责任的驱动因素和推进机制开展比较案例分析。研究发现，两家央企履行社会责任的驱动因素既有同质性又存在差异。在动因同质性方面，两家央企履行社会责任驱动因素都表现为由“政府强制”逐步转化为“企业自觉”的动态变化。动因差异性则主要表现在对海外利益相关方需求和期望的回应方面。关于履行社会责任的推进机制，尽管两家央企在系统管理、回应利益相关方需求、重视利益相关方沟通等方面存在共同点，但是企业社会责任推进机制在南方电网公司表现出“战略驱动型”的特征，在中国建筑股份有限公司则具有“文化引领型”的特征。

第三章地方国有企业履行企业社会责任的认知、动机、实施机制与绩效影响——基于北京某区国有企业的多案例分析。作者选取北京市某区的 18 家国有企业作为研究对象，通过问卷调查和半结构式访谈收集一手数据，分析地方国有企业履行企业社会责任的认知、动机、实施机制与绩效影响。研究发现：其一，北京区属国企的管理层对企业社会责任的相关概念、理论、政策法规尚缺乏深入认知。其二，多数北京区属国企履行社会责任的实践，主要受到来自企业外部利益相关方（尤其是政府）非经济因素的驱动，具体表现为多数北京区属国企主要是依照地方政府的政策要求、任务部署或者辅助政府履行公共服务职能而履行企业社会责任。其三，北京区属国企主要通过以下四种实施机制推进企业社会责任实践，即企业社会责任战略规划、企业社会责任管理体系、企业社会责任视角下的人力资源管理以及发布企业社会责任报告。其四，履行企业社会责任对于北京区属国企发展具有战略意义，即多数企业能够通过企业社会责任实践提升企业的长期经济效益。

第四章战略型企业社会责任的运作模式与实施效果——基于腾讯公司“长城保护项目”的案例分析。作者以腾讯公司的企业社会责任项目为案例开展质性研究，以战略型企业社会责任为理论分析框架，探讨我国民营企业履行社会责任的运营模式及实施效果。研究发现：其一，腾讯公司的“长城保护项目”在运作模式上符合战略型企业社会责任特征在中心性、专用性、前瞻性、志愿性、可见性五个维度上的典型特征。其二，腾讯公司通过实施企业社会责任项目，达成了战略型企业社会责任兼顾经济价值和社会价值的“双赢”局面，一方面通过开拓新兴市场、提高声誉及品牌价值以及提高员工积极性与稳定性三种不同路径为企业创造了可观的经济价值；另一方面在长城保护方面取得了良好的社会效益。

第五章企业社会责任视角下的企业公益营销策略——基于华为荣耀公益营销的案例分析。作者选取“华为荣耀”作为典型案例，分析在面临复杂外部环境实施企业社会责任战略时，我国大型民营企业在公益营销实践过程中采取的具体策略。研究发现，华为荣耀公益营销活动的实施策略具有以下典型特征：其一，属于长期理性战略规划；其二，具有清晰的消费者导向和品牌定位；其三，与目标用户和品牌定位高度匹配；其四，强调跨界合作、实现优势互补；其五，注重品牌形象塑造；其六，借力于有效的传播推广。

第六章城市消费者的企业社会责任认知与责任消费意愿——基于北京消费者的问卷调查分析。作者通过问卷调查的方式收集一手数据，围绕北京消费者的企业社会责任认知与责任消费意愿展开深入分析。研究发现，首先，在北京消费者的企业社会责任认知方面，绝大多数消费者（87%）

表示了解企业社会责任概念，而在具有正常稳定职业、文化程度较高的中青年群体中，企业社会责任知晓度更高。同时，北京消费者普遍支持的企业社会责任议题包括员工福利与保障、环保、扶贫、救灾等方面，而普遍反对的不良企业社会责任行为主要集中在产品安全、劳动权益、违法犯罪等议题。在消费者的责任消费意愿方面，北京消费者对于责任消费的关注点主要集中在节能、环保、动物保护、垃圾分类与循环利用等议题。高达92%的消费者表达了积极的责任购买意愿，而以下企业社会责任管理措施对消费者的责任购买意愿会产生积极影响：产品开发与生产、企业社会责任信息披露以及企业社会责任绩效测量与产品认证。其次，北京消费者对企业社会责任“溢价”表现出明显的价格敏感，即多数北京消费者（57.80%）可接受的企业社会责任产品溢价范围限于不超过同类产品5%的水平。

第七章我国个体投资者的社会责任投资认知与参与——基于不同类型股民的比较案例分析。作者将个体投资者作为主要研究对象，选择四位不同类型的个体投资者作为典型案例，深入分析我国个体投资者的社会责任投资认知与参与，并探究个体投资者在投资理念与行为上的差异化特征对其社会责任投资认知与参与的影响。研究发现，首先，老范、大齐、小宋和闫总作为不同类型的个体投资者，按照他们投资理念和行为的主要特点可以分为三大类：其一，以老范和闫总为代表的理性、长期、大规模投资，注重风险控制和长期的投资价值；其二，以小宋为代表的非理性、短线、小规模炒作；其三，以大齐为代表的兼具理性与投机的中短期小规模投资。其次，多数个体投资者对社会责任投资持不了解或不认可的负面态度（大齐、小宋），或者在投资行为上不支持（大齐、闫总），只有少数案例（老范）在亲身经历了重大的社会责任投资事件之后，在投资行为上选择了支持社会责任投资。同时，不同类型的个体投资者对社会责任投资理念的认知和认可程度也迥然不同。具体表现为：其一，注重理性长期投资的老股民老范，在典型企业社会责任事件后，主动运用社会责任投资的筛选策略；其二，兼具理性与投机的中短期小规模投资者大齐，认为企业社会责任指标不会也不应影响投资决策；其三，盲目投机的非理性短线炒作的新股民小宋，对社会责任投资理念既不了解也不认可；其四，重视风险控制的长期性价值投资的大户闫总，虽然了解和认可社会责任投资的投资价值，但是认为社会责任投资并不适用于个体投资者，而主要是属于机构投资者的投资策略。最后，通过比较分析，可以发现个体投资者的投资理念和行为与其社会责任投资的理念和行为之间存在着一定联系。具体说来，投资者的投资理念和行为越具备理性、长期、大规模的特征，个体投资者对社会责任投资的认知、认可程度、支持程度越高；反之，投资者的投资理念和行为越具备非理性、短期、小规模的特征，个体投资者对于社会责任投资的认知、认可程度、支持程度越低。

第八章行业协会推动行业企业社会责任发展的路径与效果——基于中国支付清算协会的案例分析。作者以中国支付清算协会推进行业企业社会责任的实践为典型案例，通过收集和分析一手数据和二手资料，对我国行业协会推动行业企业社会责任发展的具体路径和效果进行深入分析。研究发现，2015 年以来中国支付清算协会采取以下措施，致力于推动行业企业社会责任的发展：面向行业主体推广企业社会责任理念、制定行业企业社会责任指南和评价指标体系、监督和引导行业主体切实履行企业社会责任、定期发布行业企业社会责任报告。同时，经过协会和行业主体的共同努力，我国支付清算行业的企业社会责任实践和管理水平有了明显提升，主要体现在以下四个方面：其一，建立明确的社会责任制度规范和战略规划；其二，社会责任推进机制逐步完善；其三，社会责任信息披露实现常态化；其四，社会责任实践有效促成环境、社会、经济绩效的“共赢”。

第九章我国企业海外投资中的企业社会责任实践对东道社区发展的影响——基于中国有色集团赞比亚企业社会责任项目的案例分析。作者选取中国有色集团在非洲赞比亚履行企业社会责任实践作为典型案例，剖析中国企业在与本国经济、文化相差较大的非洲国家如何执行企业社会责任项目及其对当地社区发展的影响。研究发现，中国有色集团在赞比亚履行企业社会责任对促进东道社区的经济、社会、可持续发展产生了积极的影响，主要体现在完善基础设施建设、推动当地经济发展、保护环境促进可持续发展、参与公益事业造福东道社区四个方面。

第二章　中央企业履行企业社会责任的驱动因素及推进机制

——基于两家央企的比较案例分析

一、导言

（一）研究背景

改革开放的几十年间，中国经济取得迅猛发展。然而，随着经济的发展，也催生出一系列社会、环境等问题，如资源分配不均、收入差距加大、生态环境污染等，企业社会责任得到越来越多的关注。

我国是以公有制经济为主体的国家，国有及国有控股企业是国民经济发展的关键力量。中央企业（以下简称央企）作为国有企业的重要组成部分，大多处于国家安全和经济命脉行业，承担着政治职能、经济职能和社会职能。按照中国政府的国有资产管理权限划分，中国的国有企业包含央企（由中央政府监督管理的国有企业）和地方企业（由地方政府监督管理的国有企业）。对央企的界定有广义和狭义之分。从广义上讲，可以分为三大类：一是提供公共产品的企业；二是金融企业，由银保监会、证监会直接管理[①]；三是一些由国务院其他部门、群众团体等管理的企业或行业，以烟草、黄

① 说明：2023 年 3 月，在中国银行保险监督管理委员会基础上组建国家金融监督管理总局。本书成稿于 2023 年 3 月前，文中对国家机构的引用，如无特殊说明，均采用 2023 年 3 月《党和国家机构改革方案》之前的旧称。

金、传媒等为代表。从狭义上讲，央企是指由国务院国资委直接监督管理的企业。国务院国资委成立初期，其所管理的央企有196家，历经多年的改革重组，到目前为止，由国务院国资委直接管理的央企总数为106家。本章采用狭义的央企的定义，即由国务院国资委直接管辖的企业。

央企在国民经济中发挥着不可替代的作用，全社会对央企履行社会责任有着很高的要求与期待。目前，在政府和行业组织的共同推动下，央企履行社会责任取得了长足进步。过去10多年，央企履行社会责任工作，从理念导入到能力建设，从融入战略到推进管理，从加强沟通到注重实践，从全面推进到重点强化，持续深入，成效显著（王秋蓉、李艳芳，2018）。首先，从发布企业社会责任报告的情况来看，截至2012年，112家央企全部发布了企业社会责任报告。其次，从履行社会责任意识来看，部分央企已经意识到社会责任不是额外的工作。一些央企在公司的使命和价值观中融入社会责任的理念，形成了企业社会责任价值观和发展战略。例如，“万家灯火、南网情深”被南方电网提升为公司的核心价值观，中国建筑提炼出“拓展幸福空间”作为企业使命。最后，从社会责任管理来看，约90%的央企组建了企业社会责任委员会，编制了企业社会责任工作规划。例如，制定了社会责任工作规划的央企有国家电网、中国移动、中远集团等公司。中国中铁、中国铁建、中煤集团等央企将社会责任战略目标纳入公司整体发展规划中。这些央企的企业社会责任实践行为，从根本上保障了企业能够更好地履行社会责任。

（二）研究问题

过去20年，中外学者围绕我国央企的企业社会责任发展实践开展了丰富的研究。按照具体的研究主题可以将现有相关文献分成三类：第一类文献，描述了央企的企业社会责任实践发展概况，尤其是政策背景（王秋蓉、李艳芳，2018；钟宏武，2023）和央企社会责任实践取得的成效（原诗萌，2018）。第二类文献，探讨我国企业履行社会责任的驱动因素，具体包括宏观因素（周中胜等，2012；李冬伟、俞钰凡，2015；Ip，2003；Qu，2007；Li and Zhang，2010）、组织因素（陈阳，2005；刘展铭，2009；

Zu and Song，2009；Zeng et al.，2012）和个体因素（李占峰，2012；尹珏林，2012）。第三类文献，分析央企履行社会责任的多重推进机制，主要包括政府发展战略、公共政策的助推器（原诗萌，2018，2019，2021）、披露企业社会责任信息（吴杰，2013；赵钧，2014；吴勋，2015；王秋蓉、李艳芳，2018）以及建构企业社会责任管理体系（原诗萌，2019；李欣等，2023；钟宏武，2023）。然而，既有文献未能通过央企履行企业社会责任的具体案例，就央企履行企业社会责任的驱动因素及推进机制展开深入细致的分析。

作为对上述研究不足的回应，本章选取在企业社会责任领域成绩卓著的两家央企作为典型案例，对央企履行企业社会责任的驱动因素及推进机制进行深入的比较分析。

（三）研究方法

本章采用质性研究的案例分析方法，从 106 家央企中选择了中国南方电网公司和中国建筑股份有限公司作为央企的典型代表，围绕央企履行社会责任的驱动因素和推进机制开展比较案例分析。

1. 案例选择

中国南方电网公司，2002 年成立，支撑着国家供电系统的半壁江山。2006 年开始关注企业社会责任，是第一批发布企业社会责任报告的央企之一。2011 年至今，南方电网企业社会责任报告连续 5 年获得社科院报告评级五星报告，其社会责任实践案例被选入《中央企业社会责任优秀案例集》。南方电网社会责任实践以“创先战略”为驱动，经过多年的社会责任实践摸索，已经探索出一套切实可行的企业社会责任实践管理模式，实现了对内促管理、对外塑形象的双效成果。对内，南方电网的经营管理环节融入企业社会责任理念后，企业整体运营效率和危机处理速度得到了提高。对外，公司还发布了社会责任报告，开展了社会责任周活动，采用多种形式与利益相关方沟通，赢得了政府、员工、客户、媒体等利益相关方的尊重，树立了公司负责任的形象。如今，企业社会责任已然成为南方电网持续发展的原动力。

中国建筑股份有限公司是全球最大的建筑地产综合企业集团。长期关注企业社会责任，2009 年发布第一份企业社会责任报告，2012 年至今，中国建筑企业社会责任报告连续 3 年获得中国社会科学院报告评级五星报告。中国建筑社会责任实践以“文化引领”为驱动，用社会责任理念重新塑造企业文化，将“拓展幸福空间”作为重塑后的社会责任文化之核心，上到公司战略，下到员工日常工作，都要求围绕这一核心，认真回应股东、客户等利益相关方的期望。中国建筑“文化引领”型企业社会责任实践模式的特点：一方面系统地整合了公司资源，另一方面有效提升了企业的社会形象和品牌美誉度。

选择南方电网和中国建筑这两家央企作为案例主要出于以下两点考虑：一方面，两家央企的企业社会责任实践经验丰富、特色鲜明；另一方面，两家央企履行社会责任的驱动因素和推进机制差异明显，在理论分析方面具有代表性和典型性。

2. 数据收集

（1）二手资料

笔者通过登录人民网、新华网、国务院国资委网站和企业官方网站等国内大型权威网站，收集与研究主题相关的媒体报道和资料。用于本章分析的二手资料如表 2－1 所示。

表 2－1　二手资料列表

编号	资料内容及来源
1	王文斌在中央企业社会责任工作会议上的讲话 http：//www. sasac. gov. cn/n85463/n327265/n327567/n327598/c2144044/content. html
2	彭华岗在第八届中国企业社会责任国际论坛暨“2012 金蜜蜂企业社会责任 · 中国榜”发布典礼上的讲话 http：//www. sasac. gov. cn/n85463/n327265/n327567/n327598/c1656342/content. html
3	王文斌在中央企业社会责任工作视频会议上的讲话 http：//www. sasac. gov. cn/n85463/n327265/n327567/n327598/c1656348/content. html

续表

编号	资料内容及来源
4	肖鹏在中央企业社会责任工作视频会议上的交流发言 http：//www. sasac. gov. cn/n85463/n327265/n327567/n327598/c1656361/content. html
5	邵宁在中央企业社会责任管理提升专题培训班上的讲话 http：//www. sasac. gov. cn/n85463/n327265/n327567/n327598/c1656379/content. html
6	黄淑和在中央企业社会责任工作会议上的讲话 http：//www. sasac. gov. cn/n85463/n327265/n327567/n327598/c1656385/content. html
7	黄淑和在“履行社会责任，央企在努力”媒体见面会上的讲话 http：//www. sasac. gov. cn/n85463/n327265/n327567/n327598/c1656420/content. html
8	中央企业优秀社会责任实践征集活动结果 http：//www. sasac. gov. cn/n85881/n85901/c994556/content. html
9	中国南方电网社会责任 ABC http：//www. csg. cn/shzr/zrbg/201512/P020151202529947749899. pdf
10	南方电网公司董事长、党组书记赵建国答问 http：//www. csg. cn/shzr/gcls/201512/t20151222_ 113040. html
11	南方电网公司社会责任案例入评央企最佳社会责任实践 http：//www. csg. cn/xwzx/2013/gsyw/201512/t20151223_ 117534. html
12	中国建筑社会责任理念、责任模型 http：//www. cscec. com. cn/col/col66/index. html
13	中建社会责任荣誉 http：//www. cscec. com. cn/art/2015/2/13/art_ 4270_ 198477. html
14	中国建筑恪守自己的社会责任 http：//news. xinhuanet. com/fortune/2013 -08/22/c_ 125226482. htm
15	中建信条 http：//cwcg. cscec. com/art/2014/3/3/art_ 3462_ 169415. html
16	中建“十典九章” http：//cwcg. cscec. com/art/2015/5/14/art_ 3462_ 207804. html

（2）半结构式访谈

笔者采用半结构式访谈的方式，对三位主要受访者开展访谈，其中两位分别来自两家央企 CSR 部门（称为“南方电网工作者 A”和“中建工作者 A”），另一位来自企业社会责任咨询机构。其中，对两家央企 CSR 负责人的访谈内容主要包含两个方面：一是了解两家央企履行企业社会责任的现状及动因；二是深度挖掘两家央企 CSR 实践的推进机制。此外，为了进一步了解央企履行社会责任的普遍动因，笔者访谈了一位企业社会责任研究领域的资深咨询师（称为“被访者 A”）。被访者 A 目前就职于国内较大的企业社会责任咨询机构，从事企业社会责任咨询研究工作 10 余年，先后为近 100 家央企提供过培训、咨询服务。访谈内容包含央企履行企业社会责任的现状、动因、特点及不足。

二、文献综述

（一）我国央企社会责任实践的发展概况

1. 央企履行社会责任的政策背景

2008 年，国务院国资委发布《关于中央企业履行社会责任的指导意见》。10 年间，国务院国资委为了更好地指导央企履行企业社会责任，又陆续出台了相关政策与措施，持续不断地推进央企社会责任工作。2011 年 9 月，国务院国资委印发《中央企业“十二五”和谐发展战略实施纲要》，为“十二五”期间央企开展社会责任工作提供行动纲领。2012 年 5 月，国资委办公厅下发通知，决定成立国资委中央企业社会责任指导委员会（以下简称指导委员会），旨在进一步加强对央企社会责任工作的指导，推动央企更好地履行社会责任。2012 年 3 月，国务院国资委发布《关于中央企业开展管理提升活动的指导意见》，将社会责任管理纳入央企管理提升活动。2014 年，国务院国资委启动《中央企业“十三五”社会责任战略规划》编制工作，提出了“十三五”央企社会责任总体目标：形成一批社会责任管理体系较为完善的优秀企业、形成一批引领行业履行社会责任的优秀企业、形成一批模范履行社会责任具有国际影响力的优秀企业。2016 年 6 月，国务院国资委印发《关于国有企业更好履行社会责任的指导意见》。这是继 2008 年《关于中央企业履行社会责任的指导意见》发布之后又一重要文件，对当前和今后一个时期，包括央企在内的广大国有企业更好履行社会责任提出了明确的指导思想、基本原则、主要目标和重要方向，成为国有企业履行社会责任的重要指导性和约束性文件（王秋蓉、李艳芳，2018）。2022 年 3 月，国务院国资委新设社会责任局，专司社会责任管理，成体系推进中央企业社会责任工作，进一步提升了社会责任专业监管力度（钟宏武，2023）。

2. 央企履行社会责任的成效

2008 年国务院国资委发布《关于中央企业履行社会责任的指导意见》以来，央企履行社会责任的进程不断推进，央企社会责任管理和实践在“质”与“量”上都实现了大跨越，成为中国企业履行社会责任的标杆与典范。《中央企业社会责任蓝皮书（2017）》指出，根据中国社科院企业社会责任研究中心相关研究，国企 100 强社会责任发展指数持续领先于民企 100 强、外企 100 强。同时，在国有企业 100 强样本企业中，国务院国资委监管的央企占 54 家，在国有企业 100 强发展指数前 30 名企业中，央企则占了 28 家，说明央企的社会责任工作水平极大地支撑了国有企业 100 强社会责任发展指数水平（原诗萌，2018）。

（二）我国企业履行社会责任的驱动因素

1. 英文文献

目前的英文文献中，学者们主要聚焦企业外部的宏观因素以及企业内部组织层面的中观因素，探究我国企业履行社会责任的驱动因素。

在宏观层面，Ip（2003）将中国企业履行社会责任的动机与企业伦理相联系，基于对中国双星集团的案例分析，指出良好的商业伦理文化构成是企业履行社会责任的主要动因。同时，也有学者聚焦政府政策、法律法规的强制作用。例如，Qu（2007）的研究结果显示，企业开展社会责任工作是政府规范和市场导向共同驱动的结果，其中政府规范是影响企业履行社会责任的最主要、最直接动因。

在组织层面，经济利益驱动被认为是中国企业履行社会责任的主要理性动因。Zu 和 Song（2009）的研究发现，追求经济利益是中国企业履行社会责任的主要驱动因素，即主动承担社会责任的企业认为履行社会责任有助于公司经济目标的达成。

此外，学者发现，企业履行社会责任的动因可能在不同类型的企业间呈现明显差异。例如，Li 和 Zhang（2010）的研究发现，国有企业履行社会责任的水平受政府干预程度的外部因素影响，政府干预力度越大，国企社会责任表现越好；而非国有制企业履行社会责任水平，更多受到企业盈利能力、企业规模、企业领导者和员工素质等组织层面因素的影响。又如，Zeng 等（2012）的研究发现，中国上市公司是否愿意披露环境信息，由组织内部和组织外部因素共同驱动，在政府和公众等外部压力作用下，一些上市公司会选择适当披露环境信息，但是披露信息的质量有限；而在维护企业形象和声誉等内因作用下，上市公司更愿意披露环境履责信息，且信息内容更广泛。

2. 中文文献

中文文献中，关于我国企业履行社会责任驱动因素的研究不仅聚焦于企业内部组织层面的中观因素，而且关注企业外部的宏观因素以及企业决策者、管理者层面的个体因素的影响。

在组织层面，经济利益驱动同样被认为是中国企业履行社会责任的主要理性动因。陈阳（2005）的研究发现，追求经济价值最大化是中国企业履行社会责任的主要影响因素。一方面，企业将履行社会责任当作换取政策优惠的筹码；另一方面，企业将承担社会责任作为一种广告宣传。此外，刘展铭（2009）的研究发现，企业规模、企业性质和企业成长阶段等组织因素是影响中国企业履行社会责任的主要因素。从企业规模上看，大型企业社会影响力更强，有更大的实力，更愿意履行社会责任。从企业性质上看，国有企业因其性质特殊，在其进行决策时更能充分考虑到员工、顾客、社区和股东权益；而中国民营企业起步较晚，为了生存，更注重追求经济效益，其社会责任表现不乐观。从企业不同成长阶段上看，随着企业不断成长，与利益相关者关系越来越融洽，其社会责任理念随之增强。

在宏观层面，政府干预以及市场环境等因素被认为是我国企业履行社会责任的主要动因，周中胜等（2012）基于对我国上市公司的数据分析，发现政府干预程度、法律环境、要素市场发育程度与上市公司社会责任的履行状况呈正相关。政府干预程度越高，企业履行社会责任的可能性越大；企业所处地区的法律环境越好，企业越有可能履行社会责任；企业所处地区的要素市场越发达，企业越有可能履行社会责任。李冬伟、俞钰凡（2015）从中国社会科学院企业社会责任研究中心 2010—2012 年中国国有、民营 100 强企业中选择 233 家作为样本，通过数据分析发现，政府压力和资本市场等强制同构是影响中国企业社会责任战略的根本制度原因。其中，国家政策和政府压力有力地塑造了中国上市公司企业社会责任战略和行为，国际资本市场利用其市场权利推动和影响着中国大型上市公司采取积极主动的企业社会责任战略。

在微观层面，企业管理者的伦理道德成为企业履行社会责任的主要内在驱动因素。李占峰（2012）分析国有企业履责动因时发现，国有企业履行社会责任主要由两种因素驱动：一是内在动力，即高尚的企业伦理标准和价值观，是推动国有企业履行社会责任的重要动力；二是外部动力，即法律规章和社会道德约束，国有企业要合法立足，就必须承担社会责任。

同时，有学者发现企业履行社会责任可能受到内因和外因共同作用。尹珏林（2012）的研究发现，外因驱动是指社会结构中的规范和价值观要求企业履行社会责任，企业只有依法履行社会责任，才能获取其生存和发展的合法性；内因驱动是指企业履行社会责任的动力取决于决策者的个人信仰和价值观。

此外，有学者将企业社会责任的概念进一步具体化，分析企业履行不同维度、不同类型社会责任的驱动因素。姜志华、沈奇泰松（2013）的研究发现，企业开展公益慈善活动，主要出于对经济因素的考虑，因为慈善活动能够提升企业的品牌形象和社会声誉，进而使企业更容易受到消费者的青睐；企业履行环境责任，主要出于社会伦理和法律法规政策等外部制度因素的考虑；企业履行员工责任，主要受经济和伦理因素的驱动，因为一方面企业对员工负责，有利于提高企业的竞争力，而另一方面从情感上，企业也需要对自己的员工负责。

（三）央企履行社会责任的推进机制

央企作为中国企业践行社会责任的排头兵，发挥了“大国重器、中流砥柱”的作用。在政府政策和行业自律的推动下，越来越多的央企构建了独具特色的社会责任实践推进机制。总结以往学者的相关研究，央企履行社会责任的推进机制归纳为以下三类。

1. 政府发展战略、公共政策的助推器

央企履行社会责任的实践不同于其他类型企业的主要特征在于，央企积极参与政府推进各项经济社会发展事业的进程，央企履行社会责任的工作领域高度匹配国家各项经济社会发展公共政策，央企在公共政策实施过程中发挥了重要的助推器作用。2021 年初，国务院国资委网站正式上线“2020 中央企业社会责任蓝皮书”专题，编发了 80 家央企统筹推进疫情防控和经济社会发展的典型案例、77 家央企的抗疫案例、54 家央企的海外履责案例，集中展示了 2020 年央企在脱贫攻坚、抢险救灾、绿色发展、民生保障、海外履责等方面的企业社会责任实践（原诗萌，2021）。

在国家实施“走出去”，尤其是“一带一路”倡议的进程中，央企成为“开展海外履责的先锋力量”。例如，中国电建在海外推行“治理属地化、经营属地化、资源属地化、发展属地化、责任属地化和文化属地化”，构建“六位一体”属地化管理体系，牵头成立了海外志愿者协会，开展“四个一”管理服务，推出“科技服务”“生态保护”“社会关爱”三项品牌行动，通过海外员工的支援服务活动，服务地方发展，传播中华文化，塑造有温度的海外履责形象，为项目健康运营奠定良好的发展环境。又如，中国交建发挥融资、设计、建设、运营、服务等全产业链优势，坚持

共商共建共赢，争做中国经济、文化民间外交使者，实施了蒙内铁路、瓜达尔港、巴基斯坦喀喇昆仑公路等“一带一路”建设标志性项目，在“一带一路”共建国家推动 20 多个园区的规划和建设，助力所在国经济发展，带动就业，履行企业责任，塑造中国形象（原诗萌，2018）。《中资企业海外社会责任蓝皮书（2016—2017）》指出，央企、其他国有企业和民营企业三类中资企业社会责任发展指数存在一定程度的差异性，其中，央企海外社会责任发展指数得分最高（42.77 分），民营企业次之（20.93 分），其他国有企业最低（7.90 分）。该蓝皮书指出，相对来说，央企在海外开展业务时间更久，经验更加丰富，履行社会责任的意识更强（原诗萌，2018）。据统计，2013—2018 年，央企在“一带一路”沿线承担了基础设施建设、能源资源开发、国际产能合作等领域的 3116 个投资项目和工程。近年来，央企紧抓世界经济调整转型和“一带一路”建设等机遇，不断扩大开放、强化合作，以开放促改革，以改革促发展，在“走出去”与“引进来”的协调发展中，央企进一步增强了自身活力、扩展了发展空间（原诗萌，2019）。

同时，央企企业社会责任实践中发挥公共政策助推器的作用在扶贫事业领域也有典型呈现。在国务院国资委组织推动下，不少央企投入战略性资源，持续参与国家扶贫事业。例如，中国石化重点围绕基础设施建设、产业帮扶、支持教育、劳务培训、医疗健康等领域开展对口支援及扶贫开发工作，在扶贫方式上，坚持“输血”和“造血”相结合，高效推进精准扶贫，尤其是充分利用自身产业和渠道优势，探索出了“以销售渠道带动特色产业发展，以特色产业发展带动税收和就业，以税收和就业带动贫困地区持久脱贫”的产业扶贫模式，增强当地“造血”功能，致力于帮助贫困地区提高可持续发展能力，有效实现脱贫致富。又如，华润希望小镇建设工作主要从“环境改造”“产业帮扶”“组织重构”“精神重塑”四个层面开展，把希望小镇建设成为充满活力、乡风淳朴的美丽乡村。2008 年以来，华润集团累计捐资 5.8 亿元，已建成广西百色、河北西柏坡、湖南韶山、福建古田、贵州遵义、安徽金寨和江西井冈山 7 个华润希望小镇，宁夏海原、贵州剑河、湖北红安3个希望小镇也正在规划建设之中，直接受惠农民2000余户、超过1万人，辐射带动了希望小镇周边10万余人脱贫致富奔小康（原诗萌，2018）。截至2017年的国家脱贫攻坚数据显示，在参与定点扶贫的300多家中央单位中，央企占了将近1/3；央企结对帮扶的246个国家扶贫开发工作重点县，占全国592个扶贫开发工作重点县的42%，分布于全国21个省（区、市）（原诗萌，2018）。2016—2021年，央企累计投入帮扶资金超过980亿元，其中在定点扶贫县投入无偿扶贫资金超过130亿元。央企坚持尽锐出战，累计派出各类扶贫干部1万余名，其中向定点扶贫县派出挂职干部和驻村第一书记超过1400名。经过持续努力，目前国资央企定点帮扶的248个国家扶贫开发工作重点县全部脱贫摘帽，承担行业主管部门、地方党委政府安排的1.2万个各类扶贫点任务全部完成（原诗萌，2021）。

2. 企业社会责任信息披露

社会责任报告成为央企与利益相关方沟通的重要工具，是央企履行企业社会责任的又一重要实施机制。过去10多年，央企发布企业社会责任报告，从被动到主动，从国内信息披露到海外信息披露，从形式到内容，不断丰富创新。2006年，国家电网率先发布央企首份社会责任报告，随后，中铝、中远等央企也相继发布社会责任报告。2009年，国务院国资委组织召开央企社会责任工作会议，要求全部央企在2012年底前发布社会责任报告。在国务院国资委的推动和监督下，2012年底，所有央企全部发布了社会责任报告或可持续发展报告（王秋蓉、李艳芳，2018）。自此，通过社会责任报告，才较为全面地披露了央企履责水平，实现与社会和利益相关方的沟通，而社会公众也更好地了解央企社会责任实际情况。一些央企还倡导所属二级公司发布企业社会责任报告，如国家电网和南方电网要求省级公司全部发布社会责任报告。此外，央企更加注重提升企业社会责任报告的质量，报告编制前收集利益相关方诉求，选择性地披露企业社会责任实践信息，或者通过企业社会责任专题的形式，披露利益相关方关切的重大事项。更有央企针对公司业务的特殊性，发布国别报告和专项报告，如中钢集团、路桥集团、中国有色集团等央企发布了国别报告，长江三峡集团就环境保护问题发布了环境专项报告，华电集团发布了水电可持续发展报告。

然而，也有学者发现央企的企业社会责任报告存在一些缺陷。例如，2012 年发布的央企社会责任报告在完整性、实质性、可比性、平衡性、可读性和创新性等报告质量评价指标方面依然有很大改善空间。首先，在完整性方面，2012 年仍有部分企业的报告披露信息比较少，急需改善。其次，在可比性方面，相当数量的报告需要增强对关键绩效指标连续多年数据的披露以及同行业比较。同时，在平衡性方面，不少报告“报喜不报忧”，或有选择地披露一些轻微负面信息，对一些重大负面问题则不予说明，从而弱化了报告的可信度（吴杰，2013）。此外，行业观察者发现，虽然在 2012 年底前全体央企均发布了社会责任报告，但是 2013 年央企社会责任报告发布量呈现下降趋势。这也表明部分央企发布企业社会责任报告仍处于相对随意或应对监管机构的状态，并未将社会责任报告视为定期与利益相关方沟通的正式报告（赵钧，2014）。此外，也有学者指出，近年来的央企社会责任报告依然存在信息披露时效性与规范性不强、可靠程度有限、信息披露主观随意性明显、负面社会责任表现披露相对有限、披露内容的可读性和可比性较差等问题（吴勋，2015）。

3. 建构企业社会责任管理体系

央企在推进企业社会责任发展的进程中，将建构企业社会责任管理体系放在了战略高度，取得了积极成效。2018 年中国社会科学院、国务院国资委发布的《中央企业社会责任蓝皮书》显示，截至 2018 年，88% 的央企设立了社会责任主管部门，85% 的央企制定了社会责任相关制度，84% 的央企立足自身业务特色识别出需要关注的社会环境问题，82% 的央企确立企业社会责任理念，61% 的央企将社会责任工作纳入工作绩效考核（原诗萌，2019）。

不少央企结合自身行业特点制定了特色化的企业社会责任管理体系。例如，作为华润集团的地产业务旗舰和重要的民生央企，华润置地有限公司立足行业特点和企业实际，从组织、制度、信息披露、能力建设、资本市场评级回应等维度，构建“五大管理体系”，持续夯实社会责任管理基础（李欣等，2023）。又如，国投集团积极遵循联合国负责任投资原则（PRI）相关倡议，识别责任议题，将责任理念与投资组合业务全面融合，将ESG因素纳入投资决策，发挥投资导向性作用，积极布局新材料、生物能源、生态环保、健康养老、医药医疗等产业，服务社会、服务民众（钟宏武，2023）。同时，越来越多的央企还积极推动社会责任融入公司战略与日常运营、供应链、销售链、业务合作等，并推进社会责任工作绩效考核，组织或参与企业社会责任优秀评选，促进社会责任目标实现（钟宏武，2023）。

三、研究发现

（一）案例概况

1. 中国南方电网公司企业社会责任实践现状

（1）企业概览

中国南方电网公司（以下简称南方电网）成立于2002年12月，受国务院国资委直接管理。总部设有21个部门，员工总数30.3万人。南方电网供电区域覆盖广东、广西、云南、贵州和海南五省区，向2.3亿人提供电力供应，客户涵盖7593万户。2015年南方五省区全社会用电量9628亿千瓦·时。南方电网率先实施“走出去”战略，截至2015年底，累计向越南送电315亿千瓦·时，向老挝送电10亿千瓦·时，从缅甸进口电量125亿千瓦·时。2015年，南方电网输送至香港的电量相当于香港总用电量的25%；输送给澳门的电量相当于澳门总用电量的90%。2015年，公司完成售电量7822亿千瓦·时，西电东送电量1891亿千瓦·时，营业收入4707亿元（中国南方电网公司，2014）。

（2）企业社会责任实践

2006年，南方电网开始关注企业社会责任，2008年发布第一份社会责任报告，是中国第一批发布企业社会责任报告的央企之一。2010年，“万家灯火，南网情深”成为南方电网的核心价值观，这一重要成果，是中国企业将社会责任理念融入公司文化的典型范例。一方面，“万家灯火，南网情深”高度概括了南方电网对社会责任的理解，“万家灯火”是南方电网在其经营管理活动中，对利益相关方造成对经济、社会、环境影响的集中表达，暗示了怎么实现“万家灯火”。另一方面，“万家灯火，南网情深”，涵盖了对利益相关方的责任。南方电网“情”深既包含对客户的服务之“情”，对员工的关爱之“情”，又包含对环境的亲善之“情”和对社会的回报之“情”，对利益相关方的情感融入，完美诠释南方电网实现“万家灯火”，创造经济、社会和环境综合价值的目标。

基于这一核心价值观，南方电网不断思考、修正自身的企业社会责任实践，逐步将核心价值观落实到公司运营和员工行为中，形成南方电网“战略驱动型”社会责任实践推进范式。南方电网企业社会责任实践，作为央企企业社会责任经典案例，被多家央企研究、学习，并被国务院国资委收入《中央企业社会责任实践案例集》中。

2. 中国建筑股份有限公司企业社会责任实践现状

（1）企业概览

中国建筑股份有限公司（以下简称中国建筑或中建）是全球最大的建筑地产综合企业集团。2007 年创立，2009 年成功上市。公司现拥有 76 家二级控股子公司，主营业务有房屋建筑、房地产开发、国际工程、基础设施建设等，经营区域分布全球 40 多个国家和地区。在国际工程上，中国建筑业务覆盖全球 116 个国家和地区，承建项目 5600 多个，包括房屋建筑、交通、水利、工业等多个工程的承包，其中一大批已成为当地标志性、代表性建筑。2013 年，中国建筑海外业务营业收入达 524 亿美元。2014 年，中建在《财富》世界 500 强榜单上排名第 52 位，公司总市值超过 2000 亿元（中国建筑股份有限公司，2014）。

（2）企业社会责任实践

中国建筑 2010 年发布第一份社会责任报告，是央企中较早关注企业社会责任的企业之一。多年来，中国建筑在推进企业社会责任的道路上，结合企业特点，塑造了自身特有模式。2011 年，中国建筑明确以“拓展幸福空间”为公司社会责任理念，并将这一理念融入企业使命和核心价值观，形成了“责任根植文化，文化引领责任”的责任视角（陈莹，2014）。随后，中建又从利益相关方的需求出发，围绕拓展价值空间、品质空间、生态空间、成长空间、共赢空间、创新空间、和谐空间七个方面，全面推进企业社会责任实践，打造出“文化引领型”社会责任实践推进模式。“文化引领型”社会责任实践推进模式的本质含义：要求公司从决策层到管理层，再到员工层面，先从思想和意识形态上认同社会责任理念，再将这一理念转化为自觉行动的过程。经过多年的努力，中国建筑在社会责任实践上取得了显著成效。2013 年以来，中国建筑的企业社会责任报告被中国社会科学院评为五星级报告，同年“中国建筑情系农民工，拓展幸福凝聚动力”的社会责任实践被写入国务院国资委央企优秀社会责任实践案例集。此外，中建在履行社会责任的同时，也取得了较好的品牌收益，尤其是其在海外项目的投标竞争上，更容易获得中标资格。海外的项目从开始到工程交付，得到当地利益相关方的理解和认可。

（二）央企履行社会责任的驱动因素

1. 南方电网履行社会责任的动因

南方电网承担社会责任是内外因共同作用的结果，经历了从政府要求到企业自愿的过程。在履责初期，南方电网对社会责任的内涵和价值的认识尚不清晰。这时，外因即来自政府的压力占主导。当社会责任融入企业战略，并且逐渐形成系统的社会责任推进模式之后，南方电网对社会责任内涵有了更深刻的理解，同时在履行社会责任过程中，也收获了社会对公司的信任与好评，这时南方电网履行社会责任的动因逐渐由外驱动力转化为内驱动力，从被动转化为主动，南方电网开始主动承担社会责任。

（1）政府要求

政府发布有关企业社会责任的指导文件，是最初推动南方电网开展企业社会责任实践、披露社会责任信息的主要动力。在访谈中，南方电网的工作人员讲述了2008年后国务院国资委陆续出台的一系列央企社会责任政策对于南方电网开展企业社会责任实践的具体影响。

开始我们也不太清楚社会责任是什么，也不理解为什么要开展社会责任工作。为了响应国务院国资委1号文（《关于中央企业履行社会责任的指导意见》）要求，南方电网2008年5月发布了《企业社会责任报告》，我们是第二家发报告的央企。2009年，国务院国资委又召开央企企业社会责任工作会议，对我们开展社会责任工作提出了具体要求，包括所有央企在3年内要发布社会责任报告，加强与利益相关方的交流等。在会议之后，公司领导非常重视企业社会责任的推进工作，迅速召开党组会议，研究部署工作。当时党组领导做出重要指示：企业社会责任作为一种新的企业价值观，已被社会广泛认识和接受，央企身份特殊，一举一动更会得到社会各界的高度关注，所以要成立专门的社会责任部门，制订规划，有章法、有步骤、系统地推动社会责任工作。后来，公司召开了社会责任工作研讨会，全面总结、深入研讨，探索做好社会责任工作的思路和方法。之后，国务院国资委2011年发布的《中央企业"十二五"和谐发展战略实施纲要》，对央企的触动比较大。该纲要要求，央企要追求经济、社会、环境综合价值最大化；要加强与利益相关方的沟通，提升运营透明度；还有就是要提高品牌美誉度。具体落地操作方面，也给出了二十项具体的建议。2012年国务院国资委《关于中央企业开展管理提升活动的指导意见》，提出了十三项央企管理内容，社会责任管理是十三项管理之一。南方电网按照国务院国资委的指导，通过总结自己的实践经验，逐步走出了有南方电网特色的社会责任管理路径，形成了有南方电网特色的"战略驱动型"社会责任管理模式。目前，南方电网的社会责任实践工作是有计划、有执行、有监督、有考核的管理过程。

（2）企业自觉

后来，南方电网逐步将社会责任理念融入公司使命和发展战略，社会责任不再是可有可无的"负担"，而成为南方电网实现战略目标的重要组成部分。

随着企业社会责任工作的推进，公司内部对企业社会责任的内涵和理念的认识也不断加深，我们逐渐认识到企业要自觉履行社会责任，因为我们的经营管理活动给经济、社会和环境造成了影响。所以，公司把“主动承担社会责任，全力做好电力供应”当成自己的使命和根本任务。在公司制定的中长期发展战略中，我们把“万家灯火，南网情深”作为公司所有行为的价值判断标准，力争做到服务好客户、关爱好员工、回报好社会、善待好环境，这是我们公司追求的终极价值。同时，南方电网还把社会责任理念植入了公司的战略管理，要求所有的二级公司发布社会责任报告，推动社会责任在基层落地。到了这个阶段，南方电网承担社会责任已经不局限于政府引导，反而觉得承担社会责任是南方电网必须履行的义务。因为我们的生产经营会给利益相关方造成影响，所以也要承担相应的责任。电力不同于一般的商品，它由发电厂送出后，通过我们电网输送给千家万户。从发电、输电、配电到最后的售电，都是瞬间同时完成的，电很难大规模存储，又不可替代，如果我们中断供电或者供电不足，对于用电企业或者居民来说，损失都是巨大的，所以我们必须争分夺秒，保障电网输配电安全、稳定运行，在任何条件下，包括灾害甚至是战争环境下，我们都有责任最大限度地保障提供不间断的、安全的供电服务。电，是我们的产品，但这种产品有其特殊性，每个人、每家企业都需要，如果我们经常停电，或者复电的时间过长，都会遭受来自各方面的质疑和压力。所以，履行社会责任就是我们把本职工作做好，是我们每一个在职员工必须要完成的工作。在输配电过程中，南方电网明确要求坚持几个基本原则：一是可获得的原则。也就是说不管这个地区有多艰苦，送电条件有多差，只要能拉电网，我们必须保证坚决完成任务。比如在广西有个偏远的山区，那里的条件你想象不到有多恶劣，我们在那里建电网好多工程都是人工完成的，但只要我们有希望做到，就必须完成当地的电力供应，实现户户通电。二是不歧视。不管是大企业、小企业，我们都一视同仁，同等电价，同等服务。如果大企业停电了，小工厂也停电了，我们没有保大舍小的说法。必须第一时间检修、快速复电。三是关注弱势群体。对于残疾人或者低收入者，我们也想尽一切办法，为他们提供节能服务方案，帮他们省钱。

（3）塑造企业品牌形象的需要

南方电网将企业社会责任理念根植到公司的战略、管理和日常工作，目的是将自己打造成为服务好、管理好、形象好的国际先进电网公司。在访谈中，南方电网的工作人员认为企业社会责任是助力南方电网实现负责任的品牌形象的基础和保障，而构建责任品牌形象，是南方电网开展社会责任工作的更高追求。

成为服务好、管理好、形象好的国际先进电网公司，是我们公司追求的责任品牌名片，现阶段我们的社会责任工作也是围绕这个目标开展。具体做法包括，在电力供应方面，我们坚持让客户用“好”电。这个“好”体现我们坚持安全生产，优化电网建设，提升技术水平，让用户体验到享受国际先进水平的供电服务。比如我们通过缩短停电时间、减少客户投诉率等指标，衡量南方电网是否尽到优质服务的责任。我这里有一组数据，2010 年，我们的城市客户年平均停电时间是 6.66 小时，到 2014 年缩短到 1.6 小时；农村客户平均停电时间 2010 年是 14.87 小时，2014 年缩短为 5.6 小时。还有，我们在改善技术，自上而下推广带电作业，2014 年全年带电作业四万多次，从而达到减少停电的目的。当然，我们带电作业也要确保员工的工作安全。此外，我们还提倡绿色用电，推广新能源发电，做好节能调度，为用户提供节电方案等。通过努力，我们的客户投诉率也大幅下降，南方电网在居民心目中的形象逐步提升。全国电力可靠性评级，A 级企业一共有 10 家，南方电网占了 5 家。我们在一步步向着负责任的公司品牌迈进。

2. 中国建筑股份有限公司履行社会责任的动因

中国建筑推进企业社会责任的驱动因素相对复杂。中建的业务包含国内和国外两个地域。在国内，国务院国资委要求央企履行社会责任，中建作为建筑业的佼佼者，必须遵循国务院国资委要求，履行社会责任。在海外，当地政府和合作伙伴，要评估海外投资企业社会责任状况，将评估结果作为审核是否接受该企业投资的重要指标。为满足海外运营需求，中建积极履行海外责任。

（1）从政府引导到企业自觉

政府督促和引导，是中国建筑履行社会责任的主要动因。在访谈中，中建的工作人员强调，正是在政府循序渐进的指导下，中建结合公司业务特点，逐渐形成了独具特色的社会责任实践管理模式。

中建开展社会责任工作，主要还是按照国务院国资委的要求，一步一个脚印地完成。在2008年国务院国资委发布1号文（《关于中央企业履行社会责任的指导意见》）之后，中建开始关注企业社会责任，但是那时没有发布社会责任报告。2009年，国务院国资委举办了央企社会责任工作会议，会上公布了“中央企业优秀社会责任实践”成果，表扬了一些企业社会责任实践优秀的央企，同时部署了下一步推进中央履行企业社会责任的规划，要求3年内央企必须发布社会责任报告。2009年，我们成立了社会责任工作办公室，开始收集信息，2010年发布了中国建筑第一份企业社会责任报告。2010年以后，我们开始每年发布企业社会责任报告，积极披露我们履行社会责任的信息，把报告当作与政府、客户等利益相关方的沟通媒介。2011年以后，政府要求央企深入履行社会责任，先后发布了《中央企业“十二五”和谐发展战略实施纲要》和《关于中央企业开展管理提升活动的指导意见》，从此央企又一次经历了从企业社会责任实践到企业社会责任管理的跨越。我们作为行业领导型企业，必须先发制人，做出表率。在认真学习了国务院国资委相关文件后，2012年，中建重新梳理了几年来的社会责任实践，结合公司产品和业务，构建了公司企业社会责任管理体系。从社会责任角度，重新定位公司使命为“拓展幸福空间”，围绕这一使命，我们希望为利益相关方开拓七个方面的幸福空间，即为股东拓展“价值”幸福空间、为客户拓展“品质”幸福空间、为环境拓展“生态”幸福空间、为员工扩展“成长”幸福空间、为合作伙伴拓展“共赢”

幸福空间、为行业拓展“创新”幸福空间、为社会拓展“和谐”幸福空间。同时，为了检验履责成效，我们还制定了企业社会责任指标体系，评估社会责任实践成果，从社会责任理念—行动—监督、考核，中建打造了具有自身特色的“文化引领型”社会责任管理模式。现在，中建推进社会责任已经有一套成熟的路径，公司从领导层到基层员工，对社会责任的认识也普遍提升，企业社会责任已经慢慢成为一种公司文化，渗透到公司的管理和运营及员工行为中，履行社会责任也从被动转为主动，做好本职工作就是负责任。

（2）海外政府及合作伙伴要求

为拓展海外投资业务，中建必须满足他国政府和合作伙伴的要求，向海外利益相关方呈现完整的社会责任履责绩效，从而获得海外投标项目准入资格。在访谈中，中建的工作人员讲述了在海外业务中，公司如何回应不同利益相关方的差异化需求。

我们的海外建筑项目，大部分国家当地政府和合作商都需要审核我们的社会责任状况，所以我们的社会责任报告都是中英文版本的，并且公司下属的中国海外集团有限公司、中国海外发展有限公司、中国建筑国际集团有限公司也都发布了企业社会责任报告，以便在申请国际项目时，供当地政府和合作伙伴查阅。中建的社会责任报告已经成为与海外利益相关方建立互信关系的媒介。让他们了解我们是负责任的企业，这样当地政府、人民才不会抵触我们的投资。还有些地方招投标时，标书上明确要求，投标企业的社会责任状况，将作为招标项目考量的指标之一，企业社会责任做得好的企业，可以加分，更容易拿到投标。

（3）提升品牌形象，实现经济效益

无论是在国内还是海外业务中，中建都将通过提升品牌形象，实现经济效益作为履行社会责任的主要动力。在访谈中，中建的工作人员反复强调提升品牌形象的考量对公司企业社会责任实践的影响。

实践社会责任的过程中，公司最可观、最直接的价值回报就是，中建的品牌形象得到了提升，特别得到了海外利益相关方的尊重和认可。在国内，公司与项目施工当地的政府和社区居民沟通，向他们宣传企业文化及社会责任实践，在项目开始前先得到当地的首肯和支持。同时，从项目施工—竣工—交付使用—投入使用后的整个过程中，都有实时监控，建立了电话回访机制，客户可以随时提出意见。在国外，公司响应国家“一带一路”的战略构想，拓展海外项目。中国建筑贯彻中央精神，“走出去”拓展更多海外项目。公司积极创新海外项目模式，从单一的“项目施工方”，转变为投资、建造、运营一体化的“综合服务商”。在拓展海外投资建设项目的同时也为项目的本地化运营提供可行性方案。中建海外投资项目既为当地完善了基础设施建设，同时也带去了技术，提供了就业和培训，带动了当地经济的发展。所以，公司的项目也越来越受海外政府和社区居民的欢迎，在海外的品牌形象是在逐步提升的。品牌美誉度提高了，国内外项目订单也随之增加，公司营业额一直保持上市以来年均两位数的增长态势。

3. 两家央企的企业社会责任动因比较

南方电网和中国建筑履行社会责任的驱动因素既有同质性又存在差异。首先，两家央企履行社会责任存在两点相似的驱动因素。其一，两家央企履行社会责任的过程，均从政府强制转化为企业自觉，从被动接受转化为主动承担。在履行社会责任的起步阶段，两家央企对社会责任的内涵及价值认识不清，在政府的要求和倡导下，被动履行社会责任。随着社会责任实践日趋成熟，这一阶段两家央企对企业社会责任理解更透彻，对企业社会责任的价值体会更深入，履行社会责任逐渐转变为企业的自觉行为，并形成了一套完整的企业社会责任管理体系。其二，追求品牌美誉度，是驱动两家央企履行社会责任的另一个主要动因。南方电网和中国建筑同为国家大型央企，位居行业之首。作为行业领袖，两家央企在品牌形象方面有更高的要求。国务院国资委《中央企业“十二五”和谐发展战略实施纲要》提出：“央企通过履行社会责任，提高企业品牌美誉度的要求。”两家央企率先发布企业社会责任报告，披露企业履责信息，加强与利益相关方沟通，力争成为行业内最受尊重、最具品牌影响力的公司，在利益相关方心目中树立良好的品牌形象，得到他们的支持和认可。

其次，南方电网和中国建筑因为业务涉及的地域不同，履行社会责任的动因也有所差异。两家央企履责动机的差异性主要体现在对海外利益相关方需求和期望的关注上。对于中国建筑来说，海外利益相关方，包括当地政府、监管机构、合作伙伴、社区等，都是中建的核心利益相关方，他们的期望和要求，需要得到及时回应，这也是中国建筑积极履行社会责任，表现出良好社会责任绩效的主要动因。尤其是国家提出“一带一路”倡议后，中建在“一带一路”沿线的海外业务不断扩张，海外项目收入已经成为企业总体营业收入的重要组成部分，关注海外利益相关方的要求，履行海外社会责任，是中建顺利实现海外拓展的重要手段。同时，企业社会责任报告，也逐渐成为中国建筑与海外利益相关方沟通、建立彼此了解和互信的重要工具。而对于南方电网，业务主要在国内，从产品特性和行业属性的角度考虑，“电”是企业和个人的必需品，南方电网出于企业价值和行业荣誉感，履行社会责任，让“客户”用“好”电，这种行为更多的是企业自觉行为。国家“一带一路”倡议提出后，南方电网也积极探索与东南亚的合作项目，如果南方电网促成海外项目，其履行社会责任的动因则另当别论。

（三）央企履行社会责任的推进机制

1. 南方电网企业社会责任推进机制

南方电网企业社会责任推进机制具有“战略驱动型”的特点，即总体上企业社会责任战略、制度和沟通呈现自上而下的“金字塔”结构。如图 2－1 所示，顶层是公司使命、核心价值观和战略目标，也是公司开展企业社会责任工作的“坐标”。中间层是公司制定的社会责任制度、规划、绩效考核机制，通过全方位的责任融合，规范化的责任治理，才能确保企业社会责任工作有序推进。中间层对顶层战略的落地起到支持作用。最底层是利益相关方沟通机制，利益相关方可通过各种渠道对南方电网企业社会责任实践成果进行评价，确保“行为”能被持续改进。底层对顶层战略的实现提供战略保障作用。南方电网社会责任推进思路是，将公司战略、责任治理、责任融合、绩效管理、责任沟通有机结合，围绕公司战略，确保南方电网企业社会责任实践有条不紊地推进和提升。

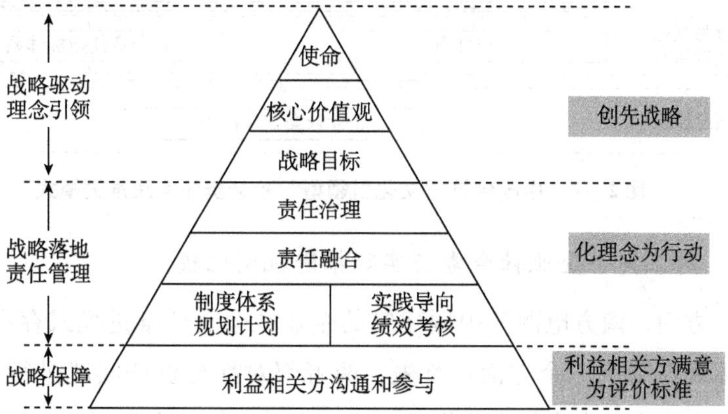

图 2－1　南方电网社会责任推进机制

2. 中国建筑企业社会责任推进机制

中国建筑企业社会责任推进机制总体而言可以概括为“文化引领型”，即以企业文化为切入点，塑造“责任文化”氛围，在“责任文化”驱动下，重塑公司使命、发展战略、管理机制，最终通过企业运营及员工日常工作得以体现，履责行为受到企业行为规范制约，履责成果接受责任指标的检验。如图 2－2 所示，首先，以“中建信条”为载体，以“拓展幸福空间”为社会责任理念，以“品质保障，价值创造”为企业文化核心的企业“责任文化”体系，针对股东、社区、客户、环境、员工、伙伴、行业等不同的利益相关方，承担不同的社会责任，建构企业履责行为。其次，通过编制“十典九章”，制定企业行为规范，约束员工履责行为。再次，通过制定《中国建筑社会责任指标管理手册》，建立绩效管理制度，评估履责成效。最后，通过发布企业社会责任报告进行披露，构建与利益相关方的双向沟通渠道。

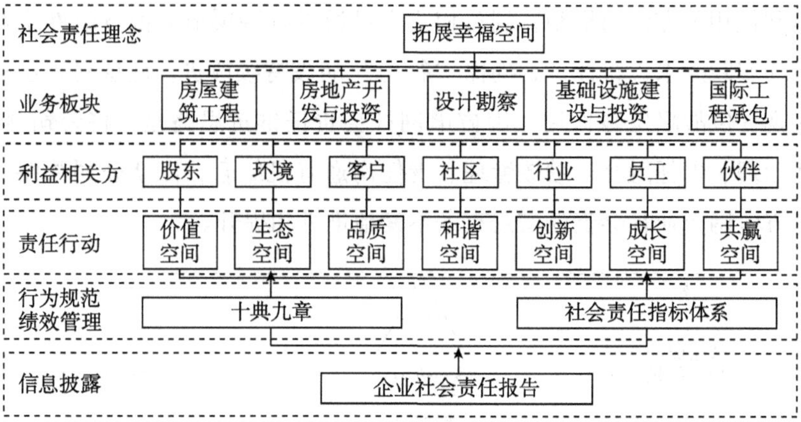

图 2-2　中国建筑“文化引领型”社会责任实践推进模式

3. 两家央企企业社会责任实践推进机制比较

一方面，南方电网和中国建筑的企业社会责任推进模式存在相似性，主要体现在以下三个方面：首先，两者都对社会责任实践进行了系统管理。两家央企社会责任实践推进模式，本质上是其自身对企业社会责任实践进行有效管理，即有计划、有目标、有行动、有考核地履行社会责任。其次，两家央企在推进企业社会责任实践层面，都考虑了利益相关方的期望和诉求，并且在履责实践中加以回应。最后，两家央企推进企业社会责任的落脚点相同，最终都落脚在与利益相关方的沟通上，揭示了企业履行社会责任的目的和价值是实现与利益相关方的有效沟通，增进彼此的理解。

另一方面，两家央企社会责任推进机制存在明显差异性。首先，两家央企推进社会责任的切入点不同。南方电网推进社会责任的切入点为“公司战略”，南方电网中长期发展战略是创建“服务好、管理好、形象好”的国际先进电网企业，这一战略本质上决定了南方电网要成为一家负责任的公司。中国建筑推进社会责任的切入点是“企业文化”，将社会责任融入企业使命和核心价值观，企业“责任文化”体系，而后又从“文化引领责任”的视角，重新梳理了企业管理机制、绩效考评机制和信息披露机制，将“责任文化”体系的内涵融入公司管理和运营，从管理和行为上，自觉践行企业社会责任。其次，两家央企选择了不同的路径推进企业社会责任。南方电网选择的是“自上而下”的企业社会责任推进路径，强调履行社会责任与公司实现中长期发展战略密不可分，这要求企业一切决策、管理、行为都要从社会责任的角度出发。与此不同，中国建筑选择的是“由内而外”的企业社会责任推进路径，先以文化构建为内核，而后将责任文化灌注于企业决策、管理、运营和日常工作中。

四、结论与建议

（一）研究结论

在本章中，笔者选择南方电网和中国建筑作为央企的典型案例，围绕央企履行社会责任的驱动因素和推进机制开展比较案例分析。研究发现，两家央企履行社会责任的驱动因素既有同质性又存在差异。在动因同质性方面，两家央企履行社会责任驱动因素都表现为由“政府强制”逐步转化为“企业自觉”的动态变化。动因差异性则主要表现在对海外利益相关方需求和期望的回应方面。关于履行社会责任的推进机制，尽管两家央企在系统管理、回应利益相关方需求、重视利益相关方沟通等方面存在共同点，但是企业社会责任推进机制在南方电网表现出“战略驱动型”的特征，在中国建筑则具有“文化引领型”的特征。

（二）启示与建议

展望未来，我国央企在国内和海外积极履行社会责任的实践方兴未艾。上述对于两家央企履行社会责任的驱动因素和推进机制的研究结论，对于相关政府部门等利益相关方推动央企企业社会责任实践的可持续发展，进行有效的政策与项目干预，具有切实的启示意义。

首先，有必要进一步发挥政府的引导、监督作用，督促央企深入履行社会责任。目前，尽管一部分央企已经在推进企业社会责任工作上取得了较好成绩，但还有一些中小型央企履行社会责任仍处于起步阶段，这些央企开展社会责任工作存在盲目性，甚至有些存在蒙混过关的侥幸心理。所以，在这些央企未能建立自觉履责意识之前，加强政府的监督、引导是非常必要的。

其次，构建完备的企业社会责任管理体系，是有效推进企业社会责任的制度保障，而完备的企业社会责任管理体系通常包含组织架构、日常管理、企业社会责任指标、企业社会责任绩效考核、信息披露、能力建设六个方面（殷格非，2008）。

第三章　地方国有企业履行企业社会责任的认知、动机、实施机制与绩效影响

——基于北京某区国有企业的多案例分析

一、导言

（一）研究背景

国有企业有广义和狭义之分。根据国家统计局对国有企业的具体概念认定，具有国家资本金的企业广义上都可被称为国有企业，具体又可分成三个层次，企业资本金全部为国家所有的纯国有企业、国有控股企业、国有参股企业。而一般意义上的国有企业，是狭义的概念，仅仅是指纯国有企业，即企业资本金完全归国家所有的企业。本研究中所指的国有企业是指广义的定义范围。

国有企业作为国有经济主要表现形式，其地位、性质的特殊性导致其社会责任也具有特殊性，因此吸引了众多的关注和研究。根据2009年以来颁布的各年度《企业社会责任蓝皮书》中披露的数据，可以看出国有企业的社会责任总体指数高于民企、外企，具体的责任管理指数、市场责任指数、社会责任指数、环境责任指数也均高于民企和外企（中国社科院经济学部企业社会责任研究中心，2013）。同时，应该看到的是，除部分垄断性央企在社会责任方面处于领跑位置外，大多数国有企业的社会责任仍处于旁观或起步阶段。此外，屡遭媒体曝光的国有企业垄断、寻租，产品服

务危机、环境污染，高层高薪、腐败等问题也引起社会的广泛关注。

与央企相比，地方国有企业受规模、效益，以及改革改制等历史遗留问题的多方面因素影响，在社会责任方面起步稍晚。目前地方国有企业的社会责任指数水平与央企相比存在明显差距。《企业社会责任蓝皮书》公布的近年数据显示，2013 年度国有企业中社会责任发展指数最高的是央企。年度社会责任发展指数前 20 名的企业中有 16 家是央企，仅有 1 家地方国有企业。央企 2013 年度社会责任发展指数为 47.8 分，远高于地方国有企业的 31.5 分。另外，从指数增长速度的角度来看，2009—2013 年，地方国有企业社会责任发展指数年均增长 5.2 分，高于央企社会责任发展指数年均增长 3.2 分的水平（中国社科院经济学部企业社会责任研究中心，2013）。可见，地方国有企业社会责任虽然起点低、起步晚，但发展迅速，潜力巨大。同时不容否认的是，地方国有企业在带动地方区域经济发展、提供就业岗位、保障基础民生、提供公共服务等方面发挥了不可替代的作用。

（二）研究问题

当前，学者围绕我国国有企业社会责任的发展现实已经开展了大量研究，主要涉及以下五个方面的研究议题：其一，国有企业社会责任的发展历程、现状及困境（藏瑞瑞，2013；马钊，2016；陶林，2018；肖红军，2018；赖庆晟，2021）。其二，国有企业履行社会责任的驱动因素（商华等，2022；张强忠等，2022）。其三，国有企业社会责任的实施机制（王丹，2010；麻宇欣，2013；于平，2014；任雪松、吴尚轩，2019；金招胜，2021）。其四，国有企业履行社会责任产生的经济绩效（张涛等，2011；张川等，2012；王文成、王诗卉，2014；单春霞、崔杰，2018；李楠楠、刘剑民，2022；臧雪晴、刘俊，2022）。其五，国有企业社会责任绩效的影响因素（谢海洋等，2021；伊力奇等，2022；谢帮生等，2023）。

然而，现有研究大多是以央企或者国有上市公司为研究对象，鲜有研究关注作为国有经济重要组成部分的地方性国有企业的企业社会责任实践。目前，少数几篇关于地方性国有企业社会责任的研究仅限于浅层的描述性研究，例如，王遐见、谭琦（2012）对江苏国有企业社会责任价值进行的实证分析；贺昂等（2013）对北京市属国企履行社会责任成效的研究；张荣霞（2013）对吉林省国企履行社会责任现状的研究；牛丽文、廖雅光（2014）对河北省国有企业履行社会责任现状的分析；叶华、卢星辉（2016）对北京国企企业社会责任信息披露现状的研究。关于地方性国有企业的企业社会责任的认知、理念、动机、实践与绩效影响，目前有限的几篇文献未能进行充分的回答，有待进一步深入全面地研究。

为弥补上述研究缺陷，笔者以北京市某区的 18 家国有企业作为研究对象，围绕以下研究问题开展案例分析：其一，地方性国有企业对于企业社会责任的认知处于何种发展状态？其二，地方性国有企业主要是出于哪些动机履行企业和社会责任？其三，地方性国有企业通过哪些具体的实施机制开展企业社会责任活动？其四，地方性国有企业履行企业社会责任对企业绩效产生何种影响？

（三）研究方法

本研究采取质性多案例研究方法，将北京市某区的 18 家国有企业作为研究对象，通过问卷调查和半结构式访谈收集一手数据，分析地方国有企业履行企业社会责任的认知、动机、实施机制与绩效影响。

作为研究对象的 18 家地方国有企业均为某区国资委直接监管的一级区属国有企业，其中 15 家均包含下属子公司。研究涵盖全部一、二、三级地方国有企业共计 137 家，其中 1 家一级企业为上市公司。从企业规模来看，18 家一级国有企业中，大型企业 5 家、中型企业 10 家、小型企业 3 家；从行业类别来看，涉及商贸业、房地产业、基础设施业、产业区开发建设、物业管理、公园开发经营等多种行业。

二、文献综述

（一）国有企业社会责任的发展历程、现状及困境

现有研究认为，改革开放以来国有企业社会责任的发展与演进可以划

分为四个阶段：1978—1993年为不完全企业下的责任错位阶段；1994—2005年为真正意义企业下的责任弱化阶段；2006—2013年为现代意义企业下的责任重塑阶段；2014年至今为企业新定位下的责任创新阶段（肖红军，2018）。

过去10多年，国有企业社会责任的发展取得了显著的进步。国有企业以履行社会责任的方式，在抗击疫情、复工复产、脱贫攻坚、乡村振兴、碳达峰、碳中和等一系列经济社会可持续发展领域做出了巨大贡献（赖庆晟，2021）。其中，地方国有企业在践行企业社会责任的发展中进步明显，甚至出现了赶超央企的趋势。例如，从2010—2013年的国有企业社会责任发展指数的变化情况可以看出，相较于中央企业和国有金融企业，“其他国企”（主要是地方国有企业）的社会责任发展平均指数在2012年和2013年上升更为明显，2013年较2012年增长了33.5%，呈现出快速追赶央企的趋势（王文成、王诗卉，2014）。

国有企业社会责任的发展存在种种不足和问题。藏瑞瑞（2013）认为，国有企业履行社会责任的实践中存在政府推动力不足、社会约束力不足、企业缺乏对国有企业社会责任的深刻认识以及信息披露不完备等问题。马钊（2016）认为，国有企业社会责任发展面临以下问题：国有企业履行社会责任的认识不到位、国有企业履行社会责任的机制不健全、国有企业履行社会责任缺乏有效社会监管。陶林（2018）认为，国有企业承担社会责任存在以下困境：企业自身理念滞后、企业履行社会责任的动力不足、政府管制不力、社会监督乏力。郑晓洁（2018）通过分析2014—2016年国有企业社会责任报告发现，国有企业社会责任报告披露存在以下问题：社会责任报告数量逐年增加，但鉴证比例不高；社会责任报告披露的内容覆盖面较广，但披露内容的随意性较强。赖庆晟（2021）认为国有企业履行社会责任，有待进一步明晰责任边界，加强制度供给，深化可持续发展主题。

（二）国有企业履行社会责任的驱动因素

现有研究在探究国有企业履行社会责任的驱动因素时，不仅关注企业内生因素，同时探究外部因素的影响。张强忠等（2022）通过对三寰集团、大连地铁集团和瓦轴集团3家国有企业的比较案例分析，发现国有企业履行社会责任受到内外部动力因素共同作用。其中，内部动力源于管理者认知；而外部动力因素包括三个层面的因素，即市场拉动因素（包括行业竞争、企业形象和顾客需求）、政府驱动因素（包括法律法规和政府监管）以及社会推动因素（包括媒体监督和社会组织监督）。商华等（2022）通过分析2016—2022年7家央企的社会责任实践发现，国有企业社会责任具有内生性，具体表现为国企实现经济目标、政治目标和社会目标的发展愿景和履责使命。其中，发展愿景指国有企业一方面需要转变社会责任认知，将社会责任理念融入企业发展战略，由“被动”向“主动”履行转变；另一方面，国有企业要将自身发展与国家政策、社会环境紧密联系起来，实现“社企双赢”。履责使命指一方面在企业性质和政治地位影响下，国有企业为人民服务是与生俱来的使命；另一方面，国有企业依托国家政策发展，应履行国家义务，维护国家稳定。

（三）国有企业社会责任的实施机制

现有研究从企业理念、制度建设、政府干预、社会参与等多重视角分析了国有企业社会责任的实施机制。王丹（2010）认为，国有企业社会责任需要通过产权制度明晰化、社会责任内涵法治化、评价体系科学化、监督主体独立化和多元化等多种渠道得以实现。麻宇欣（2013）建议，通过以下路径推进国有企业社会责任：加强国有企业社会责任体系制度化建设、完善国有企业社会责任监管机制、完善国有企业内部社会责任履行体制。于平（2014）指出，国有企业社会责任的实施机制主要包括：将社会责任意识融入国有企业战略之中、在国有企业管理体系中植入社会责任、建立企业社会责任管理体系、建立社会责任报告制度。任雪松、吴尚轩（2019）建议，国有企业从以下方面优化履行社会责任：厘定社会责任边界，设置转型关键议题；对标企业合规样板，兼顾企业合规与效益；践行社会责任，升级企业形象。金招胜（2021）认为，实现国有企业社会责任，需要重点关注以下问题：明晰国有企业产权，加强国有企业社会责任立法，建立科学合理的国有企业社会责任评价体系，建立独立、系统的国有企业社会责任监督机制。

（四）国有企业履行社会责任产生的经济绩效

目前，多数实证研究发现国有企业的企业社会责任实践与企业经济（财务）绩效之间存在显著的正向关系。张川等（2012）基于76家国有企业样本，对企业的社会责任与企业财务绩效之间的关系进行量化分析，发现社会责任对企业的市场占有能力和财务绩效都有正向的促进作用，即承担较多的社会责任的企业，市场占有能力、销售利润率和净资产收益率都明显较高。王文成、王诗卉（2014）通过分析2009—2012年国有企业社会责任与企业绩效等年度数据，发现国有企业社会责任与企业绩效具有联动效应，且二者相辅相成、相互促进。李楠楠、刘剑民（2022）选取134家国有A股上市制造业企业在2010—2019年共1340个平衡面板数据为样本，分析企业社会责任实践与企业绩效的关系。结果显示：国有上市制造业企业社会责任的履行对企业绩效有显著影响，企业内部两维度薪酬差距均对两者间的关系产生调节作用。臧雪晴、刘俊（2022）基于对17家国有水上运输上市企业的2011—2020年的样本数据分析，发现国有水上运输企业履行社会责任在一定程度上对企业财务绩效产生了正面影响。

然而，在现有关于国有企业的企业社会责任实践与企业经济（财务）绩效之间关系的实证研究中，也有少数文献发现两者之间不存在显著关系或者存在显著的负向关系。例如，张涛等（2011）选取山东省国有工业企业2007—2008年38个细分行业作为研究样本，产生两点研究发现：其一，企业社会责任衡量指标与其相应会计年度的财务绩效指标之间的相关关系并不明显，个别指标与财务绩效指标之间呈显著的负相关关系；其二，企业社会责任衡量指标与其下一会计年度的财务绩效指标之间总体的拟合度虽然明显好于相应会计年度内指标之间的拟合度，但是相关性依然不明显。单春霞、崔杰（2018）运用扎根理论对18家国有样本企业2015—2017年的社会责任战略进行编码，并与企业经营绩效数据进行相关性分析和回归分析，发现国有企业社会责任战略与企业经营绩效不存在显著的相关。

（五）国有企业社会责任绩效的影响因素

伊力奇等（2022）以 2010—2019 年 A 股国有上市公司为样本进行量化分析，研究发现：其一，国有企业高管政治激励水平与企业社会责任绩效显著正相关；其二，截面分组研究发现国有企业董事会独立性以及行业竞争性能够正向调节政治激励与企业社会责任的关系。

谢海洋等（2021）通过分析 2009—2018 年沪深 A 股发布企业社会责任报告的国有上市企业的样本数据，发现党组织参与董事会或者经理层治理能够显著提高国有企业社会责任履行水平。同时，内部控制质量在党组织参与治理和国有企业社会责任履行水平之间的关系中发挥了部分中介作用。

谢帮生等（2023）以 2016—2020 年 A 股国有非金融上市公司为样本，实证分析政府审计对国有企业参与贫困治理的影响及影响机制，从管理层代理问题角度探究其中介效应，并进一步分析政府审计对国有企业不同扶贫方式影响的差异。研究发现：其一，政府审计对国有企业参与贫困治理具有促进作用，但政府审计的促进作用随着时间的推移呈现出衰减趋势；其二，政府审计对国有企业参与贫困治理的促进作用在管理层短视程度高、党组织参与治理程度高的国有企业中更为显著；其三，政府审计可以通过抑制国有企业管理层代理成本来提高国有企业的扶贫实际成效；其四，政府审计对国有企业参与产业发展脱贫、兜底保障与社会扶贫，以及转移就业与易地搬迁脱贫均具有促进作用，但对国有企业参与健康与生态保护扶贫以及教育扶贫的影响均不显著。

三、研究发现

（一）北京国有企业的企业社会责任认知

笔者采用问卷调查和访谈方式收集数据，对北京区属地方国有企业领导层人员对企业社会责任的相关概念、政策法规、社会—经济责任关系问题的认知情况进行了探究。

在企业社会责任相关概念的认知方面，本研究发现，多数北京区属地方国有企业的高管对企业社会责任认知不清。18 家企业的 48 名高管中，83.3% 的受访者表示听说过企业社会责任的概念，但只是知道大概含义，而仅有 12.5% 的受访者表示对企业社会责任的概念非常清楚，专门学习了解过。具体而言，尽管对于与企业社会责任相关的一些基本概念，如“利益相关者”“企业公民”“企业社会责任金字塔模型”“ISO 14000 标准”“企业社会责任报告”等，地方国有企业领导层有不同程度的了解（见图 3－1），但是只限于了解企业社会责任相关概念的基本含义。

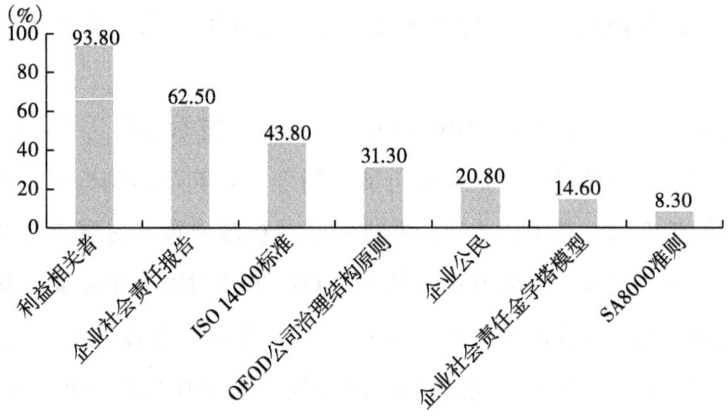

图 3－1　企业社会责任认知情况

在企业社会责任政策法规的认知方面，研究发现，北京区属国有企业领导层对于我国企业社会责任相关政策、法律法规的了解有限。具体而言，58.4% 的受访者表示对与企业社会责任相关的政策法规略有了解，33.3% 的受访者表示对此基本不清楚，仅有 8.3% 的受访者表示专门对企业社会责任相关政策、法律法规有过学习。

关于地方国有企业履行企业社会责任时如何看待企业的社会公益属性与市场营利属性的相对重要性问题，多数受访者认为地方国有企业应将其市场营利属性放在首位。如图 3－2 所示，作为地方国有企业的管理层，对于国有企业兼具的市场营利性和社会公益性，二者发生冲突时应以谁为优先的问题，70% 的受访者认为国有企业既然为企业性质，其内在属性就是需要以营利为第一位，营利也是确保国有资产保值增值的必然要求，企业只有保证了经济效益的实现才有基础去实现其他方面的社会责任。同时，28%的受访者认为，国有企业作为政府出资、控制的特殊企业形式，是政府进行公共管理的重要工具，不同于普通的企业性质，实现经济效益只是其履行社会责任的必要条件之一，因此应以社会公益性为优先。

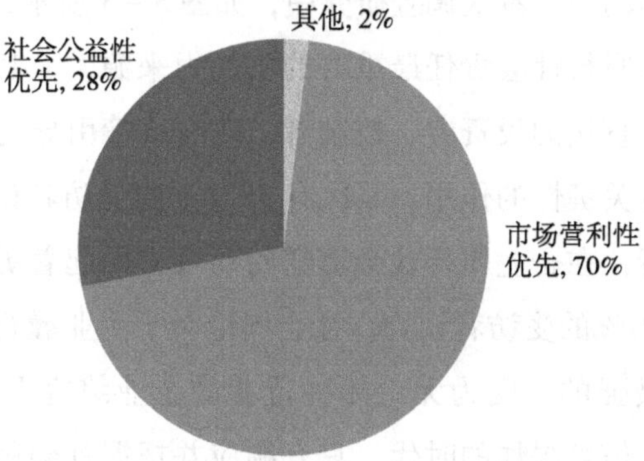

图3－2　地方国企市场营利性—社会公益性重要性的认知

（二）北京国有企业履行社会责任的动机

现有研究认为，企业履行社会责任的动机一般来说可划分为经济动机和非经济动机两类。经济动机是指企业受利润最大化目标的驱使，希望通过社会责任的履行，提高自身的社会声誉以及在消费者心中的企业形象，降低成本、提高收益，实现企业价值的最大化；非经济动机一般来说是指企业基于道德伦理方面的考虑，或者为了政治方面的目的而履行社会责任，其目的在于兼顾多方利益相关者的利益，以有利于企业的长远发展战略。

对于地方国有企业来说，其性质和职能的特殊性，以及与政府间关系的特殊性，都决定了它们在履行社会责任时也同样有着非经济方面的因素考虑。本研究的调查结果也验证了这一设想，89%的企业受访者表示企业在选择履行社会责任时会受到非经济方面因素的驱动。非经济方面的因素主要包括地方国有企业根据地方政府的政策要求、任务部署，辅助政府履行一些公共服务职能，或主动承担一些政治责任。承担的这些任务本身对企业的经济效益没有或者只有微小的积极作用，而企业的目的在于以此密切与地方政府间的关系，获取政府更多政策方面的倾斜与优惠。

从另一个角度来看，企业履行社会责任动力驱动来源可分为外部动力与内部动力两种。外部动力是指政府政策、社会舆论对企业造成的压力；内部动力是指企业管理层自身对于道德、利益的追求而引起的对于企业社会责任的主观驱动力。本次调查研究中，如图3－3所示，39.6%的受访者认为政府是企业履行社会责任最重要的驱动力来源，尤其是对于国有企业来说，政府是其直接的投资者、控制者，政府政策引导对地方国有企业履行社会责任起着关键性的作用。其次有35.4%的受访者认为企业管理层作为企业的掌舵者，在企业履行社会责任的动机方面起着更内在、更直接的作用。还有25.0%的受访者认为，社会舆论对于企业履行企业社会责任方面的驱动力是最强的，因为无论哪种行业的企业终究要面对的是社会大众，在当今这个信息爆炸的时代，只有顺应并把握社会舆论的走向，才能保持竞争力从而不被淘汰。

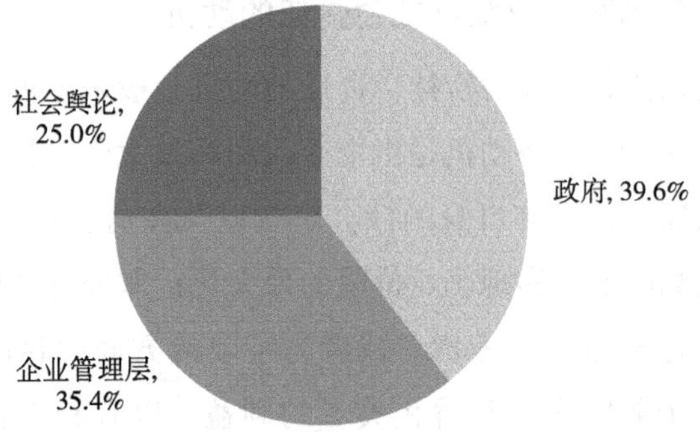

图3－3　地方国有企业履行企业社会责任的主要驱动力

（三）北京国有企业履行企业社会责任的实施机制

现有研究表明，企业履行企业社会责任的实施机制主要包括制定企业社会责任发展战略、建立企业社会责任管理体系、将企业社会责任理念与政策和企业管理的主要业务相结合（包括品牌建设、市场影响、人力资源管理、供应链管理等）、发布企业社会责任报告等。结合北京国有企业的行业分布以及地域特点，在本研究中，我们主要从企业社会责任战略规划、企业社会责任管理体系、企业社会责任视角下的人力资源管理以及发布企业社会责任报告四个方面分析北京国有企业的企业社会责任的实施机制。

1. 企业社会责任战略规划

总体来看，北京某区地方国有企业目前均未形成战略性的企业社会责任，只是片面地、分散性地履行着企业社会责任的部分内容。不同行业的地方国有企业在社会责任实践方面都具有各自特色，具体模式与其自身行业和企业的功能定位直接相关，且带有显著的地方政治色彩。

2. 企业社会责任管理体系

本研究受访的各企业当前也均未成立专门致力于企业社会责任的部门机构。企业在履行各方面的社会责任时，均按实际的工作内容分配到相应的业务部门负责开展。或者有个别企业将社会责任相关的工作统一交由行政办公室、党政办公室等综合部门兼职负责。虽然地方国有企业在社会责任报告以及内部社会责任部门的设立方面远远落后，但在调查访谈中了解到，有超过一半的企业在其企业文化、经营宗旨中都包含了企业社会责任的精神，如公园管理企业的“绿色、生态”，商贸类企业的“诚信为本”，建筑施工类企业的“环保施工、安全生产”“工程优质、奉献社会”等。

3. 企业社会责任视角下的人力资源管理

在我国特殊的社会制度和市场体制下，地方国有企业在社会经济发展中都曾承担过重要的社会职能。尽管随着改革的一步步深入，在当前阶段地方国有企业已经通过改革改制成了现代化的经济主体，但改革改制中难免有矛盾冲突发生，诸多的历史遗留问题仍然对目前的地方国有企业造成巨大的压力。部分地方国有企业成立时间早，退休、退养、下岗职工人数众多，历史遗留问题复杂，因此维稳工作是很多地方国有企业的重点工作内容之一。地方国有企业多年来投入了大量的人力物力解决历史遗留问题，有针对性地开展帮扶工作，实现了对人员的精细化、规范化、个性化管理，维护职工队伍稳定，避免恶性群体访事件的发生。据调查，截至

2014年底，区属地方国有企业共有退休及在职农转工5126人，其中在职农转工2047人，退休农转工3079人。企业接纳的这些农转工最早可追溯到20世纪80年代，并且接纳人数较多的企业多为公益服务类企业与特定功能类企业。受农转工接收时间不同，以及市人力资源和社会保障局不承认农转工农龄的影响，农转工社会统筹工资偏低。因此，企业为维持职工队伍稳定，还需要向其提供一定数额的特别补助。人数众多的农转工给企业的人工成本方面造成了比较大的负担，对企业经济效益有一定程度的影响。另外，在实行退休费用社会统筹之前，地方的全民或集体所有制单位中存在人数众多的退养职工，部分地方国有企业目前承担着这些退养职工的生活、医疗补贴发放任务。部分企业还专门成立安置下岗职工的劳服中心，安置大量下岗职工、农转工人员，为其提供就业岗位等。

4. 发布企业社会责任报告

与央企积极响应国务院国资委的要求、定期发布企业社会责任报告不同，本研究案例的18家地方国有企业中，除1家上市公司按照相关法律规定及上市规则定期披露财务报表及董事会、股东大会通告等相关资料外，其他企业均未实现系统性地对外披露涉及企业社会责任情况的报告。并且在与地方国有企业领导层访谈中了解到，他们目前也尚未有意向将本企业的社会责任情况以专门报告的形式向社会公布。他们认为地方国有企业目前的社会责任情况不系统、不成熟，还没有向公众披露的必要。

（四）北京国有企业履行社会责任的绩效影响

既往研究表明，履行企业社会责任对国有企业发展具有战略意义，即多数国有企业能够通过企业社会责任实践提升企业的经济效益。在本研究中，如图3-4所示，62.5%的受访企业表示履行社会责任对于企业降低成本、提高效益有积极影响，能给企业带来长期利益；而31.3%的受访者认为履行社会责任会给企业带来额外的财务负担，对企业正常的经营获利产生负面影响。

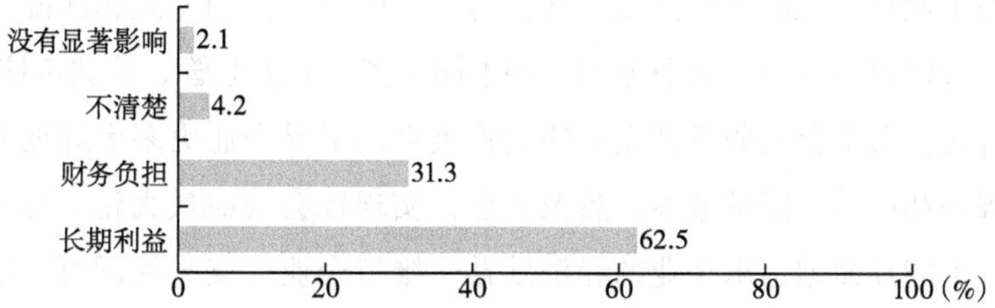

图 3－4　企业社会责任实践对企业长期利益的影响

四、结论与建议

（一）研究结论

笔者以北京市某区的 18 家国有企业作为研究对象，探究地方国有企业履行企业社会责任的认知、动机、实施机制与绩效影响。通过分析问卷调查数据和访谈数据，研究发现：其一，北京区属国有企业的管理层对企业社会责任的相关概念、理论、政策法规尚缺乏深入认知。其二，多数北京区属国有企业履行企业社会责任的实践，主要受到来自企业外部利益相关方（尤其是政府）非经济因素的驱动，具体表现为多数北京区属国有企业主要是依照地方政府的政策要求、任务部署或者辅助政府履行公共服务职能而履行企业社会责任。其三，北京区属国有企业主要通过以下四种实施机制推进企业社会责任实践，即企业社会责任战略规划、企业社会责任管理体系、企业社会责任视角下的人力资源管理以及发布企业社会责任报告。其四，履行企业社会责任对于北京区属国有企业发展具有战略意义，即多数企业能够通过企业社会责任实践提升企业的长期经济效益。

（二）政策建议

基于上述研究发现，笔者认为，地方国有企业监管部门亟须制定科学的政策、制度对地方国有企业的社会责任发挥外部指引与内部驱动的双重作用。同时，建议地方国有企业监管部门根据不同国有企业的功能定位进行分类，继而在对企业进行合理分类的基础上，实现科学的分类监管、差异化的分类考核制度，将企业社会责任与地方国有企业的绩效考核评价结合，与企业负责人的工作业绩挂钩，与干部的选拔任用方式相匹配。具体来说，可以将地方国有企业分为一些不同类型，分类监管、分类考核。

首先，对于公共服务类企业的监管重点是引导企业更多更好地为社会提供服务和产品，降低成本，惠及社会，实现社会效益最大化。对于此类企业，不能片面地追求企业的经济效益，维持企业收支平衡即可，以免企业转嫁成本、推高社会成本或降低服务质量。在绩效评价和考核指标设计上应当重点考核社会效益，兼顾经济效益，并建立政府科学补偿机制。通过引入公共服务满意度等体现社会效益的指标，加大社会责任履行情况的考核，促使企业提高服务水平、增强群众满意度。

其次，特定功能类企业多属于资本密集型企业，以完成政府性工程、投融资任务为主要使命，监管重点在于从经营活动的财务回报和特定的社会目标之间寻找平衡，实行市场和政府调控相结合，考核重点在于寻求完成政府战略任务或重大专项任务与经济效益的最佳结合点，可增加风险控制、资源整合、改革重组、产业培育、信访维稳等方面工作的考核指标。

最后，对于一般竞争类企业，企业社会责任监管重点在于国有资本的布局、结构调整和资本回报水平，应针对竞争类国有企业的行业特点和发展阶段，制定有利于发挥国有资本逐利活力的导向目标和提高国有企业市场竞争力的绩效指标。

第四章　战略型企业社会责任的运作模式与实施效果
——基于腾讯公司“长城保护项目”的案例分析

一、导言

（一）研究背景

改革开放以来，我国民营企业从无到有，从一家一户的个体经济到拥有上亿资产的现代公司，发展十分迅猛，已成为创造市场活力、拉动我国经济增长的重要力量，为中国经济的发展和人民生活水平的改善做出了巨大的贡献。同时，越来越多的民营企业也正以更加积极的姿态履行自己应该承担的社会责任。在《2008 胡润企业社会责任 50 强》排行榜中，有 17 家民营企业上榜，所占比例达到了 34%（杨晨，2019）。可见，我国民营企业的企业社会责任发展实践取得了明显进步。

然而，由于所处的制度环境和利益相关方格局明显不同，不同性质的企业履行社会责任的驱动因素和运行模式也存在显著差异。如果国有企业和央企更多采取的是回应政府政策引导而进行的“回应性企业社会责任”（responsive CSR）模式（Porter and Kramer，2006），那么市场导向更强的民营企业是否会更多采取旨在实现社会价值和商业价值最大化的“战略型企业社会责任”（strategic CSR）模式（Porter and Kramer，2006）呢？

（二）研究问题

国外学者认为，推动战略型企业社会责任的发展对于发展中国家尤为重要。主要原因在于在发展中国家，企业社会责任市场驱动力往往较弱，严重的宏观经济约束可能会迫使企业更为关注基本生存能力和确保股东回报等问题。同时，大多数情况下慈善捐赠与商业目标相去甚远，整体上削弱了企业社会责任的影响力和附加值（Jamali，2007）。

近年来，关于我国民营企业社会责任的研究逐步增多。现有文献关注的主要研究议题包括以下几类：其一，民营企业社会责任的发展现状及存在的问题（边卫军，2019；杨晨，2019；何金霞、王积甜，2022）；其二，民营企业履行社会责任的动因（高洋等，2019；陈光梅，2023；李萍、李春浩，2023）；其三，民营企业社会责任实践产生的经济绩效（余东华、邱璞，2017；左春芳、马佳，2017；黄林、朱芳阳，2018；郭少波，2019；严欣，2019；赵延明、程天祥，2020）；其四，民营企业社会责任绩效的影响因素（陈贵梧等，2017；王棣华、张永红，2017；俞小江等，2017；倪文斌，2020；夏鑫等，2022）。

然而，随着我国民营企业参与企业社会责任的实践不断推进，产生了不同的企业社会责任发展模式，但是关于民营企业的战略型企业社会责任模式仍是既往文献尚未探索的研究空白。

为填补这一研究空白，笔者以腾讯公司的企业社会责任项目为案例开展质性研究，以战略型企业社会责任为理论分析框架，探讨我国民营企业履行企业社会责任的运营模式及实施效果。

（三）研究方法

1. 案例选择

作为排名前列的互联网综合服务提供商，腾讯公司（以下简称腾讯）自 1998 年 11 月成立以来，始终处于稳健发展的状态，2017 年成为中国市值最大的上市公司。腾讯在 2006 年成立“腾讯公益慈善基金会”以来，逐步成为民营企业承担企业社会责任的领军企业。腾讯在确定了文化的核心战略后，开展了以“长城保护项目”为代表的一系列战略型企业社会责任的项目。本章选择腾讯的“长城保护项目”案例符合案例研究“理论抽样”的基本逻辑，即该案例与本章的研究主题战略型企业社会责任的运营模式和实施效果具有密切的相关性。

2. 数据收集

（1）参与式观察法

参与式观察使研究者能够直接了解到研究对象的原有结构和内部关系，在本研究中，通过参与式观察可以了解到腾讯公司社会责任项目的具体实施方式。在参与项目的过程中观察其内部各个部门、其内部与外部合作机构的互动，提升所获观察材料的质量。H 基金会与腾讯于 2016 年 9 月开始进行战略合作，并成立了专项基金，资助分别位于北京与河北的两段长城的维修。此合作开启了腾讯的“长城保护项目”。2017 年 1 月，一位作者进入 H 基金会工作，专职负责该两段长城维修及与腾讯方的协调工作。至 2018 年 3 月，与腾讯内部参与该项目员工有多次直接接触，参与腾讯项目内部协调会，伴随项目工作开展进行了互动及交谈，了解到他们在此项目中的工作情况，并对该项目运作模式有了深入的了解。同时参与到该项目与第三方的部分合作，对其合作方式、合作内容有了框架性的了解。

（2）半结构式访谈

本书的主要数据来自一位作者在 2018 年对以下访谈对象的半结构式访谈：腾讯项目官员、参与该项目的其他员工、外部合作方。访谈主要围绕企业社会责任项目的运行情况与所产生的效果。

（3）二手资料研究方法

通过收集整理项目活动资料、相关媒体报道进行分析。项目开展后，留存了大量的项目活动记录、会议记录及媒体报道材料，对其整理分析可以看到项目重要节点、决策过程及项目实施效果。

二、文献综述

（一）战略型企业社会责任：概念与特征

1. 概念

Burke 和 Logsdon（1996）认为，当企业采取的企业社会责任的政策、项目、实践为其创造了实质性的商业利益，这种企业社会责任就具备了战略性，“战略型企业社会责任”（strategic CSR）最典型的表现形式是企业社会责任对企业的核心商业活动具有支持作用，且对企业有效实现使命产生贡献。

Lantos（2001）认为“战略型企业社会责任”是旨在实现企业的“战略型商业目标”（strategic business goals）的企业社会责任行为，即以一种兼顾企业的商业利益和一种或多种利益相关方集体利益的方式，承担企业在社会福利方面的责任。通过战略型企业社会责任，企业“回馈”其选民，而这种善举有利于促进企业的财务利益最大化。

Porter 和 Kramer（2006）指出，企业社会责任的实践模式经历了从回应性企业社会责任向战略型企业社会责任的转变，前者主要是指企业对于利益相关方社会需求的回应以及降低企业商业活动带来的负面影响；后者强调企业以一些有别于竞争对手的方式履行社会责任，这些独特的企业社会责任实践会带来社会价值和商业价值的最大化。多数战略型企业社会责任体现为企业在其价值构成中融入社会维度，进而将企业的社会影响力融入企业的整体发展战略。

Jamali（2007）认为，战略型企业社会责任可以被广泛定义为包括任何可以为公司带来长期收益的慈善活动。这种收益可以是直接和有形的，比如新的商业机会和未开发的财务回报，也可以是无形的，比如潜在客户的商誉和忠诚度的提高。战略型企业社会责任可以更狭义地定义为包括会带来明确财务回报的“重点明确的慈善活动”（focused philanthropic interventions）。

Heslin 和 Ochoa（2008）指出，战略型企业社会责任一方面要求企业在超越法律基本要求以外保护员工、社区和环境利益，另一方面创造可观测的商业价值，从而保持财务可持续性，避免因浪费股东财富而引发股东抗议。

McWilliams 和 Siegel（2011）认为，战略型企业社会责任是指，组织能够通过慈善活动（如回报社会和满足社会期望的活动）或道德目标（如赔偿或防止对社会造成的破坏）获得可持续的竞争优势。

2. 特征

Burke 和 Logsdon（1996 ）认为战略型企业社会责任具有以下五个方面的典型特征：其一，“中心性”（centrality），指企业社会责任政策或项目与企业使命和目标的匹配程度；其二，“专用性”（specificity），指企业有能力获取或内化企业社会责任项目的收益，而非仅创造可供行业、社区以及更广泛的社会主体共用的公共产品；其三，“前瞻性”（proactivity），即企业在制订行为计划时有能力预见新兴的经济、技术、社会、政治趋势并且规避风险；其四，“志愿性”（voluntarism），指企业制定决策时是出于自由选择而非由于外部的强制性要求；其五，“可见性”（visibility），指企业社会责任成果的可观测性，即获得内部、外部各种利益相关方的认同。

Porter 和 Kramer（2006）通过对比两种主要的企业社会责任运行模式，即回应性企业社会责任和战略型企业社会责任，来突出战略型企业社会责任的主要特征。回应性企业社会责任需要企业关注企业商业活动带来的所有负面影响。与此不同的是，战略型企业社会责任具有更强的选择性。在战略型企业社会责任中，尽管利益相关方对企业可能提出千百种社会需求，但企业需要找出那些既能更好发挥企业竞争优势又能带来巨大社会影响力的机遇，而这样的机遇往往是为数不多的。这就要求企业以一种预见性的眼光对企业社会责任业务领域做出正确的选择，并聚焦将企业社会责任实践与企业的核心战略有机结合，逐步展现自己的独特之处，最终赢得竞争。可见，Porter 和 Kramer（2006）所强调的战略型企业社会责任的主要特征很大程度上与 Burke 和 Logsdon（1996 ）指出的战略型企业社会责任的“中心性”“专用性”“前瞻性”“可见性”有相似之处。

Bhattacharyya（2010）通过回溯大量关于战略型企业社会责任的文献，发现多数既往研究在总结战略型企业社会责任的特征时，将关注重点放在关于“战略型”的解释上。首先，“战略型”集中体现在“中心性”，即任何具有战略意义的企业社会责任活动都应与组织的使命和愿景密切联系在一起。其次，为了实现“中心性”，战略型企业社会责任实践往往具有

“长期性”，即任何从事战略型企业社会责任活动的组织都应该有长期的关注和投入。最后，由于战略型企业社会责任实践具有“长期性”，因此需要企业有大量的资源投入。

（二）战略型企业社会责任运作模式

1. 理论研究

Burke 和 Logsdon（1996）结合其提出的战略型企业社会责任具有的中心性、专用性、前瞻性、志愿性、可见性五大特征，认为实施战略型企业社会责任的重点在于企业社会责任的规划和投资与企业战略相结合，具体表现为对以下事项的重点分析：其一，确定对实现企业使命、目标和战略目的关键利益相关者；其二，确定满足利益相关者的社会责任政策、项目和行动；其三，评估这些企业社会责任行动是否能实现企业的战略目标或者解决企业面临的重要问题及威胁（中心性）；其四，评估这些企业社会责任行动能在多大程度上内化（专用性）；其五，预估主动的企业社会责任政策及行动对公司环境的未来变化及关键利益相关者需求变化的影响（前瞻性）；其六，确定被动响应活动的基线以判断志愿活动（志愿性）；其七，确定企业社会责任行动能为内外利益相关者创造积极可见性的机会（可见性）；其八，测量或比较不同企业社会责任行动能带来的利益或潜在利益（利益创造）。

Lantos（2001）指出，实施战略型企业社会责任，需要重点关注以下运作路径：其一，管理策略，包括高层管理者的参与，设定清晰的愿景、使命，可测量及实现的目标。其二，设定合适的问题领域，战略型企业社会责任目标应是平衡多方利益相关者的结果，消费者忠诚度、雇员支持、政策合规都是关键因素。其三，战略考虑，战略型企业社会责任的制定应在利益相关者的同意下实施，并且要做综合的考量。

Heslin 和 Ochoa（2008）指出，建构战略型企业社会责任模式，需要遵从以下七项原则：①培养所需人才；②开拓新市场；③保障劳动福利；④减少环境足迹；⑤从副产品中获利；⑥让客户参与进来；⑦绿色供应链。在具体的战略型企业社会责任实践中，尤其需要注重以下难题的解决：其一，企业社会责任项目要有焦点。根据企业的具体情况，找出少数最有可能实现“双赢局面”的企业社会责任项目，关键在于确定“企业社会责任愿景”。其二，找出重要的利益相关方并与之形成合作关系。其三，尽力解决难以避免的道德困境。其四，开发适用的评价体系。企业需要超越传统的运营、财务评价体系，以三条底线（people，planet，profit）为基础，建立与战略型企业社会责任行为相匹配的测评指标体系。其五，需要高层管理者的介入以及激励机制。战略型企业社会责任的有效实施，取决于高层管理者参与（具体表现为表率、指导、培育作用）。同时需要建立适当的激励机制，对于员工参与和支持企业社会责任的行为进行鼓励和认可，从而将战略型企业社会责任融入企业文化。

Galbreath（2009）指出，实施战略型企业社会责任的重点在于，将企业社会责任全面地融入以下六个方面的企业战略，即组织使命、战略议题、市场、客户需求、资源和竞争优势。

2. 国外实证研究

Jamali（2007）对 8 家在黎巴嫩经营的在企业社会责任领域具有较高声誉的公司（2 家银行、1 家保险公司、1 家酒店、1 家卫生用品制造商、1 家饮料品牌灌装商、1 家食品加工商和 1 家 IT 公司）进行多案例研究。比较分析结果显示，8 家企业中，只有两家跨国公司（微软和利乐）的子公司采取了战略型企业社会责任模式，其余 6 家采取的是利他型企业社会责任（altruistic CSR）。开展战略型企业社会责任模式的两家公司，具有以下共同特征；其一，坚持将企业社会责任计划和干预措施与企业的核心业务目标和战略保持一致；其二，试图利用其独特的能力来支持其慈善项目；其三，专注于并努力实现商业目标和社会目的“双赢”；其四，都将慈善事业与它们独特的战略相结合，通过改善自身所处的商业环境来增加公司利益。

Bruyaka 等（2013）从战略型企业社会责任的理论视角对 9 家美国和欧盟生物制药企业参与孤儿药开发的实践进行比较分析，研究发现，尽管

9 家企业是从战略导向的角度参与孤儿药开发，但是这些实践从中心性、专用性、可见性角度来看并不具备战略型企业社会责任的典型特征。例如，很多制药企业参与孤儿药开发的项目受益群体是低收入家庭，具有利他性的公益属性。又如，在欧美很多国家已经针对孤儿药开发进行立法，所以制药企业孤儿药开发项目不具有专用性。同时，企业社会责任模式的性质在参与孤儿药开发的大公司和小公司之间存在显著差异。在中心性方面，小型生物制药企业参与开发孤儿药可能更具有战略型企业社会责任的意义，因为孤儿药是小型企业的核心业务，但对于辉瑞（Pfizer）、礼来（Eli Lilly）等大型老牌制药公司而言，战略型企业社会责任的属性就弱化了，因为孤儿药并不是许多大型制药公司的核心业务，与小型生物技术公司相比，它们一直专注于常见病，其使命/愿景更广泛，罕见病只是大企业多元化市场的一部分，并不具有战略意义。

3. 国内实证研究

杨希娟、成瑾（2015）从商务部认定的 430 家中华老字号企业中选择 262 家作为研究样本，通过质性研究方法分析中华老字号如何通过履行战略型企业社会责任获得企业竞争力。研究发现，老字号企业在发展过程中非常重视战略决策和社会责任相结合，并且通过三个方面的措施，实现了其战略型企业社会责任与企业竞争优势的完美结合。其一，选择与社会发展需要相契合的方向为企业战略方向；其二，构建“重点关注”员工、消费者和“普遍关心”供应商、股东等利益平衡的社会责任体系；其三，持续进行竞争环境投资，构建良好的企业生态，获得声誉和品牌。

Yin 和 Jamali（2016）对 11 家世界 500 强大型跨国公司的在华分公司的企业社会实践进行了多案例研究，认为这些跨国在华的企业社会责任实践不同程度上具有战略型企业社会责任的五大典型特征。其一，这些公司的企业社会责任实践是志愿性的。其二，在某些情况下，企业社会责任实践与公司使命和目标紧密契合，从而展示其中心性。其三，大多数跨国公司在评估经济、技术、社会或政治趋势方面都具有前瞻性，并且在企业社会责任项目的设计、实施和评估过程中，积极寻求与政府、客户、供应商和非政府组织的合作。然而，这些公司的企业社会责任实践较少展现出战略型企业社会责任可见性和专用性特征，尽管跨国公司强调其企业社会责任项目的工具性利益，但现实中这些企业并不总是成功地俘获或内化这些利益，即更多情况下是在创造行业、社区或整个社会中其他人共享的公共产品，而未能有效地通过实施企业社会责任项目实现企业的竞争优势，获得企业独享的商业利益。笔者进一步分析发现，这些公司在华实施战略型企业社会责任采取的方法具有一定独特性，例如，依赖于发展与非传统利益相关者的关系，共同发明社会解决方案，建设当地能力和基础设施，最大限度地对各种动机保持敏感，并协调社会和经济价值创造。

（三）战略型企业社会责任效果

1. 理论研究

Burke 和 Logsdon（1996）指出战略型企业社会责任对政府在解决社会问题方面的不足和不断增加的企业竞争压力都有帮助。具体到企业层面，战略型企业社会责任的实施可以帮助培养消费者忠诚度、增加未来的购买力、提升员工的工作效率、开发新的产品或开拓新的市场等。

Weber（2008）指出，战略型企业社会责任能为企业带来的商业利益可以从财务性—非财务性以及定性—定量两个维度上进行测量。如图 4 - 1 所示，定性的测量指标一般都是非财务性的，主要包括两种：一是资本市场的进入；二是经营许可（市场准入）。定量的测量指标分为财务性和非财务性两类。其中，定量的财务性指标包括：①利润增加（市场份额、销售额）；②成本降低（物质、时间、交易成本）；③风险降低（媒体、消费者抵制购买，社会组织抗议等）；④品牌价值提升。同时，定量的非财务性指标包括：①提高品牌吸引和忠诚度；②提升公司形象和声誉；③提高员工积极性、稳定性。

Heslin 和 Ochoa（2008）指出，企业实施战略型企业社会责任，可能在以下五个方面获得可预期的商业回报：其一，市场份额增加，战略型企业社会责任实践可以开拓新市场，特别是在发展中经济体当中。其二，增

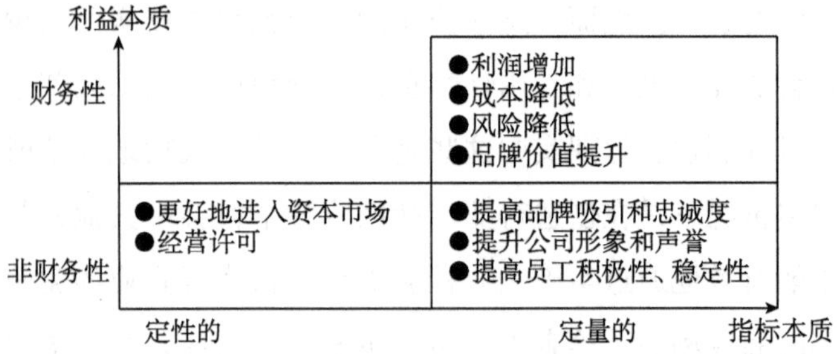

图4-1 企业社会责任的影响模式

强组织学习能力，战略型企业社会责任项目为企业提供机会，从其投资的项目中学习，并利用所学建立企业的核心竞争力，同时改善社会及环境状况。其三，忠诚及敬业的员工，求职者更容易被具有企业社会责任的公司所吸引，对企业社会责任的宣传是激励及保持员工忠诚度及高效率的有力途径。其四，外部利益相关者的支持，对企业社会责任行为的良好舆论可以加强企业和利益相关方之间的正向关系。其五，财务回报及投资者关系，即投资人更倾向于投资履行企业社会责任的企业。

Bhattacharyya（2010）通过回溯大量关于战略型企业社会责任的文献，发现现有研究主要从四个方面讨论战略型企业社会责任带给企业的竞争优势和商业回报：其一，帮助公司遵循通用战略；其二，为公司开发战略性资源；其三，创造新的商业（产品—市场）机会；其四，帮助公司更好地管理与利益相关方有关的风险。

2. 国外实证研究

Sayekti（2015）基于136家印度尼西亚上市公司2005—2008年样本数据的分析，发现战略型企业社会责任行为对企业的财务绩效具有显著的积极影响，而非战略型企业社会责任行为对企业的财务绩效具有显著的消极影响。

Martínez-Martínez等（2017）基于对西班牙481家中小企业样本数据分析，证实了企业社会责任的战略意义，即采取战略型企业社会责任模式的企业，其社会责任绩效对企业竞争力绩效产生显著的积极影响。

Ahmed和Streimikiene（2021）对来自亚洲发展中国家（包括中国、印度、巴基斯坦、孟加拉国和阿联酋）制造业和服务业的906位高管（他们参与企业社会责任决策）开展问卷调查，研究结果显示，企业环保相关的战略型企业社会责任实践对于企业竞争力有显著的积极作用。同时，绿色创新对战略型企业社会责任实践与企业竞争力之间的关系有中介作用，而社交媒体营销 APPs 的使用对于这一关系有调节作用。

Havlinova 和 Kukacka（2023）从汤森路透 Eikon 数据库中获取 2007—2020 年标准普尔 500 指数成份股的年度财务和 ESGC 得分数据以及季度股票价格作为主要数据，数据分析结果显示，样本公司在企业社会责任领域的“战略型活动”（strategic activities）与“次要性活动”（secondary activities）相比，对公司股票市场表现（股票价格）更具有显著的积极影响，即“战略型活动”对于股价的提升作用高于“次要性活动”103%。因此，如果企业的目标是通过企业社会责任渠道提高股价，那么就应该对其企业社会责任举措做出战略型的规划和选择。

3. 国内实证研究

粟立钟（2015）基于 865 家企业样本的数据分析，发现承担社会责任可以改善企业相关利益者关系，社会责任信息披露可以降低企业的信息不对称，通过这两条路径，企业社会责任战略降低了企业的融资约束，进而为企业创造价值。

Yin 和 Jamali（2016）围绕 11 家世界 500 强大型跨国公司在华分公司进行多案例研究，重点分析这些跨国公司在华企业社会责任实践所创造的商业价值和社会价值。在经济价值创造方面，尽管绝大多数跨国公司将企业社会责任的投入看作一种投资，但是跨国公司对企业社会责任实际的成本收益状况给出了差异化的答案，多数跨国公司对企业社会责任对于公司“盈利能力”（profitability）的直接贡献表示质疑。相反，许多跨国公司强调企业社会责任在改善利益相关者关系方面有间接贡献，特别是改善与员工、客户和政府的关系可能转化为无形的经济利益。此外，有 4 家跨国公司看到了企业社会责任计划的品牌效应。在社会价值创造方面，跨国公司企业社会责任项目在中国社会发展领域产生了直接和间接的社会影响力，例如，通过政策倡导造福学童的营养健康，为非政府组织建立生态系统促进了中国民间社会的发展，助力持续提高中国社区医院和医生的质量。

付鸿彦等（2018）通过分析403家上市制造业公司问卷调查数据，发现战略型企业社会责任与企业财务绩效以及客户满意度呈正相关关系，客户满意度在战略型企业社会责任与企业绩效之间起到了中介作用。付鸿彦、王贵贵（2018）通过对463家上市公司的样本数据分析，发现在战略型企业社会责任与企业财务绩效的关系中，主要利益相关者的满意度起着中介作用。

初浩楠（2019）对516名高科技、互联网行业的“90后”员工开展问卷调查，将战略型企业社会责任划分为经济、政治、社会建设、生态、文化五个维度，分析战略型企业社会责任对组织变革的影响。研究发现，在战略型企业社会责任的五个维度中，仅社会文化责任和社会生态责任对组织变革产生正向影响。

Li等（2021）通过分析2017—2019年134家中国上市公司的数据，发现“动态能力”（dynamic capability）处于非平均行业水平（高于或低于平均行业水平）的公司不太可能采用战略型企业社会责任实践，并且战略型企业社会责任绩效较低。

三、案例概况

（一）腾讯企业社会责任概览

腾讯将其履行企业社会责任实践分为企业经营、用户、社会和环境四个维度。如表4-1所示，腾讯企业社会责任的主要内容具体分布在上述四个维度上。

表4-1　腾讯企业社会责任的主要内容

序号	企业经营	用户	社会	环境
1	遵纪守法，依法纳税及审计合规	倾听用户的声音，持续改善服务品质	公益慈善的全平台投入	环节优先的原则
2	诚实经营，保障股东利益	诚实对待用户，保障用户权益	推动创新及知识产权法律建设	可持续投资的策略

续表

序号	企业经营	用户	社会	环境
3	关爱员工，提供培训与发展机会	一切以实现用户价值为前提	行业贡献及开放合作	对生态可持续发展的承诺

腾讯的企业社会责任工作主要由腾讯公益慈善基金会（以下简称腾讯基金会）承担实施。腾讯基金会发起筹备于2006年，2007年正式注册为全国性非公募基金会，也是中国互联网首家慈善公益基金会。其主要目标是通过互联网的技术和服务推动公益行业的发展，打造“人人可公益，民众齐参与”的互联网公益新生态。

腾讯基金会一直在探索利用腾讯的互联网技术推动中国公益事业的发展，其中最重要的成果是在2007年6月上线了腾讯互联网公益平台，即腾讯公益。腾讯公益是我国第一家互联网募捐信息平台，并于2016年成为民政部指定的首批13家慈善组织互联网募捐信息平台之一。经过10年发展，腾讯公益现已成为中国影响力最大的互联网募捐信息平台。截至2017年6月，平台捐款总人次达到11300万人次，累计筹款18.9亿元人民币。

2015年，腾讯设立了中国首个互联网公益日“99公益日”，并将9月7—9日定为固定的“99公益日”活动时间。为了帮助公益机构筹款，腾讯为其平台上的项目制定了配捐活动，可以简单概括为“网友捐一块，腾讯就捐一块；网友捐一万，腾讯就捐一万”。“99公益日”已经成为中国公益行业最重要的活动。

为了更好地推动企业社会责任战略的实施，腾讯于2010年成立了企业社会责任部，特设联络员于各部门及各区域，以更好地沟通推动工作。腾讯企业社会责任部与腾讯基金会为“一套班子，两个牌子”，没有单独部门预算，部门主要职责为公司内部资源协调。

（二）腾讯企业社会责任主要项目

腾讯履行企业社会责任的工作领域主要涵盖扶贫、救灾、教育、环保、文化等公益慈善活动领域。腾讯履行企业社会责任的实践主要通过以下六项公益项目体现，即筑梦新乡村项目、立体救灾项目、互动公益平台项目、教育及公益倡导项目、生态及文化保育项目、扶贫济困项目。

在上述六类公益项目中，最能体现腾讯行业特色的项目为互动公益平台项目，也是腾讯基金会支出的重点，即为腾讯公益平台的支持费用及公益项目配捐。腾讯公益平台由腾讯直接无偿提供服务器、带宽和技术支持，由腾讯基金会设计、开发和运营，为慈善组织免费提供平台服务。如表4－2所示，互动公益平台项目在腾讯基金会的项目支出的比重逐年增加，并且在2015年“99公益日”活动推出后成为基金会支出重点。

表4－2　2013—2017年互动公益平台项目财务支出

年份	互动公益平台支出（元）	捐赠项目总支出（元）	互动平台占比（%）
2013	5697145.49	113149034.66	5.04
2014	19539136.82	96099649.59	20.33
2015	88611495.55	227643467.82	38.93
2016	238351281.49	302112456.65	78.89
2017	420894018.56	653485244.12	64.41

互动公益平台项目支出除极小部分为运营支持费用，绝大多数为公益项目配捐。一般来说，配捐是由网友在“99公益日”活动期间的捐款金额按比例确定的。因此该部分支出对“腾讯公益”品牌提升有很大宣传作用，奠定了腾讯公益平台在公众筹款领域的领头地位，展示了科技与公益结合的力量，体现了腾讯完成企业社会责任中“慈善责任”的部分；对公益机构的筹款能力有正向激励作用，同时利用自身资源帮助带动了全社会对公益整体的关注。

但是该项目也存在明显的不足，如虽然腾讯公益的资金投入整体上呈现逐年增加的趋势，但资金分配并不直接体现腾讯或腾讯基金会对具体公益项目领域的偏向性，具体到各机构的资金基本是由平台各机构自身筹款能力决定的，对于受捐机构的类型及具体项目领域没有特殊规定；除微信、微信支付等部分产品外，与腾讯其他产品的结合程度有限；在实现“互联网与公益慈善事业的深度融合”方面，互联网筹款平台的特点决定了其对部分时间较短、预算简单的公益项目帮助较大；且腾讯公益后续只有流程化的监管要求，即受捐机构定期在平台上公开项目进度和预算执行情况，对项目具体的实施效果、资金使用情况缺乏有效的监督与评估，缺乏长期支持或退出机制，因此其对公益慈善行业筹款外的能力助力有限；加上中国公益慈善行业整体知晓度问题，所以从企业社会责任效果整体考虑，腾讯在深度及广度方面仍然有发展空间。

（三）腾讯长城保护项目

1. 项目背景

党中央、国务院历来高度重视长城保护。长城是我国第一批全国重点文物保护单位，也入选了我国首批世界遗产。2006 年，国务院公布施行《长城保护条例》，这是国务院首次就单项文化遗产保护制定专门性法规。总体来看，通过多年努力，长城保护框架在初步成立的基础上，管理能力也有显著提高。不可否认的是，长城仍长期面临着自然侵蚀和人为破坏的威胁，长城保护工作仍不尽如人意。与长城巨大的体量和保护需求相比，现有保护力量依然严重不足，在资金、人员、制度、社会认知方面都有巨大缺口及空白。如何秉持科学的文物保护理念，采取多种有效措施，确保长城历史、科学、艺术价值的延续，妥善处理长城保护管理与沿线区域经济社会发展的矛盾，缓解和预防自然灾害威胁，遏制人为破坏，打击涉及长城的违法犯罪行为，是一项需要各级政府和全社会共同关注并付诸努力的艰巨任务。保护长城任重道远。

在此背景下，腾讯选取长城保护作为其企业社会责任项目的实施对象，是有着积极的现实意义的，展示了其对文化保护事业的关注，也可以为解决现阶段文化遗产保护的困境提供新的科技力量。

根据《文物法》的规定，一切文物均属国家所有，国务院文物行政部门（国家文物局）主管全国文物保护工作，地方各级人民政府负责本行政区域内的文物保护工作。因此与国内其他文物保护单位一样，长城的管理与保护工作由国家文物局和地方各级文物管理部门承担，经费由财政支持。从这种意义上讲，腾讯及腾讯基金会没有开放的政策渠道参与长城保护的具体工作，也没有文物保护专业背景，不能参与文物保护领域政府购买服务等工作，因此在开展活动时，必将面临“身份危机”。但是腾讯在设计实施长城保护项目时，已考虑到这两个问题，并采取了有效的方案。

2. 项目概况

该项目于2016年开始筹备，2016年9月公布腾讯参与长城保护并捐款试点项目，周期暂定4年，2017年7月31日正式举办发布会，公布全面的长期方案。项目整体规划是通过试点对维修技术、资金及管理政策、宣传内容进行创新探索，以推动长城保护工作的开展。具体实施步骤包括：首先是两个维修试点段落的实施，通过首次引入社会资金进行文物维修，对现有政策进行创新探索，在此基础上与研究机构进行合作，开展政策倡导工作；其次是社会倡导，开展对大众，特别是青少年群体的长城保护宣传相关产品开发。

长城保护项目的目标是结合腾讯自身业务与平台力量，运用科技保护与传承长城的文化，打造长城新形象，吸引年轻人关注长城，走近长城，参与保护长城，使长城保护现状有明显改善，形成可持续的长城保护系统。首先通过维修项目进行政策倡导，为现有长城保护政策薄弱或落后环节提供试点，以完善现有保护框架；其次在内容和渠道上开展创新性的社会倡导，提高民众对长城的关注度，同时提高行业内机构的能力，保证项目实施效果。

尽管从实际业务领域来看，腾讯已经从单纯科技延展到包括了手游、影视、文学、动漫、音乐等跟内容有关的数字文化产业的全面布局，但是“文化”并不是其战略宣传重点。2017年起，腾讯多名高管在参加一系列公开活动时正式提出了将“文化”加入腾讯的发展战略，推动科技和文化的融合。在此基础上，腾讯以传统文化保护领域为切入点，开展了多项企业社会责任项目，特别是针对世界文化遗产长城开展的长城保护项目，成为其中开展时间最早、最全面、影响最大的企业社会责任项目。

腾讯长城保护项目具体实施过程主要开展了以下几方面的工作，具体的工作内容和成效如下：首先是长城保护维修试点工作。长城保护项目最早的活动是位于北京与河北的两个维修项目试点。这两个试点项目的开展是建立在与 H 基金会合作的基础上，并且为长城保护项目后续活动提供了主题。具体来看，该合作既有双方目标一致主观选择，同时也有多种客观原因的影响。现在分别对双方合作过程及内容进行介绍，并介绍双方合作开展的具体工作。长城保护项目的基础是资助 H 基金会开展的两个维修项目试点。H 基金会创立于 1990 年，为国家文物局主管的全国性公募基金会，以“文物保护全民参与、保护成果全民共享”为宗旨，参与文物资助维修等文物领域的公共服务。2015 年 H 基金会管理层换届后，开始进行更多社会力量参与文物保护工作的探索。2015 年底，H 基金会开始与腾讯公司高层接触，探讨文化遗产保护工作合作的可能性，恰逢长城申报世界文化遗产即将满 30 年，最终确定了以长城保护为合作内容。2016 年 4 月，H 基金会成立了长城项目组，基本确定了在开展维修项目试点的基础上进行合作，对维修工程管理及资金管理规定等进行创新性探索。H 基金会主导行政系统内沟通，获得了国家文物局等有关单位的支持，最终确定了两个试验段落。H 基金会与腾讯于 2016 年 9 月 1 日签订了正式的战略合作协议。腾讯基金会捐款 1000 万元用于试验段落 1。同时在腾讯公益平台上线了“保护长城加我一个”项目，为试验段落 2 筹款，这是互联网时代第一次网络公募助力文化遗产本体保护的活动。2017 年又继续捐款 1500 万元，并将应收的长城项目外部合作单位的资金（约 450 万元）也做了捐赠处理，以补足试验段落 2 的资金缺口。H 基金会在专业领域及政府关系方面的公信力，使腾讯的社会力量与行政系统能够有机结合，充分发挥了社会组织在解决社会问题上的重要作用。因此可以说腾讯与 H 基金会的合作奠定了长城保护项目开展的基础。

其次是长城保护的公众传播和政策倡导。为了更好地执行该项目，腾讯内部组建了以腾讯基金会为首的长城保护项目组。腾讯基金会的角色包括统筹、筛选协调内部资源和具体执行。主要成员包括腾讯集团市场公关部、区域业务部等。并配套建立了相应的考核指标。在具体执行上，鼓励公司内部各部门结合自己业务以不同形式主动参与长城项目内容。宣传活动由公众传播和政策倡导内容相结合。具体包括："长城你造不造" IP 打造与推广、长城内容专栏、产品合作推广、长城文创及周边开发、外部参展等。

最后是其他相关活动。腾讯团队在长城保护项目方面的工作还包括：呼应 H 基金会长城保护公益专项基金主办的"长城保护维修理念与实践"论坛，举办了内容与形式更加适合一般受众的民间分论坛"点亮爱心长城"，论坛通过邀请长城保护专家、志愿者、修缮工人来讲述自己的经历和心得，展示了民间长城保护的成果和长城保护的现状。

此外，为了提高全公司参与长城保护项目的积极性，腾讯还组织设计开发了长城线路的团建活动，2017 年腾讯北京分公司约 10% 的员工参与了长城线路的团建活动。员工的了解、关注与参与为后续长城保护项目在公司内部的深入开展提供了支持。

四、研究发现

（一）战略型企业社会责任的运营模式

如前文所述，既往研究认为战略型企业社会责任具有以下五个方面的典型特征，即中心性、专用性、前瞻性、志愿性、可见性（Burke and Logsdon，1996）。本文作者试图围绕战略型企业社会责任的上述五个方面的典型特征，分析腾讯长城保护企业社会责任项目的运营模式。

1. 中心性

战略型企业社会责任的第一个特征是中心性，即企业社会责任项目与企业使命和目标的一致性。为了实现中心性，应该确定对实现企业使命、目标和战略目的关键利益相关者，确定满足利益相关者的社会责任政策、项目和行动，并评估这些企业社会责任行动是否能实现企业的战略目标。2017 年 7 月，腾讯公司副总裁程武在 China Joy 2017 中国国际数字娱乐产业大会上表示：

腾讯希望将自己打造成一家以互联网为基础，能够在科技和文化两个维度上，提升人类生活品质的公司。

这是腾讯官方正式宣布将“文化”引入其公司发展战略。作为一家民营互联网企业，腾讯的愿景及使命分别是“最受尊敬的互联网企业”“通过互联网服务提升人类生活品质”，其“科技”战略一直广为人知，但是腾讯也指出其目标除了收获相关文化产业商业利益以外，更希望通过游戏、影视、文学等产业布局，传输其文化理念，希望成为“民族文化 IP 的创造者与传播者”。

腾讯在 2016 年 9 月与 H 基金会就长城保护签订战略合作协议并捐款后，先由 H 基金会单方面开展活动，腾讯侧介入不多。至 2017 年，腾讯公开其“科技 + 文化”的发展战略，并于 7 月正式发布“长城你造不造”计划，开始在公司内部投入更多资源与支持，除了鼓励多个部门参与，公司集团公关部的直接参与使该项目在整体宣传上也得到了更多的支持。这个过程中具体的项目活动及传播也都以腾讯对文化遗产保护的支持为重点。

首先，对长城保护项目的持续捐款支持体现了中心性。捐款是传统企业社会责任中“慈善责任”的主要体现方式，腾讯对长城项目的持续捐款体现出了腾讯在履行慈善责任时的倾向性，能清晰展现文化领域项目对其的战略重要性。根据腾讯基金会的年报，2016 年度及 2017 年度对长城项目的资金支持分别占腾讯基金会当年支出的 4.14% 和 2.68%。长城项目合作相关机构、长城保护工作都能清晰地从捐款后带来的行业发展受益。同时捐款也可以提升腾讯在文化领域的公众形象，提升其在文化保护领域专业人士及政府机构中的品牌知名度。

其次，长城保护项目的实施目标体现了中心性。长城保护项目与腾讯或腾讯基金会开展的其他项目不同，与“文化”战略紧密结合，体现其具有的战略型企业社会责任的中心性。针对文化遗产保护开展了政策倡导及社会倡导工作，对腾讯未来在文化市场，特别是涉及传统文化及文化遗产保护领域的内容，都会有积极正面的影响，使其了解政策环境。在文化遗产保护领域开展的工作也符合其自身民营企业的认知。

最后，长城保护项目的理念被公司内部产品了解并执行体现了中心性。长城保护项目推出后，腾讯各类产品纷纷引入长城保护元素，带动了长城项目全面的推广宣传工作，也给产品引入正面评价，从而带来更好的市场效应。

根据前述腾讯基金会及腾讯公益平台的支出原则，较少对同一个公益项目进行连续投入，而长城保护项目腾讯在初期即有一个长期规划（与H基金会战略合作协议为4年期）。因此该项目可以说具有典型的战略型企业社会责任特征，与其文化战略契合，并对达成战略目标有积极意义。正如受访者A在访谈时所强调的：

很多人都不知道我们有做文化遗产保护的项目，现在长城项目做起来了，很多人也知道我们是关注文化遗产的。这也是腾讯第一次这么深入参与具体项目，之前都只是直接捐钱，并没有长期观察项目效果，也不太关注后续情况。

2. 专用性

战略型企业社会责任的专用性指企业有能力获取或内化企业社会责任项目的收益（Burke and Logsdon，1996）。即企业开展战略型企业社会责任活动能从中获得专属的利益，这些利益不能通过一般性的企业社会责任活动获得。

腾讯及腾讯基金会的很多其他项目及捐赠，受益群体或产生的有益影响是面向全部或特定社区层面普通大众的。如针对部分社区的教育或救灾项目，当地学生或受灾群众可以得到可见的帮助，但是对于腾讯或基金会来讲，一般不能产生明确可得的回馈效果。

然而，与腾讯及腾讯基金会的多数其他项目不同，长城保护项目在文化遗产保护领域则可为腾讯带来直接可见的市场回馈，体现出了其专用性。文化遗产保护为专业性较强领域，多为行政系统内工作，腾讯通过开展长城保护项目，与相关行政机构建立了良好的关系，熟悉了相关政策规定，拓展其后期与其他文化遗产管理机构开展的相关合作，如敦煌、故宫等，都是在长城保护项目后实施或深化的。同时，专用性还体现在与相关政府机构及文化遗产管理机构的合作方面。这种合作体现了腾讯在文化领域发展的战略，使腾讯扩大了文化领域的潜在市场，并且带动了传统文化遗产保护工作与科技的结合，对促进行业整体发展都有益处。此外，专用性还体现在对其品牌形象的提升，战略型企业社会责任行动可以降低潜在的舆论危机对品牌的冲击。腾讯旗下产品对于长城保护的持续性投入将展示其对待文化产品的认真积极态度，从而提升受众对其品牌的好感度，提升品牌竞争力。最后，在长城保护项目中，腾讯鼓励员工积极参与，使员工可以直接了解本公司的企业社会责任工作，对于提升员工忠诚度及团队凝聚力都有帮助。

3. 前瞻性

战略型企业社会责任的前瞻性指企业预估主动的企业社会责任政策及行动，以应对经济、技术、社会环境与政策对公司的影响。前瞻性在商业战略规划和评估中都扮演重要角色。在变幻莫测的环境中，企业应该随时评估其所处环境，并预估对公司所能产生的影响。这些变化可能是新的市场产生，或者新的社会问题及威胁（Burke and Logsdon，1996）。因此如果公司能及时预估市场趋势，并及时采取相应措施，则可能有效处理危机或扩大市场。

近年来，文化遗产保护所受的重视度逐年增加，除了相关的一系列政策法规不断出台，民众对于文化遗产保护的意识也在不断提升。2016 年起，先后有《国务院关于进一步加强文物工作的指导意见》《五部门关于印发〈“互联网 + 中华文明”三年行动计划〉的通知》《中共中央办公厅、国务院办公厅印发〈关于实施中华优秀传统文化传承发展工程的意见〉》《国务院关于印发〈“十三五”推进基本公共服务均等化规划的通知〉》等一系列文件出台，“加强文物保护利用和文化遗产保护传承”更是写入了党的十九大报告。可以看出从政策趋势来讲，文化遗产保护事业的发展空间会逐步增大。民众对文化遗产保护的关注也逐渐增加，2016 年发生的几起长城破坏事件都引发了强烈反响。

腾讯将“文化”加入公司发展战略，开展文化遗产保护的企业社会责任工作，是对政策趋势的响应，充分体现该企业社会责任项目的前瞻性。腾讯开展的文化遗产保护项目，可以提前熟悉政策环境，了解文化遗产保护的工作情况，为今后在该领域开展更多工作提供经验。同时，该项目因符合政策趋势，具体的活动在开展过程中也更容易得到支持。

4. 志愿性

战略型企业社会责任的志愿性指企业履行社会责任不受外部制约而自由决策（Burke and Logsdon，1996）。即企业是根据自身的发展战略主动确定企业社会责任的具体目标和行动，与回应性企业社会责任有所不同。

腾讯长城保护项目，是腾讯根据其业务范围主动设计实施，并不受政策或外部环境的压力。除了持续的资金投入，腾讯鼓励各部门根据自己的业务范围主动参与，并给予支持。2016 年、2017 年“99 公益日”期间都对“保护长城加我一个”项目宣传做了重点支持，2017 年加大力度投放了朋友圈广告，并在 9 月 7 日“99 公益日”预热活动中做了“长城上的秘密聚会”长城保护专场活动，同时邀请当红偶像为长城保护公益专项基金形象大使。腾讯侧的大力支持使“保护长城加我一个”成为腾讯公益平台上筹款金额最高、参与人数最多的文化遗产保护项目。

腾讯对长城保护项目的投入在短期内虽然会有部分商业价值损失，如对长城项目公益广告的投放占用商业广告资源等，但长期支持可以体现出腾讯内部对该企业社会责任项目的重视程度，对项目效果的主动关注也体现了腾讯是出于其自身意志开展工作。

5. 可见性

战略型企业社会责任的可见性指企业行为的可观测性，即企业社会责任行为的具体活动可以被内部及外部观测到（Burke and Logsdon，1996）。可见性有正面及负面两种影响。正面的可见性通常包括正面的媒体报道、政府相关表彰等。

在腾讯长城保护项目中，各种媒体均对科技参与文化遗产保护持肯定态度。参与长城项目的内部产品评价多为正面评价。腾讯的参与也得到了相关政府部门的支持，并开拓了多个地区更广泛的文化遗产保护业务。

（二）战略型企业社会责任的实施效果

战略型企业社会责任的最大特征是可以创造多赢的局面，既使企业在解决社会问题时实现社会效益，又提升企业竞争力、拓展市场，实现经济效益。在本案例中，腾讯在已成立基金会对公益慈善行业进行了大量捐款后，仍然开展战略型企业社会责任项目——长城保护项目，以达到在履行了企业社会责任的同时为企业战略服务的效果。在经济目标达成方面，在腾讯的长城保护项目实践中，腾讯通过以下三种不同的路径为企业创造了可观的经济价值，即开拓新兴市场、提高声誉和品牌价值以及提高员工积极性与稳定性。

1. 开拓新兴市场

新兴市场的开拓是战略型企业社会责任的主要效果之一。即通过战略型企业社会责任项目，培育潜在市场，特别是在一些发展中国家，通过消费者购买能力的提升、消费者观念培育等方式进行（Heslin and Ochoa，2008）。在本案例中，腾讯通过开展长城保护项目，进入了商业领域很少涉及的文化遗产保护领域。该项目在与H基金会成功合作基础上，为试点项目提供资金支持、开展政策倡导和社会倡导，在文化遗产领域展示了“科技+文化”可能解决的社会问题，因此在长城项目开始后，逐渐拓宽了与文化遗产保护领域机构的关系，并开展或者深化了其他合作，如故宫、敦煌等。在访谈中，受访者A指出长城保护项目的成功，对于拓展企业与文化遗产保护机构间合作具有明显的助推作用。

长城项目让他们看到了跟我们合作的可能性和诚意。长城项目在公众传播和筹款方面的成果在文保圈都是没有的，而且我们也不是瞎做，在内容和产品上都跟之前做过的很不一样。我们（腾讯）本来就有很好的平台。长城项目开展后，有人会主动来问是不是可以合作。

2. 提高声誉和品牌价值

经济效益包括直接经济利益，也包括那些不直接影响现金流，但可以按经济标准衡量的利益，如企业社会责任带来的品牌价值增长（Weber, 2008）。战略型企业社会责任项目可以使消费者更全面了解企业的内涵及目标，企业品牌会直接影响消费者行为，从而最终影响到企业竞争力。

腾讯长城项目开展后，舆论基本为正面积极评价。在访谈中两位受访者从不同角度指出了项目实施以后的正向影响。

这种项目没有办法很好地评估效果和影响，但是我们的确做了很多事，引起更多人关注长城，相信肯定也会对公司有正面影响的，包括具体产品的参与，也会让更多企业一起参与文化遗产保护（受访者 A）。

参与这个项目后听到的评价基本都是肯定的，也有人表示奇怪我们居然会做这个事，不过都说是好事，我们自己在做也觉得很有意义（受访者 B）。

基于对项目效果的积极反馈，腾讯表示在考虑项目活动时会更加注重项目效果，保证项目按照目标执行，从而提升腾讯品牌形象。

3. 提高员工积极性与稳定性

企业对待社会问题的态度通常会影响员工对公司的态度以及他们的工作表现。研究表明，潜在求职者会更倾向于选择履行社会责任的公司。积极地承担社会责任的态度也会帮助员工保持积极性及提高工作效率（Heslin and Ochoa, 2008）。

腾讯在实施长城项目时，从一开始就非常注重员工的参与，包括鼓励员工自愿参与，组织长城主题的团队建设活动。研究者在参与项目中接触到的腾讯员工很多都表示十分清楚腾讯基金会具体的工作内容与方式。在访谈中，受访者 B 表示长城项目与以往的腾讯基金会项目明显的不同在于注重员工的参与。

之前很多人只是知道腾讯公益做了很多事情，拿过很多奖，可是具体做了什么、怎么做的并不太清楚。长城项目的不同之处在于，通过直接参与，很多员工了解到我们是真正在努力做好这个项目，有时遇到不太配合的部门也会想主动推进一下。

五、结论与建议

（一）研究结论

本研究以腾讯的企业社会责任项目为案例开展质性研究，以战略型企业社会责任为理论分析框架，探讨我国民营企业开展企业社会责任实践的运营模式及实施效果。研究发现：其一，腾讯的长城保护项目在运作模式上符合战略型企业社会责任特征在中心性、专用性、前瞻性、志愿性、可见性五个维度上的典型特征。其二，腾讯通过实施企业社会责任项目，达成了战略型企业社会责任兼顾经济价值和社会价值的“双赢”局面，一方面通过开拓新兴市场、提高声誉及品牌价值以及提高员工积极性与稳定性这三种不同路径为企业创造了可观的经济价值，另一方面在长城保护方面取得了良好的社会效益。

（二）启示与建议

本研究基于腾讯长城保护项目的案例分析，获得的关于战略型企业社会责任的运营模式和实施效果的研究发现，对于未来我国更多民营企业开展战略型企业社会责任实践具有启示意义。基于本研究的主要发现，笔者提出以下政策建议。

1. 企业应该转变观念，树立正确的企业社会责任意识

战略型企业社会责任是企业社会责任的一种更优的实践模式。传统的企业社会责任运作模式要求企业为解决社会问题投入时间与金钱，在此基础上，很多企业将社会责任标签化，认为只是无偿投入，在追求利润最大化的市场经济环境下，企业就自然选择不承担社会责任。

但是，战略型企业社会责任并不只是企业单方面的投入，而是希望在解决社会问题的同时带来经济效益。战略型企业社会责任要求企业不仅投入时间金钱，还要使企业在自身运营不受负面影响的前提下解决社会问

题，实现“双赢”的结果。因此企业经营者应该更多地考虑用战略型企业社会责任模式实践社会责任。与国有企业不同，民营企业拥有更多的自主权，可以结合自身情况选定具体的实践领域，并结合企业自身经营特点开展具体工作。正如在本案例中，腾讯根据自己在资金及传播方面的优势资源，开展了长城保护项目，既为科学解决长城保护中的政策困境出力，也进入文化遗产保护领域，为实现自身文化发展战略获得了行业支持，最终达到了“双赢”的目标。企业社会责任的实施也没有固定模板，企业应当从自身战略中寻找到与社会问题的结合点，设计符合自身特殊情况的社会责任项目，从而实现社会和经济的“双赢”目标。

2. 企业应科学规划，建立有效的社会责任管理体系

现如今越来越多的民营企业成立企业社会责任部门或者成立企业基金会，民营企业在各种企业社会责任评选或排名的占比也越来越高，体现出了民营企业在解决社会问题、履行社会责任方面的决心。从战略型企业社会责任概念考虑，企业不应该盲目地参与，而是应该根据自身战略，选取希望解决的社会问题中能与业务有机结合的领域，从而获得领域内的竞争优势。在本案例中，腾讯将项目目标聚焦在文化遗产保护领域，是与其文化战略高度匹配的，为其在文化领域的工作提供了支持。

确定希望解决的社会问题后，还应该匹配相应的管理和支持制度。即将企业的运营模式与社会问题相结合，使员工在日常工作中就可以参与项目，并且出台相应的支持鼓励制度，同时预估项目效果，对与企业战略紧密联系的项目应有更多倾斜。

现有多数企业的社会责任部门均与企业运营团队相分离，双方团队对彼此业务熟悉程度都有局限性。在企业型基金会中这个问题也很明显。战略型企业社会责任要求社会责任的实践项目与企业的经营内容有机结合，因此在项目管理与执行上，要求企业有更多投入。如整合专业团队、设定明确的愿景与目标、加大企业内部投入与支持等。

3. 政府与社会应加强对企业社会责任的宣传与激励

近年来，民营经济总量不断增加，在中国经济发展中也发挥着越来越

大的作用。但在其解决社会问题的功用上，由于各种原因尚未真正发挥作用。除了我国企业社会责任的系统发展时间较短，部分企业对社会责任的认知、实践都还处于初级阶段，很多企业未能认识到企业社会责任可以取得“双赢”效果，而对企业社会责任采取消极态度，或者单纯捐赠而不关心实际项目成果。因此，政府应该发挥引导作用，加大企业社会责任宣传力度，鼓励更多的企业参与战略型企业社会责任。同时政府还应该通过社会组织、社区、媒体、学校等多种渠道，倡导和培育公众的社会责任意识，鼓励消费者在购买决策时更多支持企业社会责任绩效更好的企业。

第五章　企业社会责任视角下的企业公益营销策略
——基于华为荣耀公益营销的案例分析

一、导言

（一）研究背景

公益营销（Cause - Related Marketing）的起源可以追溯到1981年，美国运通公司为帮助旧金山某艺术团体筹募基金，采取一项新措施，即当每一次信用卡消费或申请新信用卡时，美国运通公司便捐出一定比例的所得给该艺术团体。由于在此区域性的市场测试结果非常成功，因此美国运通公司将此种营销手法以“Cause - Related Marketing”的名称申请专利。到了1983年，美国运通又与艾丽斯岛自由女神像基金会合作，共同为修整自由女神像来募集基金。这项营销活动在短短三个月内，共募集到了170多万美元，超过原预期目标的3倍多，而美国运通卡的使用率也比前一年同期提高28%，并且发行了大量的新卡。自此，公益营销的合作方式就广为各种营利与非营利组织所采用（陈致中，2010）。

过去20年，一方面，我国公众对慈善、公益、志愿事业的关注度和参与度大大提高；另一方面，企业社会责任的理念和实践在我国各类企业中不断普及。在此背景下，公益营销逐渐成为我国企业营销的重要创新方式。纵观我国企业的公益营销发展历程，运作效果最好的当数农夫山泉。2001年，农夫山泉启动“阳光工程”，推出“喝农夫山泉，为申奥捐一分钱”的口号，由奥运冠军孔令辉和刘璇作为形象大使拍摄广告进行宣传，在短时间内产生了全国性的轰动效应。该项目最终代表广大消费者为申奥贡献近500万元人民币，同时也为农夫山泉带来了5亿瓶的销售业绩——2001年半年完成上年销售量的90%，当年销售总额比前年翻了一番。2003—2005年，宝洁公司、中石化、联想集团、海尔集团、东方雪铁龙都纷纷采取公益营销战略，为我国希望工程、体育事业、赈灾事业方面做出巨大贡献（钟雨洁、刘婧，2019）。发展至今，越来越多的中国企业将公益营销作为一种能有效提高消费者满意度、品牌形象和经济效益的营销方式。

（二）研究问题

目前，关于我国公益营销已经产生了大量研究，现有相关文献主要围绕以下几个重要的研究议题开展研究：其一，公益营销定义（陈致中，2010；齐俊英、郭长虹，2011；尚禾、任丽华，2015；钟雨洁、刘婧，2019；杨林晔，2021）与典型特征（王建华，2010；黎毅，2012）。其二，公益营销的实施策略（林格林，2007；许丛，2013；杨梦瑶，2017）。其三，“互联网+”、电子商务及新媒体背景下的公益营销的运营（初令伟，2013；尚禾、任丽华，2015；齐爱荣、由佳卉，2016；钱芳，2021；廖秉宜等，2022；吴传良等，2023）。其四，公益营销的成功案例研究（汤章，2006；李光斗，2006；魏西友，2007；吴超超，2007；陈媛，2009；李创，2009；葛昱晖，2012；陈怀珍，2014；李昕怡，2015；吕金妹、田慧，2016；刘茵，2020）。其五，公益营销误区、挑战与困境（张玉，2010；齐俊英、郭长虹，2011；杨林晔，2021）。其六，公益营销对消费者（购买意愿、购买行为）的影响（贺爱忠等，2009；张卫星、周杨淼，2013；郑坤、张立镜，2016；陈文静，2017；张惺惺、徐进，2021）。其七，公益营销对企业经济（商业、市场、品牌）绩效的影响（唐更华等，2011；张立、郑玲，2013；柴俊武等，2016；魏婧，2018；凌丹、张艳萍，2018）。

现有研究对公益营销定义与典型特征、实施策略、挑战与困境以及对消费者（购买意愿、购买行为）和企业经济（商业、市场、品牌）绩效的影响开展了大量研究，为我们了解我国企业开展公益营销的过程与结果提供了丰富的知识背景。然而，现有文献关于公益营销具体实施策略的研究，多属于基于文献回顾的非实证研究，未能通过具体案例分析，对公益营销实践过程中的具体有效的实施策略进行深入描述和分析。

为了弥补上述研究不足，本研究选取“华为荣耀”为典型案例，分析在面临复杂外部环境实施企业社会责任战略时，我国大型民营企业在公益营销实践过程中采取的具体策略。

（三）研究方法

1. 案例选择

本研究选择华为旗下独立品牌“华为荣耀”作为案例，探究其公益营销策略。选择华为荣耀为典型案例，主要出于以下两个方面的考虑：首先，华为在企业社会责任上的管理与实践得到权威机构的认可，在国内企业中处于领先地位。在社会科学文献出版社出版的《企业社会责任蓝皮书：中国企业社会责任研究报告（2016）》中，华为以88.6的发展指数位居中国企业社会责任排行榜第九，是前十名中唯一的民营企业。并且，华为位居通信行业中国企业社会责任排行榜第二，位居中国民营企业社会责任排行榜第一。其次，华为在终端业务上着力打造子品牌——华为荣耀，并且在华为荣耀的营销推广上非常注重公益营销策略的使用，注重与不同利益相关方的合作。自2013年12月成立至2016年2月，两年多的时间里，华为荣耀先后推出20多个公益营销活动，联合不同领域、不同性质的企事业单位、团体组织，借助多种媒体渠道进行活动的执行和宣传。华为荣耀在公益营销方面的实践具有代表性。

2. 数据收集

（1）半结构式访谈

笔者采取半结构式访谈的方式，对华为战略规划部门和华为荣耀市场部员工进行了访谈，访谈内容主要涉及以下五个方面：其一，华为荣耀营销产品的同时关注公益，如何将产品和公益事业相结合；其二，与慈善组织、明星合作的原因，合作过程是否顺利，主要的合作形式；其三，如何运用媒体进行公益营销传播；其四，公益营销对产品销售产生的影响；其五，公益营销是否是长期战略。

（2）二手数据

笔者通过华为荣耀官方网站、微博、微信公众号以及公共媒体平台，收集了与华为企业社会责任以及华为荣耀公益营销活动有关的大量二手资料，具体包括：其一，历年企业社会责任报告；其二，华为荣耀公益营销活动专题资料、华为花粉社区荣耀板块及活动板块资料、华为荣耀娱乐营销白皮书；其三，真爱梦想基金会官方网站周报及季度公报，腾讯新闻、网易新闻、电子工程网等媒体关于华为荣耀公益营销的报道。

二、文献综述

（一）公益营销的定义与典型特征

1. 公益营销的定义

公益营销起源于20世纪80年代的美国，是一种把企业营销战略与非营利组织或公益活动直接联系起来的营销模式（陈致中，2010）。经过了几十年的国内发展，我国学者从不同角度对公益营销进行了定义，其中多数学者将公益营销与企业社会责任相联系，将营销与公益或公益组织相联系，强调公益营销的“公益 + 销售”双重属性。例如，齐俊英、郭长虹（2011）认为，公益营销是将企业的营销战略与非营利组织或公益活动联系在一起，通过公益活动提供的体验或与之配套的公关宣传，在产生公益效益的同时使消费者对企业的产品或服务产生偏好，最终实现对产品销售的促进。尚禾、任丽华（2015）认为，公益营销是指企业立足于人的全面发展，以开展公益活动的方式向消费者传达企业理念、承担社会责任、促进市场销售的一种营销方式。钟雨洁、刘婧（2019）提出，公益营销是指企业在承担一定社会责任（如为慈善机构捐款、保护环境、建立希望小学、扶贫）的同时，借助新闻舆论影响和广告宣传，来提高企业形象、提升品牌知名度、增加顾客忠诚度，最终增加销售额的营销形式。杨林晔（2021）提出，公益营销指企业承担一定的社会责任，如参与环保、扶贫以及慈善捐款等公益活动的同时，通过与消费者进行不同方式的交流，赢得消费者的信任以及对产品服务的好感，由此提升企业美誉度与知名度的营销行为。

此外，公益营销与社会营销（social marketing）是两个容易混淆的概念。社会营销是 Kotler 和 Zaltman 于 1971 年提出的概念，原先的定义是"对社会观念的营销"，即运用营销战略和手法来推广环保、节能、健康等社会议题。后来在此基础上，营销学家们进一步对社会营销概念进行了扩充，认为企业应负有一定的社会责任。同时，还出现了"社会的营销""人道营销""社会责任营销"等相关概念。这些概念要求企业在决策时，不仅应考虑消费者需要和公司目标，还应考虑消费者和社会的长远利益。社会营销和公益营销的主要区别在于，社会营销偏向一种营销哲学，即要求企业不应只追求短期的经营利益，而应该把长期的消费者福利以及整个社会的价值考虑进去，并以社会责任作为营销战略的核心思想之一。而公益营销则更偏向一种特定的营销手段，把消费者的购买行为与非营利组织或公益活动联系起来，最终目的还是提高销售额、满足企业利益（陈致中，2010）。

2. 公益营销的典型特征

传统市场营销以 4Ps 理论为基础，强调市场营销的产品、价格、渠道、促销四要素的重要性，即成功的市场营销需要具备优质产品、合理价格、广泛渠道以及有效的促销活动。与传统市场营销不同，公益营销在 4Ps 理论基础上具备了其他特质。现有研究将公益营销与传统市场营销进行对比，分析了公益营销的典型特征。

王建华（2010）认为，公益营销与一般的商业营销最显著的区别在于销售的产品类型不同。商业营销是围绕商品和服务进行销售的营销过程；而在公益营销中，营销的内容是企业的核心文化与理念，是通过企业履行社会责任的形式将核心的文化与理念传递给消费者并影响其消费行为，使其对该企业品牌产生偏好，在购买决策时做出优先选择。公益营销所注重的是企业文化理念、企业品牌价值观的推广，以获得并提升社会和消费者的信赖和认同，是不求短期见效的一种长期战略投资，其收益不是在现在，而是在将来，是企业品牌的建设。

黎毅（2012）认为，不同于传统市场营销强调的4Ps要素，公益营销具有以下典型特征：其一，主动性，积极主动地从事公益活动；其二，持续性，开展持续性的公益传播活动；其三，双重目的性，公益营销既要公益，又要利益；其四，资源整合性，需要与政府、非营利组织、行业协会、媒体、公众进行深度协调与沟通。

（二）公益营销的实施策略

目前，关于我国企业公益营销实施策略的文献，多数属于非实证研究。其中，陈玉芹、刘鑫（2011）提出的公益营销4R模型具有较为扎实的理论基础。陈玉芹、刘鑫（2011）基于Don E. Schuhz提出的“4R理论”，即Reaction（反应）、Relation（关联）、Relativity（关系）、Retribution（回报），提出公益营销的4R策略。其一，“关联策略”，将与企业产品有关联的事件和与企业品牌价值匹配的活动相结合，巧妙突破用户的心理防线，让所参与的消费者从企业的公益行为和公益形象中，获得社会价值观的广泛认同和强烈共鸣，并被这种价值归属感所吸引，最终愿意通过购买企业产品来支持该品牌。其二，“反应策略”，企业在应对政府制度、企业公关危机、突发自然灾害等突发情况时，能够及时做出反应，通过掌握充分的信息，制定具有针对性的营销活动，运用公益形象、公益事件来应对突发事件。其三，“关系策略”，企业与利益相关者和作为合作伙伴关系的非营利组织，通过公益文化来建立品牌感情，通过与各方关系质量的维护，达到品牌满意直至忠诚的效果，最终影响企业产品销售成绩的策略。其四，“回报策略”，企业既要讲求自身利益的回报，又要重视消费者利益的回报。企业通过公益活动、慈善捐助、赞助等隐性公关宣传的手段，帮助消费者实现个人社会价值、节省参与公益活动的时间与成本，以期获得企业和消费者双方共同满足社会期许、履行社会责任的心理。

此外，大量相关文献主要是基于文献回顾对我国企业公益营销实施策略进行总结。林格林（2007）基于对宝洁、加多宝等成功公益营销案例的分析指出，公益营销应该遵循以下策略原则：恰当的时机进行恰当的赞助、商业运作化原则、长期性原则。梁勇、杨继福（2012）指出，我国企业开展公益营销应该遵循以下基本原则：其一，选择合适的公益项目；其二，实施战略型公益营销；其三，顾客价值不打折扣；其四，培养高度的公益敏感；其五，挑选合适的合作伙伴；其六，进行有效的宣传沟通。许丛（2013）认为，成功运作公益营销活动，需要抓住以下几个关键点：其一，在活动中贯彻公益性原则；其二，选择有价值的公益主题；其三，努力做好商业化运作；其四，坚持公益活动的连续性。杨梦瑶（2017）提出，我国企业实施公益营销策略应该遵循以下原则：正确理解公益营销；把公益营销纳入企业品牌整体战略；慎重选择公益营销项目，提升价值；确定符合企业品牌战略的公益主题；要能顺大势，把握时机；确定有良好声誉的非政府组织作为战略合作伙伴；急政府之所急，赢得政府的赞许；贵在坚持；做好传播，策略先行；把公益做到透明化，赢得民众的信任。

（三）“互联网＋”、电子商务及新媒体背景下的公益营销的运营

在“互联网＋”、电子商务及新媒体兴起背景下，网络社群、网络社区加强了消费者之间横向联系，消费者获取信息的习惯产生了重大变化，消费者之间的口碑分享以及主动搜索成为影响消费决策的重要信息途径，企业市场营销策划需要有效地回应这些变化。

因此，公益营销的研究领域出现了大量研究讨论“互联网＋”、电子商务及新媒体背景下公益营销的应对策略。其中，多数研究属于基于文献分析的非实证研究。例如，初令伟（2013）指出，网络新媒体背景下，企业公益营销的传播环境发生了以下变化：传播从单向被动式到双向精准互动式变化，传播从传统口碑的点对点转变为网络口碑的病毒式传播，从“大公益”到“微公益”的转变，传播结果发生了由可控到不可控的变化。笔者进而提出，在新媒体环境下开展公益营销应该把握以下要点：其一，选择合适的公益主题，注重活动的创意性；其二，注重互动性、参与性，

形成线上线下的整合传播；其三，发掘有价值的新媒体平台进行公益传播；其四，建立企业网络舆情监测体系，防范公益营销传播过程中的危机。尚禾、任丽华（2015）指出电商实施公益营销策略，必须注重以下原则：其一，着眼长远利益，与品牌融合；其二，结合社会化媒体平台，做综合性的公益活动；其三，强化与消费者沟通，做出新的公益风格。齐爱荣、由佳卉（2016）认为，在互联网时代，善用新媒体的传播优势是企业公益营销的关键，具体需要把握以下要点：其一，与社会热点相结合，选择高契合度的公益主题；其二，以消费者为中心，注重传播内容与传播形式的创新；其三，结合新媒体的传播特点，增强公益营销的互动性与参与性；其四，整合营销系统的强大支撑是制胜关键。钱芳（2021）的研究发现，在"互联网+"时代下开展公益营销需要定位以下方向：新媒体软文营销、短视频平台营销、大数据技术下的精准营销。

最近几年，出现了少量实证研究关注"互联网+"、电子商务及新媒体兴起背景下的公益营销策略。例如，廖秉宜等（2022）基于鸿星尔克微博舆情大数据分析，探究品牌公益营销中微博舆情引导的机制。研究发现，舆情潜伏期，品牌需要陈述清晰的公益信息；舆情爆发期，品牌可根据网络热点与消费者沟通，同时拟人化、故事化地建立品牌与公益内容的契合度，与消费者进行情感沟通；舆情衰退期，品牌需要兼顾网络舆情信息生态链中的其他事件，不过分占用公共流量。吴传良等（2023）以制造商和电商平台组成的两级供应链为研究对象，通过构建代理和转售模式下制造商品牌与电商平台自有品牌实施公益营销的博弈模型，比较研究了不同销售模式下供应链内品牌存在竞争情形下的公益营销决策问题。研究发现，代理模式下，制造商品牌和电商平台自有品牌都实施公益营销或者仅制造商品牌实施公益营销都有可能形成均衡策略；转售模式下，两种品牌都实施公益营销是唯一均衡策略。

（四）公益营销的成功案例研究

现有文献对我国企业公益营销的成功案例进行研究，并对其成功经验进行了总结。例如，李光斗（2006）、汤章（2006）、魏西友（2007）等对于蒙牛案例的研究，吴超超（2007）对于农夫山泉案例的研究，李创（2009）对于吉利汽车案例的研究，陈媛（2009）对于渣打银行案例的研究，葛昱晖（2012）对于松下案例的研究，陈怀珍（2014）对于欧莱雅案例的研究，李昕怡（2015）对于百事可乐大中华区的案例的研究，吕金妹、田慧（2016）对于汤臣倍健案例的研究以及申笑梅、王荣华（2018）和刘茵（2020）对于支付宝蚂蚁森林案例的研究。

（五）公益营销存在的误区及面临的挑战与困境

现有研究对我国企业公益营销实践中存在的误区及面临的挑战与困境进行了细致的梳理。其中，张玉（2010）认为，我国企业在开展公益营销的过程中存在以下问题：混淆公益活动与公益营销、缺乏价值观的指导和公益营销战略、未能与市场定位相结合、宣传不当。齐俊英、郭长虹（2011）发现，我国中小企业的公益营销实践面临以下发展困境。首先，由于公众意识范围相对狭窄，具有社会效应的公益事业少，直接导致可供企业选择的公益领域有限。在有限的公益领域里，中小企业要实现与大企业在公益营销上的公众关注程度的竞争实属难事。其次，企业对公益事业的参与、监督，公益产权的界定与转让，投融资，退出等一系列流程环节的完整的法律框架尚未形成。这些尖锐而关键的问题更多地由舆论进行监督和处理。公益营销进入无门槛、退出须谨慎的现状使得实力有限的中小企业不敢随便参与其中。最后，中小企业尤其是具有家族式特色或管理者一人决策的中小企业，在公益营销中往往混淆企业行为与企业家行为。企业家行为带有更多的个人感情因素和利他主义倾向。因此，由企业家个人情感所主导的公益活动制约了其营销作用。同时，中小企业的公益事业往往难以上升到战略高度，很少注重与自身产品和战略的结合，多数是一次性投入，随意性大、缺乏计划性。杨林晔（2021）指出，我国企业的公益营销实践存在以下误区：其一，公益营销意识缺乏；其二，公益性质缺失；其三，战略规划系统性低；其四，时机不当。

（六）公益营销对消费者（购买意愿、购买行为）的影响

关于公益营销对消费者（购买意愿、购买行为）的影响，目前国内已

有少量实证研究，这些研究基本形成了一致的结论，即企业的公益营销活动对消费者（购买意愿、购买行为）产生正向影响。例如，贺爱忠等（2009）以湖南大学的 MBA、EMBA 学员及参观湖南省博物馆的游人共计 197 人为样本，要求被试者根据其对农夫山泉及“一分钱”公益行动的整体感受填写问卷。数据结果表明，消费者对公益营销活动的涉入度、品牌与公益营销活动的拟合度通过中介变量品牌信任对消费者的购买意愿产生影响。张卫星、周杨淼（2013）基于对 864 份消费者样本数据分析，发现企业策划公益营销策略时可以首先根据其产品类别来选择公益事项。因为消费者在购买高涉入度产品时，主要关注公益事项重要度和可接近度两个属性；而消费者在购买低涉入度产品时，主要关注品牌与公益事项匹配度和产品与公益事项一致度。张惺惺、徐进（2021）基于对 1935 份消费者网络调查样本的数据分析，发现公益营销各影响因素、消费者品牌态度和购买意愿之间存在显著的相关性。

同时，少数案例研究也得出了类似的结论，即企业的公益营销活动与消费者（购买意愿、购买行为）之间存在正向关系。例如，郑坤、张立镜（2016）基于对“华润怡宝百所图书馆计划”的案例分析，发现公益营销在消费者认知、情感和行为意向三个维度上对消费者心理产生正向影响。具体而言，对于认知的影响主要包括市场知名度的提升、公益形象的构建和正面形象的传播三个方面；情感影响包括唤起公众对怡宝公益的支持和赞扬等积极情绪和传递正能量、推动消费者对企业的情感认同；行为意向方面的影响包括增强消费者产品消费的行为意向和参与公益活动的行为意向。陈文静（2017）以“支付宝蚂蚁森林”公益项目为案例，结合价值共创理论分析了其成功要素。研究发现，价值共创有利于企业的公益营销，对消费者的认知、情感和行为都有良好的促进作用，可提高消费者的品牌忠诚度，有利于社会的可持续发展。

（七）公益营销对企业经济（商业、市场、品牌）绩效的影响

目前，多数关于公益营销与企业经济（商业、市场、品牌）绩效关系的研究认为，两者之间存在正向关系。例如，唐更华等（2011）基于珠江

三角洲 118 家高新技术企业样本的数据分析，研究结果显示，公益营销与企业经营绩效和企业组织绩效之间存在着显著的相关性，即消费者对企业的公益行为动机的感知、企业对公益行为进行宣传、企业的可信度、消费者对公益营销活动的参与度与企业的经营绩效和组织绩效呈正相关关系。张立、郑玲（2013）对沪市 356 家上市公司 2009—2011 年的面板数据进行量化分析，发现我国上市公司的公益营销与其盈利能力（以总资产收益率、净资产收益率、每股收益三个财务性指标衡量）在短期内存在互相促进、共同发展的关系。柴俊武等（2016）以沪深两市在 2013 年发生公益性捐赠行为的 237 家上市公司作为样本，数据分析结果表明，我国上市公司的公益营销行为在短期内能够显著提升企业股权价值及财务绩效。具体而言，上市公司的公益营销行为与企业股权价值显著正相关；上市公司公益性捐赠金额与其财务绩效显著正相关。

近年来，关于公益营销与企业经济（商业、市场、品牌）绩效关系的实证研究，采取了更为复杂的理论模型，进一步探究两者关系的中介或调节效应。例如，凌丹、张艳萍（2018）基于汽车上市公司 2001—2016 年的长面板数据分析，研究发现，汽车的公益营销与盈利能力存在相关关系，具体表现为企业的公益营销规模可以显著提升企业的盈利能力，但公益营销强度对企业盈利能力的提升存在显著的抑制作用。同时，公益营销效应受到企业资产规模和资产结构的调节作用影响，即资产规模较大和资产负债率较低的企业通过公益营销战略提升企业盈利能力的作用更明显。魏婧（2018）对 2016 年沪深两市 264 家 A 股民营上市公司的样本数据进行量化分析，研究发现，民营企业的公益营销行为与企业的财务绩效显著正相关；民营企业慈善捐赠金额大小与企业的每股收益和净资产收益率显著正相关；在市场化程度越低的地区，民营企业进行公益营销的捐赠金额越大，净资产收益率越高；市场化程度在民营企业的公益营销对每股收益的影响中无明显中介作用。

三、研究发现

（一）案例概况

1. 华为荣耀发展概况

华为荣耀是华为公司旗下智能终端子品牌，成立于 2013 年 12 月 16 日。荣耀品牌追求以更快变化来适应移动互联网时代，倡导平等、开放，为受众提供更多满足需求的高性价比产品和更极致体验。华为将这一品牌定位于“满足生活在网络时代下的数码原住民的需要，打造全新的互联网生态圈，全球互联网手机领导品牌”。华为荣耀是互联网模式的后来者。在激烈的市场竞争环境中，华为荣耀用了不到两年的时间，实现了突破和蜕变，不仅成为小米的主要竞争对手，其销量更是已快占据华为的半壁江山，成为华为挑战三星、苹果，扩展市场份额的重要保障。

荣耀品牌自发布起，一方面借助“华为”母品牌的号召力与市场基础，另一方面通过不同的渠道开展一系列“荣耀”品牌推广及营销活动，在体育、娱乐、影视、极客、人文等多个领域全面拓展。聚焦“青年梦想”，在“全球”“伙伴”“行动力”的价值观指导下，在实现品牌价值的道路上，荣耀承担的不仅是一个手机品牌的商业价值，更是兼具时尚感、年轻化与正能量的责任。

2. 华为的企业社会责任

华为公司作为中国土生土长的民营企业，经过 20 余年的发展成为世界 500 强的国际化公司。之前以“狼性文化”著称的华为近几年也在积极塑造自身形象，在产品“硬实力”和文化“软实力”两个方面谋求发展和提升，在中西方文化的交融下逐渐接触国际化的管理模式。自 2008 年开始，华为公司每年主动向社会公众报告公司企业社会责任情况。

华为对于企业社会责任的认识是随着时代发展不断变化的，大体可以分为三个阶段：第一阶段萌发了履行企业社会责任的意识与志愿；第二阶段开始构建理念并进行实践活动；第三阶段建立相应的管理体系来指导实践活动。在企业运营过程中，华为坚持可持续发展的理念和承担企业社会责任的观念，并在实践中完善理念与管理体系。

在现阶段，华为企业社会责任的关注领域和利益相关方更加明晰。华为在企业社会责任方面关注的领域由消除数字鸿沟、保护环境、社会贡献到消除数字鸿沟、保障网络安全稳定运行、推进绿色环保、实现共同发展。同时，华为企业社会责任对应利益相关方定位更加明确，具体划分为九类，分别是客户/消费者、员工、供应商、政府、行业/标准协会、非政府组织、媒体、研究机构/学术界、社区团体。此外，华为将企业社会责任作为企业长期战略来执行，并且有明确的部门来落实，例如成立 CSR 委员会到 CSD 委员会。

（二）华为荣耀的公益营销项目

华为荣耀在品牌高速发展的过程中展现出的社会责任感，与华为可谓一脉相承。荣耀热衷公益事业，一方面践行其社会责任，另一方面也向外界传达了其品牌价值观。华为荣耀所实施开展的一系列公益活动，整体上分为两类：一类是结合其身为一家科技企业的优势，为教育事业、社会问题尽己所能；另一类是从心灵建设层面出发，帮助青年树立积极向上的人生观。后者体现在其向来所倡导的“勇敢做自己”的理念及相关公益活动中。

2014 年以来，华为荣耀先后举办 20 余场与公益相关的活动，关注音乐、影像、体育、科技、教育、生活领域，以线上、线下结合的形式，与名人、明星、行业著名企业、非营利组织进行合作，并通过多种媒体手段进行宣传推广。

为便于深入分析华为荣耀公益营销活动的策略，笔者根据领域、活动主题、形式、受众、合作伙伴、媒体渠道将华为荣耀的公益营销活动进行了整理，具体如表 5－1 所示。

表5－1　华为荣耀主要的公益营销活动

领域	时间	活动主题	形式	受众	合作伙伴	媒体渠道
音乐	2014年	《荣耀》主题曲发布与推广/勇敢做自己	线上新闻发布、演唱会活动	青少年、音乐爱好者	高晓松、王晓天	互联网、电视、广播、平面
		荣耀·咪咕和它的朋友们音乐巡演	线上新闻发布、演唱会	移动手机用户	中国移动旗下咪咕音乐	互联网、电视、广播、平面
	2015年	荣耀草莓音乐节	线上新闻发布、音乐节活动	音乐爱好者	草莓音乐节、原创音乐人	互联网、电视、广播、平面
		荣耀live剧场	线上新闻发布、剧场活动	音乐爱好者	摩登天空、原创音乐人	互联网、电视、广播、平面
	2015—2016年	荣耀制噪者—全国校园音乐计划——Go荣耀，大声唱	线上报名、线下赛事活动	学生、音乐爱好者	摩登天空、原创音乐人	互联网、平面
		荣耀超级女声——勇敢唱出来	线上报名、线下赛事活动	16～30岁女性音乐爱好者	天娱传媒、湖南卫视、芒果TV	互联网、电视、广播、平面
电影	2014—2015年	荣耀新力量影像大赛——Go勇敢！新人正出头	线上报名及赛事	学生、新锐导演	北京电影学院、种子娱乐、新锐导演	互联网
	2015年	《荣耀少年湃》系列纪录短片——勇敢做自己	澎湃视觉中心策划执导影视作品	“90后”	澎湃新闻	互联网
		丝路之光摄影大赛	线上报名及赛事	荣耀手机用户	新华社	互联网
		荣耀新力量2.0电影短片大赛——Go勇敢！新人正出头	线上报名及赛事、线下活动	学生、新锐导演	种子娱乐、全国高校	互联网

续表

领域	时间	活动主题	形式	受众	合作伙伴	媒体渠道
体育	2014 年	全民南极接力——荣耀启程	线上报名及赛事、线下活动	运动爱好者	陈盆滨	互联网、平面媒体
	2015 年	Go 荣耀 7 公里校园 mini 马拉松——Go 荣耀，勇敢跑	线上报名、线下活动	运动爱好者	全国重点高校	互联网、平面媒体
	2015—2016 年	明星代言；联合开展 2015 行走的力量公益项目——青年梦想计划	线上报名、线下活动	运动爱好者、明星粉丝	陈坤、周迅等明星，行走的力量公益项目	互联网、电视、广播、报纸
	2017 年	“寻找红蓝 CP” 主题公益骑行	手机用户报名，线下活动	品牌粉丝、迪信通会员、消费者	上海迪信通	互联网
科技	2014 年	荣耀特斯拉极客之旅	手机用户报名，线下活动	品牌粉丝、汽车爱好者	特斯拉、YHOUSE	互联网、平面媒体
	2015 年	Go 荣耀 勇敢创	线上报名、线下沙龙活动	高科技人才、科技爱好者	创客	互联网、平面媒体
教育	2015 年	华为荣耀创新移动课堂	校企合作	学生	同济大学	互联网、平面媒体
	2015—2016 年	Go 荣耀 真爱梦想	销售 1 部手机 + 配捐 1 元钱	消费者、非营利组织	真爱梦想基金会	互联网
	2015 年	暑期公益支教活动	山区支教	热心公益人士	贫困山区	互联网、平面媒体
		荣耀大凉山	捐赠产品	山区学校	大凉山	互联网、平面媒体
生活	2015 年	荣耀过年 带你回家	线上报名，线下活动	春节返乡人员	深圳市政府、中国扶贫基金会	互联网、平面媒体

（三）华为荣耀公益营销的策略分析

结合华为荣耀的公益营销实践，笔者从企业战略、市场营销、公益活动组织管理执行、品牌形象管理、宣传推广等角度分析华为荣耀公益营销策略的主要特点。

1. 公益营销活动属于长期理性战略规划

从企业战略角度，华为荣耀的公益营销活动属于企业长期的理性战略规划。华为荣耀通过 CSR 战略路线图规划出渐进式发展目标，制定了 2011—2016 年 CSR 管理的发展目标并明确了相应的活动与要求。其战略目标分为优化、巩固、夯实、提升四个阶段，包含华为对公益项目的规划。2011—2012 年，优化阶段，启动中长期重点公益项目；2012—2013 年，巩固阶段，执行全球 CSR 重点公益项目；2013—2014 年，夯实阶段，强化推广优秀公益项目；2014—2016 年，提升阶段，树立公益项目品牌。在访谈中华为荣耀战略规划部的负责人强调了公益营销活动作为战略规划的长期稳定性。

这些活动是有规划的，不是拍脑门就去执行了。像超级女声、电影大赛等活动都是系列活动，是我们要树立的品牌项目。系列活动不是说今年做了这个活动就关了，明年、后年，以后我们都是会坚持做下去的。企业聚焦于高校学生、创客，与他们进行合作，一方面为了产品的优化，另一方面培养潜在的员工和消费者。

2. 公益营销活动具有清晰的消费者导向和品牌定位

从市场营销角度来看，华为荣耀的公益营销活动具有清晰的消费者导向和品牌定位，具体体现在关注消费者群体特点、聚焦消费者需求、争取消费者参与。2015 年，华为荣耀总裁赵明在《极客说》里坦陈，荣耀对消费者进行了系统的调查和研究。手机用户的年龄段基本上分布在 18 ~ 45 岁，这类用户的手机在网时间一般达到每天十七八个小时，属于重度互联网用户。用户倾向于用互联网购物、娱乐、听音乐、看视频、分享自己的生活。这个发现对于荣耀手机的开发、设计、推广起到非常大的指导作用。赵明总裁在多次接受媒体报道、参加活动时反复提及消费者对于华为荣耀品牌与产品的重要性，即“以消费者的名义做手机”“用创新满足消费者需求”。

具体而言，华为荣耀的消费者定位专注于年轻人的生活，强调倾听核心用户的声音。通过音乐、游戏、运动等方式，以荣耀制噪者、荣耀极光派对、荣耀 live 剧场等公益营销活动作为企业市场活动的一部分，全方位沟通与链接全球年轻人的生活方式。这也助力荣耀转型为年轻科技潮品，成为全球现象级的科技品牌。赵明总裁在 2017 全球互联网大会的主题发言充分显示了华为荣耀满足“年轻人”的品牌定位。

消费者的需求一直没有变化——品质、创新和体验……荣耀作为年轻人的品牌，体验是全方位的，不仅仅是跑分快、打游戏爽，还要跟用户身份匹配，满足情感上的需求，所以荣耀慢慢打造成属于年轻人的科技潮品。

3. 公益营销活动主题与目标用户和品牌定位高度匹配

从公益活动策划角度来看，华为荣耀的公益营销活动主题选择恰当，与企业产品的目标市场深度匹配。具体而言，华为荣耀的公益营销活动关注音乐、影像、体育、科技、教育、生活六大领域，这些领域高度匹配华为荣耀核心产品的客户人群的生活方式和市场兴趣。在访谈中，华为市场部门的负责人表示，华为荣耀公益营销活动领域和主题选择主要取决于对于潜在受众/用户的分析以及品牌定位。

因为荣耀产品的主要用户是“80 后”“90 后”，甚至“00 后”的新生代，他们是富有朝气和梦想的年轻人，而科技、音乐、电影、运动、支教活动这些正是时下年轻人最关注也最愿意参与的，这些词汇有着一定的寓意：科技体现智慧和极致、音乐和电影体现文艺才华、运动的健康时尚、支教的公益性质。一方面，这些领域和主题的设置，能够吸引更多的年轻人参与进来，保证活动的参与度和对产品的认可，增强对品牌的正向认知。另一方面，华为荣耀也希望打造一个年轻人一起释放自我情感、实现自我价值的大派对，让有着共同兴趣爱好的年轻人有展示的平台，有交友的平台，让他们有机会看到更宽广的外面的世界，完善自我，创造更大的社会价值。

4. 公益营销活动强调跨界合作、实现优势互补

从公益活动组织和执行角度来看，华为荣耀的公益营销活动形式多样，并且强调跨界合作，力图实现优势互补，从而实现社会公益目标和企业商业目标的“双赢”。华为荣耀的公益活动形式多样，以天、月、年为计数的活动均有，短期活动多是事件节点性活动，长期活动多是赛事、演出、公益项目类。

尤为重要的是，华为荣耀几乎所有的公益营销活动都是通过跨界合作的方式来开展的，合作方式形式多样，合作伙伴种类众多。首先，华为荣耀公益营销活动跨界合作的形式多样，包括联合举办、赞助、冠名、捐赠、代言等各种形式。其次，华为荣耀公益营销活动的合作伙伴种类众多，既包含政府、知名企业、高校、媒体、公益组织等组织团体，又包含音乐人、明星、运动员、画家、创业者等各领域的成功人士，充分动员了社会各界的力量，实现了优势资源互补。在访谈中，华为荣耀市场部门负责人解释了企业选择合作伙伴的原则。

选择合作机构时，我们希望能够“双赢”，凭借双方的资源优势一起搭建一个平台，更多地考虑合作机构价值观，考虑合作机构的资源能否与我们融合在一起，发挥更大的价值。单个明星代言或者个人讲述他和我们的品牌故事，这时候需要个人气质符合我们品牌形象和定位，而且也会考虑个人的知名度、热度。像运动员和歌手，他们朝气蓬勃、才华横溢，还具有拼搏精神，和品牌的形象比较吻合，他们也是全民皆知。

5. 公益营销活动注重品牌形象塑造

从企业品牌形象管理角度来看，华为荣耀的公益营销活动注重塑造鲜明、统一的品牌形象，并应用于公益营销活动的整个过程。产品标准色、品牌口号、主题曲、代言人都是企业品牌形象系统的重要组成部分。通过对华为荣耀公益营销活动名称及主题口号的分析发现，为了塑造鲜明的品牌形象和个性标识，增强年轻群体对品牌的认同，华为荣耀通过产品标准色及设计、品牌口号宣导、主题曲推广、代言人选取、荣耀总裁任命等不

同的方式塑造和加强企业品牌形象。

6. 公益营销活动借力于有效的传播推广

从企业宣传推广的角度来看，华为荣耀的公益营销活动借力于有效的传播推广，在宣传推广的渠道、平台、内容、方式等方面均体现出竞争优势。在宣传推广的渠道方面，充分利用传统媒体和网络媒体，借助互联网以及微博等自媒体平台的优势。考虑到受众群体是重度网络使用者，摄影、电影等赛事多采用单一网络媒体宣传预热。在宣传推广的平台方面，除了常规的媒体平台，荣耀官方网站以及衍生的活动网站、华为荣耀花粉社区也是宣传推广的重要阵地，明星的微博推送也是宣传联动的一种方式。在宣传推广的内容方面，以活动相关文本、图片、视频为主。在宣传推广的方式方面，上述23个主题活动中，新华社、澎湃新闻、湖南卫视等媒体既作为合作伙伴参与到活动中，又充当活动的媒体发布平台。当企业与媒体合作时，媒体经常作为独家发布平台，这时的公益营销活动作为媒体组织的活动，对其他媒体有排他性，保证参与媒体的知识产权。当与媒体之外的机构或个人合作时，企业更倾向于采用多种媒体推广形式，与多家媒体合作，尽全力扩大活动影响力。

四、结论与启示

（一）研究结论

本研究选取“华为荣耀”为典型案例，分析在面临复杂外部环境实施企业社会责任战略时，我国大型民营企业在公益营销实践过程中采取的具体策略。研究发现，华为荣耀公益营销活动的实施策略具有以下典型特征：其一，属于长期理性战略规划；其二，具有清晰的消费者导向和品牌定位；其三，活动主题与目标用户和品牌定位高度匹配；其四，强调跨界合作、实现优势互补；其五，注重品牌形象塑造；其六，借力于有效的传播推广。

（二）对我国企业有效开展公益营销的启示

华为荣耀公益营销活动的实施策略，对我国其他企业有效地策划实施公益营销项目、实现社会公益与商业利益的“双赢”，在以下方面具有借鉴意义。

1. 企业战略规划

公益营销应作为长期战略，理性谋划。企业一旦决定策划组织公益营销活动，不能随心所欲，要有3～5年长期规划与管理，理性地将公益营销活动纳入企业长期战略。从策划、执行到绩效评估，应建立完善的公益营销与管理体系，让活动的各个阶段规范化，各个环节有章可循。华为荣耀把公益营销活动纳入企业经营管理的战略范畴，专职人员负责项目和活动的管理、策划、执行。3年23场公益活动是有规划、有组织的活动，聚焦年轻人关注的领域，系列活动的铺垫让企业公益活动取得了较高的知晓度和满意度。

2. 充分考虑消费者需求

华为荣耀在选取活动主题时充分考虑了消费者的喜好。如鼓励年轻人追求梦想、实现自我价值，组织极限运动、音乐、电影等主题的活动，并在组织过程中不停传输企业的宣传口号——勇敢做自己，承接传播效果，加强企业的公益理念的宣导，营造理想的企业形象与品牌形象，让活动主题、企业口号与企业形象之间形成联想，加深消费者对企业品牌的印象。借鉴华为荣耀的经验，企业在策划组织公益营销活动时要综合考虑消费者的需求，使公益营销活动的主题匹配市场定位以及品牌形象。

3. 与利益相关方的跨界合作

华为荣耀公益营销活动的成功很大程度上取决于企业和政府、高校、媒体、公益组织、明星名人有效跨界合作。其他企业同样可以借鉴华为荣耀的经验，在规划和实施公益营销项目时根据企业公益活动中的不同利益相关方结构，因地制宜地探索多种形式的跨界合作。

第六章　城市消费者的企业社会责任认知与责任消费意愿
——基于北京消费者的问卷调查分析

一、导言

（一）研究背景

2005 年以后，随着企业社会责任纳入立法，我国企业的社会责任意识和居民的生态环保意识显著提高，以及汶川地震之后社会公众的公益和志愿参与逐步扩大，中国消费者的社会责任（绿色）消费在认知、意愿以及行为层面都经历了快速发展。2008 年，中国消费者协会将“消费与责任”作为年度主题，社会责任（绿色）消费的重要性逐步得到社会各界广泛认同。社会责任（绿色）消费意愿成为我国消费者消费行为的重要驱动因素。例如，统计数据显示，绿色食品国内年销售额也呈现爆发式增长，从 2001 年的 500 亿元上升到 2017 年的 4034 亿元，增加了 7 倍多，年平均增长率为 13.07%。除了绿色食品外，消费者对绿色建材、绿色家居、绿色家电等环保产品的消费都呈上升趋势（付文飙、李文华，2019）。

（二）研究问题

近年来，关于社会责任消费、绿色消费在我国的发展已出现了大量实证研究，关注的研究议题包括以下几个方面。其一，关于社会责任（道德）消费相关概念的定义与测量（阎俊、佘秋玲，2009；杨林，2010；肖捷，2012；

张洁等，2013；王财玉、雷雳，2015；周宏春、史作廷，2022；周洁红等，2022；Yan and She，2011）。其二，社会责任（绿色）消费在我国的发展概况，具体包括政策背景（王琰，2018；周宏春、史作廷，2022；刘宗华、毛天平，2022；黄韫慧、杨璐，2023）、发展现状（吴福顺等，2008；郑茜、任志宽，2014；刘宗华、毛天平，2022；于娟、代晓霞，2023）以及发展困境（付文飙、李文华，2019；崔晓冬等，2020；李创、邵莹，2020；李鹏翔，2021；周宏春、史作廷，2022；蔡娜，2023；于娟、代晓霞，2023）。其三，我国消费者的社会责任（绿色）消费意识与购买意愿（胡保玲、代梦阳，2017a；蔡娜，2023）及其影响因素（龙晓枫等，2016；徐虹、游喜喜，2017；王绮、李媛媛，2019；章大林、周鹏飞，2022；孙瑾等，2023；王琦，2023；贺露影等，2023）。其四，我国社会责任消费行为的影响因素（杨晓茹等，2015；胡保玲、代梦阳，2017b；代文彬等，2019；刘开邦，2020；熊云、林太鹤，2020；易开刚、黄慧丹，2020；赵莉等，2021；丁志华等，2021；魏华飞、程倩倩，2023）以及我国绿色消费行为的影响因素（王琰，2018；李创、邵莹，2020；贺爱忠等，2011；安家骥等，2021；王建华、钭露露，2021；刘宗华、毛天平，2022；熊萍等，2022；贺露影等，2023；乔时等，2023；王佰荣等，2023；王小月、杨楠楠，2023；魏华飞、李治，2023；乌拉尔·沙尔赛开、曾倩倩，2023）。

既往围绕社会责任消费以及绿色消费在我国的发展现实开展了大量的实证研究，为我们了解我国消费者社会责任消费以及绿色消费认知、购买意愿、购买行为及其影响因素提供了坚实的研究基础。然而，现有研究未能聚焦超大城市特殊的市场与社会环境，以及超大城市消费者特定的消费心理行为，深入探究超大城市消费者的企业社会责任认知与社会责任消费理念可能存在的特殊性。本研究旨在弥补现有文献存在的上述研究缺陷，通过问卷调查的方式收集一手数据，围绕北京消费者的企业社会责任认知与责任消费意愿展开深入分析。

（三）研究方法

笔者通过在线问卷调查的方式向在北京工作的消费者发放问卷，最终回收218份有效样本。样本在性别、年龄、受教育程度、职业、收入水平等方面具有显著的差异，具体特征如表6－1所示。

表6－1　样本特征（N＝218）

变量		频数	百分比（%）
性别	男	101	46.33
	女	117	53.67
年龄	18～25岁	6	2.75
	26～35岁	138	63.30
	36～45岁	60	27.52
	46～55岁	7	3.22
	56～65岁	4	1.83
	66岁及以上	3	1.38
受教育程度	小学及以下	1	0.42
	初中	4	1.83
	高中、中专、大专	21	9.68
	本科	122	55.96
	研究生及以上	70	32.11
职业	学生	4	1.84
	农民	2	0.92
	党政机关/事业单位	45	20.64
	企业职员	132	60.55
	个体户/自由职业者	13	5.96
	非政府组织	1	0.46
	退休	9	4.13
	其他	12	5.5
	无业/下岗/失业	0	0
月收入水平	无固定收入	11	5.05
	3000元以下	8	3.67
	3000～5000元	34	15.60
	5001～8000元	59	27.06
	8001～10000元	50	22.94
	10000元及以上	56	25.68

二、文献回顾

（一）相关概念辨析

1. 社会责任消费相关概念的定义与测量

（1）定义

社会责任消费的相关术语很多，主要包括以下几种：其一，“社会意识消费”，指消费者越来越考虑个人消费的公共后果，并且试图运用购买权力引导社会变迁。其二，“社会责任消费”，指满足个人需要的同时关切整个社会福利、与环境和资源问题相关的消费行为和购买决策。其三，“社会责任消费行为”，即在私人消费决策中考虑对环境的影响，以及用购买权力来表示对社会问题的关注的消费行为（杨林，2010）。

近年来，我国关于社会责任消费的实证研究中也产生了一些相关定义。例如，阎俊、佘秋玲（2009）将社会责任消费行为定义为：在消费过程每个环节中主动履行保护环境、节约资源的社会责任，有意识地发挥消费权力的作用，以维护社会正义、促进良好社会风尚、支持本国经济发展、追求和谐可持续发展的行为。肖捷（2012）将“社会责任消费行为”定义为：基于降低或去除有害影响的观念，在进行私人物品购买时会考虑到购买行为所造成的社会结果，试图用自己的购买行为和生活习惯带来社会福利的改变，并更愿意惠顾那些负社会责任的企业之产品的消费行为。

（2）测量

同时，有学者通过量表开发对我国的社会责任消费行为进行了操作化定义。例如，阎俊、佘秋玲（2009）结合深入访谈数据集初步形成我国“社会责任消费行为”的构成维度并通过大规模问卷调查建立中国消费者“社会责任消费行为”量表，认为社会责任消费行为由以下九个维度构成：保护环境、节约能源、保护动物、监督企业和维权、支持企业的负责任行为、抵制企业的反责任行为、支持中小企业、适度消费以及支持国货。

Yan 和 She（2011）从我国文化背景出发开发出了具有中国特色的社会

责任消费量表，共包括34个项目涵盖九个概念维度（保护环境、节约能源、保护动物、监督企业和维权、支持企业的负责任行为、抵制企业的反责任行为、支持中小企业、适度消费、支持国货）。这九个维度又分别从属于三个层面：一是“社会进步取向购买”，如监督企业行为、拒绝购买不负责任企业产品等；二是“人与自然环境取向购买”，中国道家文化主张“天人合一”道德观念，从而使消费者更倾向于与自然和谐相处、相融共生，如适度消费、绿色消费以及保护动物等；三是“民族利益取向购买”，在现代历史上中华民族深深印刻着被列强侵略的烙印，中国百年耻辱所积淀的“民族自尊”会让消费者拒绝购买“伤害民族情感”企业的产品（王财玉、雷雳，2015）。

肖捷（2012）采用Webb2010年开发的社会责任消费行为量表，测量与评价我国消费者“社会责任行为”的因子结构，并检验其信效度。结果表明，我国消费者的负责任行为可分为六个维度，即支持企业善因营销、支持履行高级社会责任的企业行为、惩罚不负基本责任的企业行为、购买习惯环保、回收再利用和生活习惯低碳。

2. 绿色消费

绿色消费概念最早由英国学者 Elkington 和 Hailes 于 1987 年在《绿色消费者指南》（*Green Consumer Guide*）一书中提出。《绿色消费者指南》中对“绿色消费”的定义是，“不使用危害消费者和他人健康的商品；不使用在生产、使用和丢弃时造成大量资源消耗的商品；不使用过度、超过商品本身价值的包装或过短的使用寿命而造成不必要消费的商品；不使用来自稀有动物或自然资源的商品；不使用含有对动物残忍或不必要剥夺而生产的商品；不使用对其他国家尤其是发展中国家带来不利影响的商品”（周宏春、史作廷，2022）。

随着研究的深入，绿色消费内涵逐渐拓展到绿色产品和服务的购买、使用和处置行为，以及绿色生活方式等（周洁红等，2022）。例如，张洁等（2013）认为，绿色消费是一种综合考虑环境影响、资源效率、消费者权利的现代消费模式，其目标是使产品在消费与回收处理过程中对环境与消费者的负面影响最小，实现资源利用与生存环境相协调，实现人类的可持续发展。绿色消费的本质特征直接体现在5R上，即节约资源，减少污染（reduce）；绿色生活，环保选购（reevaluate）；重复使用，多次利用（reuse）；分类回收，循环再生（recycle）；保护自然，万物共存（rescue）。

（二）社会责任（绿色）消费在我国的发展概况

1. 政策背景

过去10多年，关于推动我国社会责任（绿色）消费的发展，相关政府部门相继出台了若干专项政策，其中最活跃的政策领域是绿色消费。据统计，截至2020年初，相关政府部门在绿色消费领域累计发布101项有关政策。其中，中共中央和国务院文件26项，主要是推进绿色消费的通知、意见和方案；中央各部委发布相关文件75项，主要是落实国家决策的具体措施和推进行动。总体上看，中国促进绿色消费的制度框架基本成形（周宏春、史作廷，2022）。

2007年，党的十七大报告首次提出，要“建设生态文明，基本形成节约能源资源和保护生态环境的产业结构、增长方式、消费模式”。2016年，国家发展改革委、财政部、环境保护部等十部门联合出台了《关于促进绿色消费的指导意见》，进一步明确了绿色消费的重要意义，提出实施绿色消费的总体要求，部署了推动绿色消费的具体措施和相关配套服务（王琰，2018）。2015年颁布的《中共中央 国务院关于加快推进生态文明建设的意见》强调指出，“广泛开展绿色生活行动，推动全民在衣、食、住、行、游等方面加快向勤俭节约、绿色低碳、文明健康的方式转变”（刘宗华、毛天平，2022）。

2020年，习近平主席在第七十五届联合国大会一般性辩论上宣布，我国“二氧化碳排放力争于2030年前达到峰值，努力争取2060年前实现碳中和”。“双碳”目标对我国经济发展方式提出了新要求，实现“双碳”目标需要从生产方式和生活方式两个维度实施双向变革，即从供给侧进行能源结构调整、经济转型升级，从需求侧促进内需向绿色化、低碳化转型

（黄韫慧、杨璐，2023）。

2022 年，国家发展改革委、工业和信息化部、住房和城乡建设部、商务部、市场监管总局、国管局、中直管理局联合印发了《促进绿色消费实施方案》。该实施方案强调，要大力发展绿色消费，增强全民节约意识，扩大绿色低碳产品供给和消费，完善有利于促进绿色消费的制度政策体系和体制机制，加快形成简约适度、绿色低碳、文明健康的生活方式和消费模式。该实施方案按照目标导向和问题导向的要求，对促进绿色消费的制度政策体系进行了系统设计，提出四个方面的重点任务和政策措施，包括全面促进重点领域消费绿色转型、强化绿色消费科技和服务支撑、建立健全绿色消费制度保障体系、完善绿色消费激励约束政策等。

2. 发展现状

首先，我国消费者对社会责任（绿色）消费的认知水平在逐步提高。吴福顺等（2008）基于 2007 中国责任消费调查数据发现，80% 被调查者表示对责任消费的概念一无所知，而仅有 2% 的人表示很清楚。到 2011 年，对责任消费概念不太清楚或没听说过的受访者比例已降至 68%（郑茜、任志宽，2014）。同时，在绿色消费发展较晚的我国农村地区，居民的绿色消费意识近年来也有了明显提升。刘宗华、毛天平（2022）对农村居民的绿色消费研究发现，超过八成的农村居民知道“绿色消费”的概念。

其次，随着相关政策的推动落实，责任消费、绿色消费潜力持续释放，越来越多的消费者会主动选购绿色产品，如绿色家电家具、新能源汽车等成为当前绿色消费的重要增长点。国家统计局数据显示，2023 年上半年限额以上单位低能耗家用电器和音像器材类零售额同比增速超过 20%；中国汽车协会数据显示，新能源汽车销量为 374.7 万辆，同比增长 44.1%，市场占有率达到 28.3% 以上。此外，绿色消费不断向服务场景延伸，以旧换新、光盘行动、无需餐具、共享出行等绿色消费行为普及度日益加速，例如，商务部数据显示，2023 年 1—5 月，家电以旧换新销售额同比增长 83.7%，以旧换新成为家电绿色消费的主流选择；据饿了么平台统计，截至2023年5月，平台“无需餐具”的订单已超过14亿单（于娟、代晓霞，2023）。

最后，绿色产品和服务供给不断丰富。近年来，我国工业领域绿色设计与制造稳步推进，企业绿色创新设计投入不断加强，绿色产品和服务品类更加多元化，市场有效供给不断强化，绿色消费市场发展迅速。从绿色产品来看，有机产品、绿色食品、绿色智能家电、绿色建材、新能源汽车等产品市场供给和规模稳健增长。截至2022年底，全国绿色食品、有机农产品有效用标单位总数27246家，产品总数60254个，同比分别增长10%、8.3%；家电类绿色设计产品累计发布600余项；截至2023年6月底，全国共颁发有效绿色建材产品认证证书5059张，较2022年底增长47%，获证企业2703家，较2022年底增长45%。从绿色服务来看，二手商品、以旧换新、共享服务等循环经济、共享经济服务型市场也渐成规模，电数宝电商大数据库显示，2022年，我国二手电商交易规模达4802亿元，同比增长20%，二手电商渗透率为33.3%；共享经济市场交易规模约38320亿元，同比增长约3.9%（于娟、代晓霞，2023）。

3. 发展困境

社会责任（绿色）消费在我国的发展现实中存在一个明显的发展困境，即社会责任消费意识与消费行为不匹配。付文飙、李文华（2019）研究发现，责任消费要求付出时间金钱成本以及企业社会责任信息不对称的问题导致我国消费者的责任消费行为落后于不断提高的责任消费意识。

同样，在绿色消费领域也存在消费意向与行为的差距，消费者环境态度和绿色消费意向积极转变的同时，绿色产品的市场份额并没有出现明显增长（李创、邵莹，2020）。《公民生态环境行为调查报告（2020年）》数据显示，93.3%的受访公众认可绿色消费的重要性，但只有57.6%的受访公众能践行绿色消费，公众绿色消费意识和行为存在较大差距（于娟、代晓霞，2023）。李鹏翔（2021）基于文献分析，认为绿色消费中态度—行为差距主要是以下影响因素作用的结果：自我控制力，购买行为惯性与社会参照群体规范，产品绿色属性与非绿色属性的权衡，绿色产品的高价格和低可获得性，缺乏信息、透明度和信任。

此外，有学者指出，我国绿色消费在法律政策和市场环境层面均面临发展困境。在市场层面，主要的问题表现在绿色消费品供需不均衡、绿色消费品存在流通障碍、绿色消费品市场机制不健全等方面（蔡娜，2023）。在法律政策层面，主要的问题反映在法律政策的制定和实施环节。在法律政策的制定环节，一方面，我国的绿色消费是以政策引导、自上而下推动的，尚未出台过一部专门的绿色消费法律；另一方面，政策措施不健全，例如，财税政策不能完全落地、招投标机制不健全、市场监管不到位、宣传推广力度不够，尚不能有效激励和引导市场主体和消费者（周宏春、史作廷，2022）。同时，一些具体政策还仅限于政府部门颁发的管理办法、通知、指导意见等规范性文件，门类不全，政策层次及效力较低，尚未形成法律法规、政策、标准、技术规范以及监督和责任追究制度等构成的完善政策体系（崔晓冬等，2020）。在法律政策实施环节，关于绿色消费法规政策存在可操作性、相互间配套性不够完善并缺乏有效监管的问题（于娟、代晓霞，2023）。此外，绿色消费相关政府职能分散，生态环境部门在推动绿色消费转型中的作用有待提升，政策及管理碎片化问题较为突出（崔晓冬等，2020）。

（三）我国社会责任（绿色）消费意识与购买意愿及其影响因素

1. 社会责任（绿色）消费意识与购买意愿

胡保玲、代梦阳（2017a）对山东省15个县（市、区）的523位城镇居民进行了问卷调查，研究发现，首先，山东省城镇居民社会责任消费意识开始觉醒，主要表现为他们已不再把消费仅仅视为个人层面的事情，认为自身消费行为会对环境、社会产生影响。其次，存在社会责任购买“意向—行为”差距难题，即在购物过程中已表现出明显的社会责任诉求，但他们的实际购买行为却没有发生明显变化，许多人对绿色或低碳产品购买行为持较为谨慎的态度。

同时，我国公众的绿色消费理念已深入人心。2020年7月生态环境部发布的《公民生态环境行为调查报告（2020年）》有关数据显示，受访者中采用绿色消费人数较2019年增加了一倍，其中93.3%的受访者认为践行绿色消费对保护生态环境很重要（蔡娜，2023）。

2. 影响因素

（1）社会责任购买意愿的影响因素

龙晓枫等（2016）通过分析702份问卷调查数据发现，中国情境下消费者社会责任购买意向存在两条形成路径：一是“内化”模式，即“规范感知—规范认同—规范行为意向—消费者社会责任购买意向”关系模式；二是“压力”模式，即“规范感知—规范行为意向—消费者社会责任购买意向”关系模式。徐虹、游喜喜（2018）利用北京、苏州、深圳、杭州、上海、天津、西安等地的516份问卷调查数据，分析人口特征变量对旅游者在保护环境、促进当地人增收、适度消费、节约资源与维护市场秩序五个维度上的社会责任消费意向的影响。研究发现年龄、收入水平、学历、职业等人口特征变量是影响旅游者社会责任消费意向的重要因素，即不同人口特征的群体在旅游者社会责任消费意向的相关方面存在差异。

（2）绿色购买意愿的影响因素

王绮、李媛媛（2019）通过分析501份年轻公众问卷调查数据发现，其一，环境威胁感知越强、自我效能越高的消费者对绿色产品的购买倾向越强；其二，态度、主观规范和感知消费者效力在环境威胁感知与购买倾向关系中起着中介作用，并且它们对购买倾向也有直接积极影响。章大林、周鹏飞（2022）通过分析210份居民调查数据，发现“双碳”政策感知、绿色信任分别对绿色消费意愿有显著的正向影响。孙瑾等（2023）的实证研究发现，绿色消费利益诉求与广告信息类型对绿色购买意愿产生交互效应。具体而言，当广告要表达绿色消费带来的个人利益时，使用能力信息能够引发更积极的绿色购买意愿，当广告要表达绿色消费的社会利益时，使用热情信息能够引发更积极的绿色购买意愿。王琦（2023）通过分析182份公众调查问卷，发现绿色消费的认知体验、情感体验、传播体验、关联体验都对绿色消费意愿具有显著的正向影响。其中，认知体验和关联体验的影响程度最大。贺露影等（2023）通过分析306份问卷数据，发现情景因素、主观规范、感知有用、参照群体正向影响消费者绿色消费态度。

（四）我国社会责任（绿色）消费行为的影响因素

1. 社会责任消费行为的影响因素

现有研究关注的责任（道德）消费行为影响因素可以分为两类：个体内在因素和宏观外在因素。

第一类文献，探究个体层面的内在因素对于责任（道德）消费行为的影响。例如，杨晓茹等（2015）通过分析武汉市302份问卷调查数据发现，消费者的集体主义价值观通过正向影响责任消费的个人积极态度和社会积极态度，进而正向影响消费者生态消费行为和善因消费行为。胡保玲、代梦阳（2017b）对山东省15个县（市、区）的523位城镇居民进行了问卷调查，数据分析结果显示，感知个人努力程度对支持责任企业消费行为、环境保护消费行为与适度消费行为产生直接影响，感知消费者有效性对环境保护消费行为与适度消费行为产生直接影响。代文彬等（2019）通过分析我国423位城市食品消费者的问卷调查数据发现，食品消费者社会责任消费受其专家权力和制裁权力的正向影响。然而当前中国城市食品消费者专家权力和制裁权力偏低，消费者对食品企业的认同度普遍不高，利他价值观呈明显劣势，这些因素阻碍了城市食品消费者的社会责任消费。刘开邦（2020）基于344份消费者样本数据，分析消费者购买新能源汽车的影响因素。研究发现，消费者的态度、主观规范、感知行为控制、责任感知和环境感知对其进行责任消费均起到正面促进作用。熊云、林太鹤（2020）通过分析732份网络调研问卷数据发现，其一，自由价值观、自我导向价值观与适度消费型消费行为、维权监督型消费行为之间为显著的正相关关系；其二，自我导向价值观与节约能源型消费行为之间为显著的正相关关系，自由价值观与节约能源型消费行为之间为显著的负相关关系；其三，感知消费效力与适度消费型消费行为之间为显著的正相关关系，与维权监督型消费行为之间为显著的正相关关系，对消费者的节约能源型消费行为没有显著的影响。

第二类文献，探究宏观层面的外在因素对于责任（道德）消费行为的影响。例如，易开刚、黄慧丹（2020）通过分析352份问卷数据发现，行为态度、社会规范、感知行为控制及平台企业社会责任认同对社会责任消费行为意向有不同程度的正向影响，其中社会规范是最大的影响变量。赵莉等（2021）通过分析483份问卷调查数据发现，首先，传统媒体对消费者绿色消费行为的影响不显著，新媒体正面影响了消费者的绿色消费行为；其次，自我效能和个人结果期望在传统媒体与绿色消费行为关系中起到了完全中介的作用，在新媒体与绿色消费行为的关系中起到了部分中介作用。丁志华等（2021）通过分析321份样本数据发现，其一，绿色消费意愿不仅受居住社区绿化环境的影响，同时受周围社会压力感知的影响；其二，主观规范在社区环境与绿色消费意愿的关系中起部分中介作用；其三，环境价值观的不同维度起到不同的调节作用，利己价值观在社区环境与主观规范之间起负向调节作用，利他价值观和生态价值观在社区环境与主观规范的关系中起正向调节作用。魏华飞、程倩倩（2023）基于对350份有效样本数据的分析发现，其一，媒体环保倡导正向影响居民绿色消费行为；其二，环保责任感知在媒体环保倡导与居民绿色消费行为之间起到部分中介作用；其三，道德反思在环保责任感知对居民绿色消费行为的影响中起调节作用。

2. 绿色消费行为的影响因素

同样，现有研究关注的绿色消费行为影响因素也可以分为两类：内在个体因素和宏观外部因素。

第一类文献，探究个体层面的内在因素对于绿色消费行为的影响。例如，李创、邵莹（2020）对河南省592份问卷数据进行分析，发现信任、信息对绿色消费意向与绿色购买行为和绿色使用行为间的关系有显著正向调节作用。贺爱忠等（2011）基于对上海、深圳、长沙、成都四城市的327份问卷调查数据分析，发现城市居民低碳利益关注和低碳责任意识显著正向影响低碳态度和低碳消费行为。安家骥等（2021）基于对623份问卷调研数据的分析发现，其一，环保领域的“知”与“行”尚未合一，即高收入大龄女性群体具备高水平环保感知度，高收入年轻男性群体具备高水平环保实践度；其二，环保感知和互联网支付的使用均对环保实践起到积极作用，而互联网支付的应用可以更好地推动具有较高环保感知的人群积极投身于环保实践，中介作用显著。王建华、钭露露（2021）基于对苏、皖两省的839份问卷数据分析，发现环境素养的四个维度，即环境价值观、环境责任感、环境问题感知和环境行为技能，均通过绿色消费意向对绿色消费行为产生间接影响。其中，环境价值观通过绿色消费执行意向对绿色消费行为产生显著的正向影响；环境责任感、环境行为技能通过绿色消费目标意向和绿色消费执行意向两个中介变量对绿色消费行为产生正向影响，并且绿色消费目标意向显著影响绿色消费执行意向；环境问题感知对绿色消费行为的影响则遵循“环境问题感知—绿色消费目标意向—绿色消费执行意向—绿色消费行为”的路径，且对绿色消费行为存在显著的负向影响。刘宗华、毛天平（2022）通过分析1011份农村居民问卷调查数据发现，其一，高学历的农村居民的绿色消费行为水平显著高于低学历的农村居民。其二，职业是影响农村居民绿色消费行为的重要因素。无业农村居民、务农农村居民的绿色消费行为水平较低，有正式或体面职业的农村居民的绿色消费行为水平较高。其三，家庭月平均收入高的农村居民的绿色消费水平高于家庭月平均收入低的农村居民。其四，环境价值观对农村居民的绿色消费行为有正向预测作用。贺露影等（2023）通过分析306份问卷数据，发现价格权衡、消费态度正向影响消费者绿色消费行为。王佰荣等（2023）通过对361份居民问卷数据的分析，发现环境关注和环境心理控制源对低成本减塑行为（手拿物品无袋购物、节约使用手撕袋）具有显著作用。王小月、杨楠楠（2023）基于北京、上海、深圳、成都和西安的381份消费者线上问卷调查数据分析，得出以下结论：其一，行动技能知识和行为效力知识对服装绿色消费行为有正向影响；其二，各类环境知识均对服装绿色消费态度有正向影响；其三，服装绿色消费态度显著影响服装绿色消费行为，且在各类环境知识与服装绿色消费行为的关系中发挥中介效应。乌拉尔·沙尔赛开、曾倩倩（2023）结合 CGSS 数据库中我国 31 个省份的调研数据，应用多层线性回归分析方法，考察了消费者环境认知对绿色消费行为的影响作用。研究发现，环境认知对绿色消费行为具有积极影响；同时，绿色消费态度、主观规范、感知行为控制和绿色消费意愿在环境认知和绿色消费行为间起链式中介作用。

第二类文献，聚焦宏观层面的外在因素对于绿色消费行为的影响。例如，王琰（2018）通过分析 2010 年中国综合社会调查数据中的 2756 份样本数据发现，宏观环境治理在一定程度上抑制了个体绿色消费的参与水平，同时民众对地方政府和中央政府环境治理效果的主观评估对绿色消费行为没有影响。熊萍等（2022）通过分析 580 份问卷数据，发现公众参与绿色消费行为受到外部环境因素的影响，即绿色产品价格和品牌对公众参与绿色消费存在显著正向影响，而政策优惠的影响不显著。魏华飞、李治（2023）基于对 221 份样本数据实证分析，得出以下结论：其一，描述性规范和指令性规范两个维度的社会规范均对绿色消费行为具有显著正向影响；其二，环保利益冲突感知和绿色责任认知作为中介变量，在社会规范和绿色消费行为关系中发挥中介效应；其三，信息丰富度不仅正向调节社会规范与环保利益冲突感知之间的关系，而且同时正向调节社会规范和绿色责任感知之间的关系。乔时等（2023）的研究聚焦环境威胁和绿色消费行为的关系，检验了不同类型环境威胁影响绿色消费行为的心理机制。研究发现，两种类型的环境威胁会通过差异化的认知过程和情绪反应正向影响绿色产品购买行为。具体而言，当消费者面对自然因素引发的环境威胁时，消费者“外察”的思维模式会起到主导作用，这会唤起积极的道德情绪（敬畏感）并产生心理上的“顺应机制”，驱动人们尊重自然规律和保护自然环境；当面对人为因素引发的环境威胁时，消费者的“内省”思维模式会起到主导作用，这会唤起消极的道德情绪（内疚感）并产生心理上的“补偿机制”，驱使人们修复或弥补所造成的环境损害。

三、研究发现

（一）北京消费者的企业社会责任认知

本研究发现，企业社会责任概念在北京消费者群体中的知晓率相对较高，超过87%问卷填答者反馈，“了解或听说过企业社会责任概念”。同时，不同年龄、职业和文化水平的人群对于企业社会责任概念的认知程度存在差异。从年龄分布来看，年龄越大的消费者对此概念的了解越少，46岁以上人群不了解定义的比例占调查总数的50%；从职业方面来看，农民、个体户、退休及其他行业的从事人员不了解的比例相对较高（接近50%）；文化程度相对较低（高中及以下文化）的被调查消费者未知率达到30%以上，而具有研究生以上学历的被调查消费者对于此定义的了解比例高达98.5%。简而言之，在具有正常稳定职业、文化程度较高的中青年群体中，企业社会责任知晓度更高。

公众对于企业社会责任认知水平很大程度上取决于有效的企业社会责任信息传播。本研究发现，北京消费者通过多种信息渠道获取企业社会责任相关信息。如图6-1所示，互联网、手机、新媒体是多数北京消费者获取企业社会责任信息的主要渠道，其他依次是电视、广播，报纸、杂志、图书等传统媒体。

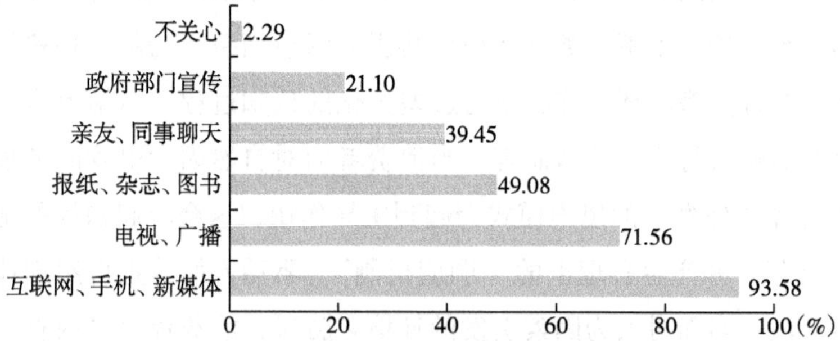

图6-1　企业社会责任信息渠道

企业承担社会责任的方式和领域多种多样。北京消费者的企业社会责任认知中更为关注哪些领域的社会责任是我们研究的重点之一。问卷调查结果显示，北京消费者认为更为重要的企业社会责任议题主要包括员工福利与保障、环保、扶贫、救灾等方面。如图 6－2 所示，北京消费者认为以下领域的企业社会责任表现会有助于消费者建立对企业形象的良好认知："在员工福利、人性化管理方面的突出表现"（约占 77%）；"积极探索和实践环保绿色的生产方式"（约占 77%）；"贫困地区的扶贫与教育"（约占 73%）；"重大灾害、社会事件后的大额捐赠"（约占 71%）。

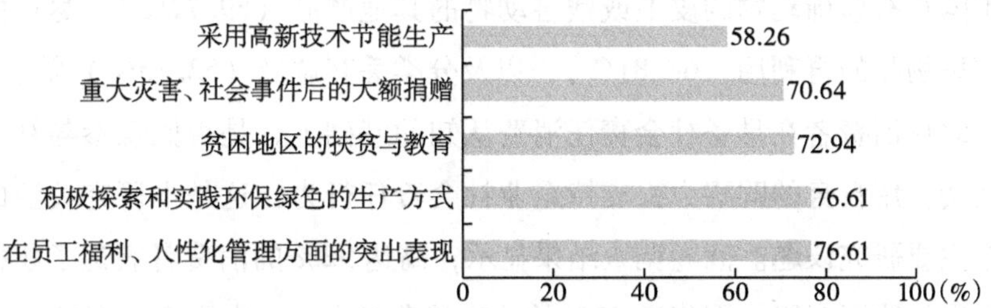

图 6－2　消费者认可的企业社会责任行为

同时，问卷调查结果显示，北京消费者反对的不良企业社会责任行为主要表现为产品安全、劳动权益、违法犯罪等方面的问题。如图 6－3 所示，北京消费者认为以下领域的企业社会责任问题会有损消费者对企业形象的认知：超过 86% 的消费者反对企业"产品质量或安全问题"；超过 72% 的消费者反对企业在"侵犯劳动者权益"方面的问题；超过 71% 的消费者反对企业的"违法犯罪"行为。

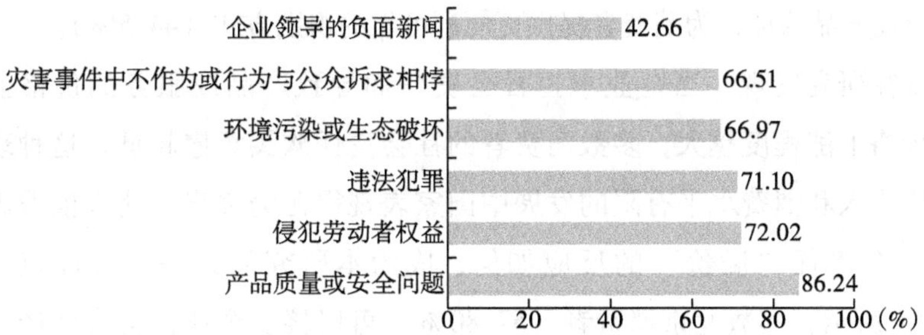

图 6－3　消费者反对的企业社会责任行为

（二）北京消费者的社会责任购买意愿

北京消费者理解的社会责任消费主要表现在哪些方面？这是本研究分

析北京消费者购买意愿的起点。问卷调查结果显示，北京消费者对于社会责任消费的理解主要反映在节能、环保、动物保护、垃圾分类与循环利用等方面。具体而言，85.32%的北京消费者认为社会责任消费的具体表现是“选择节能型产品”，82.11%的消费者认为是“尽量避免购买对生态环境有害的产品或服务”。此外，对于北京消费者而言，占比较高的社会责任消费表现分别是节约用水用电（76.61%）、重复使用购物袋（75.23%）、从不购买有珍稀动物的皮毛或残害动物的其他产品（69.72%）、尽可能实现家里物品的再利用（68.81%），以及分类丢弃垃圾（52.75%）等。

北京消费者在具备社会责任消费认知的基础上，是否愿意参与社会责任消费，用自身的购买力去支持企业社会责任行为？这是本研究关注的另一个主要研究议题。问卷调查结果显示，高达92%的消费者表达了积极的社会责任购买意愿，即将近43%的北京消费者表示非常愿意，超过49%的消费者表示愿意，仅有2%的消费者表示无所谓。

哪些具体企业社会责任管理措施能有效激发消费者的社会责任购买意愿？问卷调查结果显示，对消费者购买意愿产生正向作用的主要企业社会责任管理措施包括：第一，企业采用消费者需求维度优先的企业社会责任行为，如生产和提供更环保、节能、安全、无污染的产品（77.98%）；第二，企业通过有效的宣传渠道将其在社会责任方面的成果有效地传递给消费者，以赢得认可与支持（70.18%）；第三，重视企业社会责任的绩效测量与企业社会责任产品认证，为消费者提供更便利可靠的识别方式（44.5%）。

既往研究发现，当企业承担社会责任而导致产品或服务的价格上涨时，价格上涨程度越大，多数消费者的社会责任购买意愿越低，这种现象在人均收入和消费水平有限的发展中国家表现得尤为突出。北京消费者对企业社会责任“溢价”的反应如何，成为本研究的另一个关注点。如图6-4所示，多数北京消费者（57.80%）可以接受企业社会责任产品的价格高于同类产品5%；仅有0.92%的北京消费者可以接受企业社会责任产品的价格高于同类产品15%及以上；2.75%的北京消费者不能接受企业社会责任产品溢价。

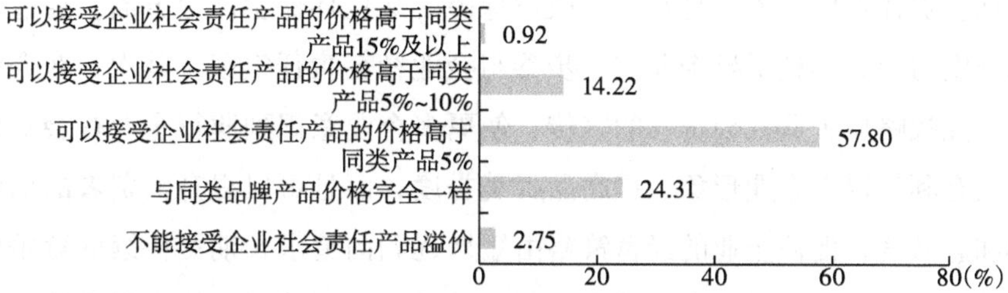

图6-4 消费者接受企业社会责任“溢价”的价格区间

四、结论与建议

（一）研究结论

本研究通过问卷调查的方式收集一手数据，分析北京消费者的企业社会责任认知与责任消费意愿，产生了以下两点研究发现。

在北京消费者的企业社会责任认知方面，绝大多数消费者（87%）表示了解企业社会责任概念，而在具有正常稳定职业、文化程度较高的中青年群体中，企业社会责任知晓度相对更高。同时，北京消费者普遍支持的企业社会责任议题包括员工福利与保障、环保、扶贫、救灾等方面，而普遍反对的不良企业社会责任行为主要集中在产品安全、劳动权益、违法犯罪等议题。

在北京消费者的责任消费意愿方面，北京消费者对于责任消费的关注点主要集中在节能、环保、动物保护、垃圾分类与循环利用等议题。同时，高达92%的消费者表达了积极的责任购买意愿，而以下企业社会责任管理措施对消费者的责任购买意愿会产生积极影响：产品开发与生产、企业社会责任信息披露以及企业社会责任绩效测量与产品认证。另外，北京消费者对企业社会责任“溢价”表现出明显的价格敏感，即多数北京消费者（57.80%）可以接受企业社会责任产品的价格高于同类产品5%。

（二）启示与建议

结合上述研究发现，笔者建议从以下几个方面采取措施，推动我国企业社会责任以及社会责任消费的未来发展：首先，从政府的角度要加强企业社会责任宣传，尤其是在劳工权益保障、绿色环保生产等方面，通过形成制度与社会舆论引导企业进一步参与企业社会责任实践。其次，在企业中加强战略型企业社会责任的宣传，使更多企业意识到履行企业社会责任不仅有利于树立企业形象、提高品牌美誉度，而且可以提升消费者的信赖感和忠诚度，促使企业的经营策略由短期逐利向追求长期可持续的竞争优势转变，从而主动承担企业社会责任。最后，在消费者群体中倡导社会责任消费，继续提高其企业社会责任认识，引导消费者以社会责任消费、绿色消费的方式推动企业更加主动、自愿地投入企业社会责任活动中，以“双赢”的方式共同促进社会的可持续发展。

第七章　我国个体投资者的社会责任投资认知与参与

——基于不同类型股民的比较案例分析

一、导言

（一）研究背景

在企业社会责任得到国际组织、各国政府、社会公众和社会团体高度关注和支持的背景下，社会责任投资（Social Responsible Investment，SRI）作为一种新型的投资方式，逐渐受到越来越多的关注。企业在经济、法律、伦理、环境等维度的表现和水平，成为进行投资选择和决策的重要标的。投资方不仅关注投资对象在财务、业绩方面的表现，还应考量预期稳定利润分配的持续性，遵守法律，尊重社会伦理性标准，促进企业社会责任的担当，实现社会和谐发展和共同进步（中国证券投资基金业协会，2013）。20 世纪 90 年代，社会责任投资开始由道德层面转向投资策略层面，在投资决策中综合考量公司的 ESG 绩效表现，衡量 ESG 投资策略对投资风险和投资收益的影响（中国证券投资基金业协会，2019）。

美国是企业社会责任投资的发源地。1971 年，第一只社会责任投资基金——“美国帕克斯世界平衡基金”诞生，此后，美国相继出现投资者责任研究中心、南岸银行、环境责任经济联盟等与社会责任投资有关的组织。截至 2012 年，大约有 1/10 的美国专业投资资金在其决策中采用了社会责任投资方法（刘忠华，2012）。根据美国“可持续和负责任投资论坛”

（USSIF）的报告，2020年初美国的可持续发展投资达17.1万亿美元，占同期总投资的1/3。其中，有16.6万亿美元的美国本土资产融入了ESG标准，由530家机构投资者、384家基金管理公司和1204家社区投资机构持有（贝多广，2021）。在欧洲，社会责任投资于20世纪80年代从英国兴起，此后在欧洲获得持续稳定的发展。从资产总额上看，欧洲的社会责任投资主要集中于英国、意大利、法国、瑞士四国，占整个欧洲市场的70%以上。欧洲可持续投资论坛（The European Sustainable Inrestment Forum，Eurosif）2016年的报告显示，欧洲社会责任投资规模接近23万亿欧元，其中22.6万亿欧元是ESG投资（中国证券投资基金业协会，2019）。亚洲市场的社会责任投资大部分在日本。1999年，日本第一只社会责任投资理念的环保基金——“日兴生态基金”成立。截至2004年，日本金融市场共有13只社会责任投资基金，投资对象主要集中在与环境保护相关的企业（刘忠华，2012）。目前，社会责任投资在投资市场已经呈现出“主流化”趋势，成为国际大型金融和投资机构的投资潮流。美国摩根士丹利、高盛等著名机构都在其投资组合中增加了社会责任投资的比重。根据全球可持续投资联盟（GSIA）的最新统计，截至2020年初，全球五个主要市场的可持续投资规模达35万亿美元，占五个市场资产管理规模的36%。欧洲和美国仍为可持续投资规模最大的市场，规模分别为10万亿欧元和17万亿美元（中国责任投资论坛，2021）。

截至2009年底，中国A股总市值已达24.27万亿元，超越日本成为继美国之后的全球第二大市值市场（尹海员、李忠民，2011）。近年来，随着证监会系统大力倡导“合规、诚信、专业、稳健”的理念，我国的资产管理行业掀起了社会责任投资、ESG管理、绿色投资管理的热潮。截至2021年末，我国境内共有67家资产管理机构签署了联合国负责任投资原则（PRI），其中包括38家私募机构。在股权投资方面，从投前ESG尽职调查到投后ESG绩效管理，越来越多的股权类机构将ESG因素纳入被投资公司的基本面分析。在证券投资方面，ESG也有着非常广阔的发展空间。ESG投资七大主流策略在国际上已经广泛运用于证券投资领域，我国私募证券基金管理人也逐步将 ESG 因子纳入投资组合分析与决策过程（中国证券投资基金业协会，2022b）。

在此背景下，我国社会责任投资市场的规模近年来呈现稳步增长态势。《中国责任投资年度报告 2021》数据显示，截至 2021 年 10 月，我国可统计绿色信贷余额 14.78 万亿元，泛 ESG 公募证券基金规模 5492.42 亿元，绿色债券发行总量 16500 亿元，可持续发展挂钩债券发行总量 311 亿元，社会债券发行总量 9766.68 亿元，可持续理财产品规模约 1368 亿元，ESG 私募股权基金规模约 2000 亿元，绿色产业基金规模约 1176.61 亿元（中国责任投资论坛，2021）。

社会责任投资在我国快速增长主要体现为投资机构的参与。然而，长期以来我国股市的投资主体是个人投资者，而非投资机构。截至 2017 年底，在沪市开户的投资者共有 1.95 亿，其中个人投资者 1.94 亿，机构投资者 64.3 万，个人投资者占比超过 99%，同时个人投资者贡献了相当于机构投资者 5 倍的交易额，占到了总交易量的 80%。因此，关注个人投资者（俗称股民、散户）对社会责任投资的认知、理念与行为，对于全面分析社会责任投资在我国的发展具有重要意义。

（二）研究问题

社会责任投资在我国的发展现实已经引起了学界的普遍关注，现有文献主要围绕以下研究议题开展了大量理论和实证研究：一是社会责任投资的概念（刘波、郭文娜，2009；黎友焕，2015；中国证券投资基金业协会，2022a）及特征（谢良安，2011；张济建、张为为，2011；黎友焕，2015；孙美等，2017）。二是我国社会责任投资的发展概况，具体包括政策背景（贝多广，2021；中国责任投资论坛，2021）、投资机构的社会责任投资实践（中国责任投资论坛，2021；中国证券投资基金业协会，2022a，2022b）、社会责任投资策略（孙美等，2017；中国证券投资基金业协会，2019，2020；中国责任投资论坛，2021）及发展缺陷（林军、段亚坤，2015；中国证券投资基金业协会，2019；贝多广，2021；中国责任投资论坛，2021）。三是我国社会责任投资的绩效（林超，2008；崔志如，

2011；朱鸿鸣等，2012；郑若娟、胡璐，2014；林龙，2017；史燕平等，2017；中国证券投资基金业协会，2019；张宬等，2021；中国责任投资论坛，2021）及其影响因素（史亚东，2018；冯金余等，2022）。四是我国股民投资研究，具体包括我国股民的投资心理与行为（张益豪，2015；袁文莉、赵雨桐，2016）和我国股民对社会责任投资的认知、动机与策略（中国责任投资论坛，2021）。

然而，现有关于我国社会责任投资研究主要关注的对象是机构投资者，关于个人投资者对社会责任投资的认知、理念与行为鲜有研究。为数不多的几篇文献，大多是在讨论社会责任投资在我国的发展困境时提及个人投资者，认为个体投资者缺乏社会责任投资意识是社会责任投资在我国发展的主要障碍之一（林军、段亚坤，2015；谢红霞，2015）。同时，我国个人投资者的投资行为，在整体上具有短期逐利的偏好，投资的资金周转率长期居高不下。以 2011 年为例，个体投资者的资金周转率为 6.35，是机构投资者资金周转率的 4 倍之多（许黎惠、夏丹，2013）。现有研究认为，个体投资者短期逐利的投资偏好与体现长期投资价值的社会责任投资不相符，是致使我国社会责任投资发展缓慢的主要原因（许黎惠、夏丹，2013；林军、段亚坤，2015；谢红霞，2015）。

中国责任投资论坛 2018 年发布的《中国责任投资十年报告》，围绕我国个体投资者对社会责任投资的态度，开展了首次全国性大规模（有效 N＝1136）问卷调查，提供了有关个体投资者对社会责任投资的认知、动机以及影响态度积极性的社会人口学特征的相关信息。此后，2019—2022 年，中国责任投资论坛连续 4 年发布《社会责任投资年度报告》，持续开展关于我国个体投资者社会责任投资态度的大规模问卷调查，是目前我们了解个体投资者对社会责任投资态度（包括认知、动机、策略倾向等）的最重要的信息来源。

可见，对比主要聚焦机构投资者的社会责任投资海量研究，目前关于我国社会责任投资实践中个体投资者态度、行为的实证研究依然处于乏善可陈的状态。为了弥补社会责任投资研究领域的这一缺陷，本研究将个体投资者作为主要研究对象，选择四位不同类型的个体投资者作为典型案例，深入分析我国个体投资者的社会责任投资认知与参与，并探究个体投资者在投资理念与行为上的差异化特征对其社会责任投资认知与参与的影响。

（三）研究方法

1. 案例选择方法

本文选用质性研究案例分析方法，选择四位不同类型的个体投资者作为典型案例，分析我国个体投资者的社会责任投资理念与行为。

四个案例分别代表了不同类型的个体投资者：一是A股最早发展并活跃至今的老股民；二是新生一代熟读各类投资经典并经历了牛熊转换的中年成熟股民；三是牛市中随大流入行对股市正充满了迷惑和期待，想赚快钱的新股民；四是股市中持有资金较多的股民大户。对于上述四种不同类型的个体投资者的选择，遵循了比较案例研究“理论抽样”的原则，即强调每个案例对于对比分析不同类型个体投资者在社会责任投资理念与行为异同上的理论意义。

2. 数据收集方法

本研究采取半结构式访谈方法收集数据，围绕研究主题设计访谈提纲，对每位受访者进行2次（每次1小时）访谈。访谈提纲主要涉及以下内容：一方面深入了解中国股民看待社会责任视角与内容、社会责任投资理念在其投资行为中所起到的作用等，另一方面了解股民对于中国普及开展社会责任投资的观点和前景展望。

二、文献综述

（一）社会责任投资概念及特征

1. 概念

社会责任投资又称“使命投资”（mission investing）、“道德投资”（ethical investing）、“三重底线投资”（triple bottom line investing）、可持续投资（sustainable investing）或“绿色投资”（green investing）等（刘波、

郭文娜，2009）。

美国社会投资论坛（Social Investment Forum）把社会责任投资定义为："在精确的财务分析背景下，将因投资所造成的社会或环境积极与消极的后果，纳入投资决策的过程当中。"欧洲可持续投资论坛（The European Sustainable Investment Forum，Eurosif）2008年的研究报告指出，社会责任投资是一个持续发展的概念，包括"道德投资、责任投资、可持续性投资等任何其他将ESG与财务目标一起纳入决策过程中的投资"（黎友焕，2015）。

中国证券投资基金业协会（2022a）认为，社会责任投资泛指在追求高收益的同时考虑对社会持续发展影响的一种投资策略，具体是指在传统的财务指标之外，以预期稳定利润分配的持续性、遵守法律、雇佣习惯、尊重人权、消费者问题、社会贡献程度和对环境问题的关注等社会伦理性标准为基础，评价并选择企业所进行的投资。

2. 特征

社会责任投资作为一种全新的企业投资方式，与传统的投资方式相比，有其独特性。首先，在投资目的上，社会责任投资具有二元性特征。传统投资目的单一，仅从经济人角度出发，把获取投资收益最大化作为投资目的；而社会责任投资的目的具有二元性，需要兼顾投资收益和社会及环境绩效（谢良安，2011；黎友焕，2015）。

其次，在投资对象的选择标准上，社会责任投资具有复合化的特征。传统投资高度关注投资对象的财务状况与盈利能力，把财务指标作为是否投资的唯一衡量标准。社会责任投资在筛选投资对象时，会在财务指标的基础上增加社会责任指标，用于考察投资对象在履行社会责任方面的表现，并将复合型的评价指标作为投资决策的基础（谢良安，2011；黎友焕，2015）。

最后，在投资策略上，社会责任投资具有多元化的特征。社会责任投资通过多种投资策略实现，包括筛选策略、股东倡导以及社区投资等（谢良安，2011；张济建、张为为，2011；黎友焕，2015）。其中，筛选策略

(screening) 是指投资者在选择投资组合时，将社会责任作为一个重要的指标，具体又分为负面筛选和正面筛选。负面筛选标准先是集中在酒精、烟草、博彩和军工行业，后来逐渐扩大到色情、人权、侵犯动物福利、环境等方面。现代的社会责任投资则较多地采用正面的、积极的筛选标准来选择投资企业，通常是将社会绩效和环境绩效好的公司纳入投资组合，比如选择注重人权和劳资关系、符合社会责任标准、从事环境保护、开发清洁能源的公司等（谢良安，2011）。股东倡导（shareholder advocacy）是指有社会责任意识的股东通过企业所有者的身份，影响企业的行为，促使企业履行社会责任。社区投资（community investing）是指投资者投资于那些以追逐利润为主要目标的传统金融机构所不愿意投资的社区，特别是中低收入群体、小型企业和社区急需的金融服务（张济建、张为为，2011）。

（二）我国社会责任投资发展概况

1. 政策背景

社会责任投资在全球的发展与国际组织和各国政府的政策推动密切相关。2006 年，联合国出台《社会责任投资原则》（*the Principles for Responsible Investment*，PRI）指导全球社会责任投资。《中国责任投资年度报告 2021》显示，截至 2021 年 11 月 14 日，联合国支持的负责任投资原则（PRI）的签署机构达到 4514 家，中国大陆地区的签署机构有 77 家，包括 57 家资产管理机构和 3 家资产所有者（中国责任投资论坛，2021）。英国政府较早采取政策干预推行社会责任投资。2014 年，英国政府推出了“社会投资减税计划”，针对具有社会目的的组织的投资价值，减税 20%，同时还制定了关于养老的社会投资政策。其他将社会责任投资提升到国家政策层面的还有加拿大、荷兰、日本、泰国、南非等（贝多广，2021）。

在我国，有关政府部门和行业监管机构近年来出台了一系列相关政策，鼓励金融投资机构践行社会责任、开展 ESG（环境、社会、治理）管理及绿色投资管理。“十三五”规划纲要明确提出“建立绿色金融体系，发展绿色信贷、绿色债券，设立绿色发展基金”。2016 年，中国人民银行等七部委联合印发《关于构建绿色金融体系的指导意见》，明确要求证券市场在支持绿色投资方面发挥重要作用。2018 年，上海证券交易所发布了《上海证券交易所上市公司环境、社会和公司治理信息披露指引》，并于 2022 年初修订了股票上市规则，推出多项措施以推进上市公司的 ESG 报告披露。2020 年深圳证券交易所发布了《深圳证券交易所上市公司信息披露工作考核办法（2020 年修订)》，首次将 ESG 作为一个整体写入政策文件，并将 ESG 信息披露作为上市公司考核内容。2022 年，中国人民银行会同市场监管总局、银保监会、证监会发布《金融标准化“十四五”发展规划》，将 ESG 加入未来国家金融标准体系。2022 年，为贯彻落实党中央、国务院关于推动绿色发展的决策部署，促进银行业保险业发展绿色金融，积极服务兼具环境和社会效益的各类经济活动，更好助力污染防治攻坚，有序推进碳达峰、碳中和工作，中国银保监会制定发布了《银行业保险业绿色金融指引》。

2. 投资机构的社会责任投资实践

从欧美社会责任投资的发展来看，社会责任投资市场主要有以下三类投资主体：机构投资者、个体投资者、其他团体组织（主要是 NGO）（王伟，2011）。其中，机构投资者是社会责任投资的主导力量。相对个体投资者而言，机构投资者不仅可以通过股票交易施加间接影响，而且可以通过股权持有产生直接影响。作为典型的机构投资者，社会责任基金主导了社会责任投资市场。在大部分欧洲国家，超过 90% 的社会责任投资是基金公司操作完成的（田虹、王汉瑛，2016）。

（1）公募基金行业

截至 2021 年底，我国境内共有公募基金管理公司 137 家。其中，外商投资基金管理公司 45 家，内资基金管理公司 92 家；取得公募基金管理资格的证券公司或证券公司资产管理子公司 14 家、保险资产管理公司 2 家。以上机构管理的公募基金资产净值合计 25. 56 万亿元（中国证券投资基金业协会，2022a）。

《2022 年度公募基金行业社会责任报告》显示，2021 年，多数公募基金管理公司通过在投资过程中综合考虑社会责任指标、设立社会责任投资基金、建立社会责任投资指数等方式践行社会责任投资。其中，79.17%的公募基金管理公司表示，在进行投资时会考虑投资标的的社会责任履行情况。同时，随着2008年国内首只社会责任基金——兴全社会责任基金成立，截至2021年底，我国资本市场上已有28只社会责任投资主题基金，以及403只符合社会责任投资方向和理念的基金，分别关注低碳环保、能源基础设施建设、新能源、美丽中国、公司治理、可持续发展、养老、科技创新、传统产业改造转型等投资方向（中国证券投资基金业协会，2022a）。《中国责任投资年度报告2021》显示，截至2021年10月底，可统计的泛ESG公募基金产品达到344只。泛ESG公募基金规模从2020年的2000多亿元增长到5000多亿元人民币，其中股票型和混合型泛ESG基金的规模约占市场所有股票型基金和混合型基金的6.27%（中国责任投资论坛，2021）。

此外，兴业全球基金建立了国内首只跨沪深两市的社会责任指数——“巨潮—第一财经—兴业全球基金社会责任指数”后，截至2021年底，已有18家公募基金建立社会责任投资指数（中国证券投资基金业协会，2022a）。《中国责任投资年度报告2021》显示，截至2021年10月底，在沪深交易所发布的总计66只涉及使用ESG因素筛选成份股的指数（统称“泛ESG指数”），在收益和波动方面有良好表现。在这66只泛ESG指数中，有ESG优选类23只，公司治理优选类6只，绿色低碳优选类2只，节能环保行业类33只，扶贫发展主题类1只，蓝色经济主题类1只（中国责任投资论坛，2021）。

（2）私募基金行业

截至2021年末，我国私募基金管理机构数量已达到24610家；已备案私募基金产品124098只，投资规模达到20.27万亿元（中国证券投资基金业协会，2022b）。

《中国私募投资基金行业践行社会责任报告（2022）》显示，2021年，我国的私募投资基金行业在培养和传播社会责任理念、完善社会责任管理体系、推进ESG管理等方面取得了显著的成效。其中，近八成的受访机构开展了社会责任相关内容的培训，越来越多的机构将社会责任管理纳入公司管理框架，约三成的受访机构设立了社会责任部门或负责人。此外，在 ESG 管理方面，超过六成的受访机构表示非常熟悉、比较熟悉或基本知晓 ESG 投资理念，超过五成的受访机构将 ESG 正面筛选和负面筛选纳入其投资策略的选择（中国证券投资基金业协会，2022b）。

3. 社会责任投资策略

社会责任投资领域的权威机构，如欧洲可持续投资论坛、全球可持续投资联盟、联合国责任投资原则等机构，基于社会责任投资的全球发展实践，将社会责任投资策略分为大致相同的七类：可持续性发展专题投资、正面评优筛选策略、道德筛选、行业排除式筛选、整合式投资策略、影响力投资和股东主张（见表 7－1）。

表 7－1　社会责任投资策略分类

<table>
<tr><th rowspan="2">序号</th><th colspan="3">社会责任投资策略</th><th rowspan="2">定义</th><th rowspan="2">再分类</th></tr>
<tr><th>欧洲可持续投资论坛</th><th>全球可持续投资联盟</th><th>联合国责任投资原则</th></tr>
<tr><td>1</td><td>可持续性发展专题投资</td><td>可持续性发展专题投资</td><td>ESG 专题投资</td><td>投资于和可持续发展有关的专题或者资产，致力于解决环境问题或者社会问题</td><td rowspan="5">证券市场的 SRI 策略</td></tr>
<tr><td>2</td><td>正面评优筛选策略</td><td>ESG 正面筛选和评优策略</td><td>ESG 正面筛选和评优策略</td><td>通过对 ESG 的综合评价，筛选出投资目标群里一定比例的 ESG 绩效较好的样本</td></tr>
<tr><td>3</td><td>道德筛选</td><td>道德筛选</td><td>道德筛选</td><td>根据是否符合联合国、世界劳工组织、经合组织等发布的国际准则要求筛选投资目标</td></tr>
<tr><td>4</td><td>行业排除式筛选</td><td>ESG 否定筛选</td><td>行业排除式/ESG 否定筛选</td><td>该方法将某些行业、国家或者公司排除在投资考虑范围之外（例如不投资和武器相关的行业、公司等）</td></tr>
<tr><td>5</td><td>整合式投资策略</td><td>整合式投资策略</td><td>整合式投资策略</td><td>在进行传统的财务分析的同时整合 ESG 分析，关注企业社会责任绩效对公司财务绩效的正面影响或负面影响</td></tr>
</table>

续表

序号	社会责任投资策略			定义	再分类
	欧洲可持续投资论坛	全球可持续投资联盟	联合国责任投资原则		
6	影响力投资	影响力投资/社区投资	无	通过小额贷款或企业基金等投资于社区中小企业、社区服务性机构、基础设施、社区基金等，在获得财务收益（低于或者等于市场收益率）的同时对社区或者环境产生影响。这种投资往往是为世界迫切需要解决的问题提供支持，如可持续农业发展、住房保障、医疗保障、清洁技术、小微企业金融服务等问题	社会影响力投资
7	股东主张	股东主张	股东主张	通过对话或投票方式决定公司有关 ESG 的决定	企业内部 SRI 投资

资料来源：孙美，池祥麟，永田胜也．社会责任投资的发展趋势和策略研究[J]．四川大学学报（哲学社会科学版），2017（6）：141－152.

中国责任投资论坛（2021）将我国常见的社会责任投资策略分为四类：一是正面筛选（positive/best－in－class screening），即选择比同业 ESG 绩效较好的行业、公司或项目作为投资对象；二是负面筛选（negative/exclusionary screening），即根据特定的 ESG 标准，从投资组合中剔除相应的投资对象；三是可持续发展主题投资（sustainability themed investing），指投资于应对特定可持续发展挑战的资产，如气候变化、食物、水、可再生能源、清洁生产技术、农业等；四是主动沟通（corporate engagement and shareholder action），指利用股东的权利通过直接与投资对象沟通（corporate engagement）、提交或共同提交股东建议（shareholder proposal）和代理投票（proxy voting）来影响投资对象 ESG 相关行为。

学者认为，我国证券市场社会责任投资仍以社会贡献值法和整合式投资策略为主。我国多数社会责任投资指数采用社会贡献值法作为社会责任投资的主要评价方法。社会贡献值的指标：（净利润＋税收＋工资＋借款利息）/净资产或者总股本，其特点是将利益相关者（如员工、债权人、股东、环境保护、政府）的财务指标进行简单的加减运算，以作为社会责任投资评价的主要标准。然而有学者指出，首先，社会贡献值法并不符合可持续性责任投资的内涵，也不能有效地筛选出真正可持续发展的企业。其次，我国多数社会责任投资基金采用整合式投资策略，即通过系统分析将 ESG 风险与传统的财务分析相整合进行的投资（孙美等，2017）。

我国社会责任投资行业的调查数据显示，筛选策略是目前在我国运用最广泛的社会责任投资策略。《2019 年度中国基金业 ESG 投资专题调查报告——证券版》显示，截至 2019 年，在有社会责任投资实践的证券投资机构中，85% 的受访机构认为采用最多的投资策略是筛选策略，包括负面筛选、正面筛选及相对筛选（中国证券投资基金业协会，2020）。同样，中国证券投资基金业协会的《ESG 责任投资专题调研报告》数据显示，在 2019 年之前具有 ESG 投资实践的投资机构中，多数机构（占 51%）采取负面筛选与正面筛选并重的投资策略，17% 的投资机构主要采取负面筛选策略（中国证券投资基金业协会，2019）。

4. 发展缺陷

社会责任投资在我国尚处于兴起阶段，发展实践中存在很多不足。例如，林军、段亚坤（2015）认为存在以下发展困境：首先是政府公共政策执行不力；其次是个体投资者缺乏社会责任投资意识；最后是企业社会责任的信息披露程度不高。贝多广（2021）认为存在以下缺陷：其一，社会责任投资在主流投资机构中尚属于边缘性行为；其二，缺乏被广泛认可的适用于中国国情的社会绩效衡量指标；其三，缺乏与我国文化价值观相适应的社会责任投资理论框架。

中国证券投资基金业协会的《ESG 责任投资专题调研报告》表明，机构投资者认为我国当前发展 ESG 投资的障碍主要集中在：其一，缺少规范的 ESG 信息披露规则；其二，上市公司 ESG 相关信息获取难度大，信息不完善或可信度不高；其三，缺乏客观公允的第三方 ESG 评价服务；其四，遵循 ESG 可获得的价值不确定或不显著。其中，信息披露问题是阻碍 ESG 投资的最主要因素，包括缺少规范的信息披露规则，缺乏上市公司相关 ESG 信息

（中国证券投资基金业协会，2019）。同时，《中国责任投资年度报告 2021》显示，在 2843 位接受调查的个人投资者中，多数调查对象认为进行责任投资的最大障碍在于缺少信息渠道（56%）、对责任投资了解不多（51%）和缺少企业 ESG 绩效判断标准（49%）（中国责任投资论坛，2021）。

（三）我国社会责任投资的绩效及其影响因素

1. 社会责任投资的绩效

多国数据显示，社会责任投资具有良好的投资回报。研究发现，长期而言，社会责任投资指数的投资回报率远超传统投资指数。例如，1990—2001 年，“多米尼 400 社会指数”除了一年期回报率低于“标准普尔 500 指数”，三年、五年、十年多米尼指数均高于标准普尔指数。又如，以 1996—2001 年五年期收益率为对比指标，道琼斯全球可持续发展指数（DJGSI）（91%）的表现优于传统道琼斯指数（61%）（林超，2008）。同样，日本社会责任投资指数 MS－SRI，其 13 年的累计回报率约是东京证券交易所指数的 5 倍（崔志如，2011）。

通过对我国社会责任投资指数、基金及其投资组合多数实证研究，发现社会责任投资能够共享较高的投资绩效。例如，崔志如（2011）的实证研究发现，我国深圳交易所的企业社会责任指数不到一年的运行数据表明，社会责任投资收益率明显高于市场基准指数 2%～7%。2009 年，兴业社会责任投资基金在 400 多只开放基金中收益率排第四位，收益率比市场基准高 80%。朱鸿鸣等（2012）分别比较了深证企业社会责任指数及上证社会责任指数与市场指数在相同时间段的累计收益率，发现无论在深市，还是在沪市，社会责任指数的收益率都优于市场指数收益率。郑若娟、胡璐（2014）选择 4 只存续时间较长的社会责任投资基金作为分析样本，以市场比较基准为参照对象，分析国内社会责任基金的财务绩效。研究发现，存续期较长的兴全社会责任基金的市场表现明显优于业绩比较基准和沪深 300 指数，具有显著的超额收益率；建信上证责任基金的收益率虽低于业绩比较基准，但高于沪深 300 指数，仍具有一定的投资价值；而其他两只社会责任投资基金的业绩表现与各自的参照基准无显著差异。林龙（2017）通过对关于社会责任投资组合的投资绩效实证分析，发现社会责任投资组合的收益率和风险表现都优于大盘指数的表现。史燕平等（2017）对比我国环境保护基金和其他社会责任投资基金、传统共同基金2015—2016年两年期的投资绩效，发现绿色共同基金风险调整后的收益与其他社会责任投资基金或者传统共同基金的收益相比，并无显著的差异。主要原因可能是我国绿色共同基金的投资约束并不严格，导致绿色基金的投资范围和策略与传统共同基金相似。张宬等（2021）的实证研究发现我国社会责任投资类基金具有规模效应和价值效应。具体而言，尽管基金社会责任总体而言有利于投资绩效，但是基金既能在一定程度上为环保牺牲绩效，也能通过关注狭义的社会责任理念以及股东权益保证自身收益。

中国证券投资基金业协会的《ESG责任投资专题调研报告》数据显示，在2019年之前具有ESG投资实践的投资机构中，与ESG主题相关产品的25家机构中，有44%的受访机构表示ESG主题相关投资产品的超额收益明显，有28%的机构表示超额收益不明显（中国证券投资基金业协会，2019）。《中国责任投资年度报告2021》显示，截至2021年10月，在66只泛ESG指数中，主题类（以筛选节能环保行业或扶贫地区内公司为主要策略类型）指数近年来收益率表现优异，远超优选类指数。但从指数年化波动率来看，优选类指数仍远优于主题类指数。超出一半近3年年化波动率低于对标指数，而主题类指数则年化波动率全部高于对标指数，体现了ESG整体优选策略具有更好稳定性的特点（中国责任投资论坛，2021）。

2. 绩效影响因素

史亚东（2018）从资本市场的角度出发，以实证数据检验了公众环境关心对我国社会责任投资指数的影响。研究发现：首先，公众环境关心指数的发展速度会提升泰达环保指数的收益率；其次，公众环境关心水平的提升会增加该指数的成交量和波动率，意味着公众环境关心水平能够提升社会责任投资的规模和活跃度；最后，公众环境关心的低迷很可能带来社会责任投资的萎靡不振。

冯金余等（2022）通过实证分析发现投资者并没有更多地选择社会责任基金，即社会责任投资的标签没有带来更多的资金流量。然而，社会责任基金没有得到投资者青睐不是因为市场表现差，而是新产品发行缓慢导致种类稀少、产品线不完善。

（四）我国股民投资研究

1. 我国股民的投资心理与行为

现有文献对个人投资者的投资心理和行为进行了深入分析。首先，我国股民的投资心理和行为具有极大的非理性，具体表现为三种情况：其一，一夜暴富与无风险套利心态；其二，过度投机的赌徒行为；其三，从众的心理牵引行为。股民投资的非理性在很大程度上是由于中国的股市发展不健全，存在监管松散、缺乏执行力、信息不对称等问题（袁文莉、赵雨桐，2016）。其次，多数股民缺乏长期投资的意识，偏好短期获利，因此投资行为上总体呈现短期化特征，年换手率普遍高于其他国家（张益豪，2015）。据统计，我国股民对股票的平均持有周期是1～2年，而在美国，大部分投资者的股票平均持有周期是3～4年（袁文莉、赵雨桐，2016）。同时，我国股民对股票的选择缺乏深度考虑，而是倾向于在多只股票之间频繁买卖。例如，张益豪（2015）对兰州市股民的295份问卷调查数据显示，多数股民（占46%）持有5～10只股票，只有4%的股民持有1只股票。最后，多数股民对股票的选择缺乏专业知识和判断。股民选择股票受政策走向和相关新闻信息的影响比较大，对公司业绩了解较少，很少关注公司及其相关行业的情况（张益豪，2015）。

2. 我国股民对社会责任投资的认知、参与动机、关注点与策略选择

（1）社会责任投资认知

《中国责任投资年度报告2021》显示，我国绝大多数个人投资者对责任投资了解有限，即在2843位接受调查的个人投资者中，83%的调查对象表示不了解责任投资，其中35%的调查对象未听说过“绿色金融”“责任

投资”或“ESG”（中国责任投资论坛，2021）。

（2）社会责任投资参与动机

《中国责任投资年度报告2021》显示（见图7-1），63%的个人投资者表示采纳责任投资的首要驱动力是“与自己的价值观相符”，其次是“鼓励企业可持续发展，为社会创造价值”（占61%）和“降低投资风险”（占58%）（中国责任投资论坛，2021）。

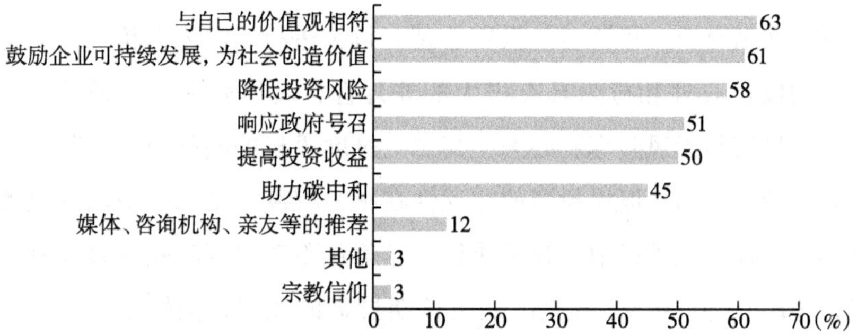

图7-1　个体投资者采纳社会责任投资的驱动力

（3）社会责任投资的关注点

《中国责任投资年度报告2021》显示（见图7-2），个人投资者在社会责任投资决策时最关注的三大社会责任相关问题依次为安全事故（占53.50%）、环境污染（占52.90%）和财务欺诈（占43.80%）（中国责任投资论坛，2021）。

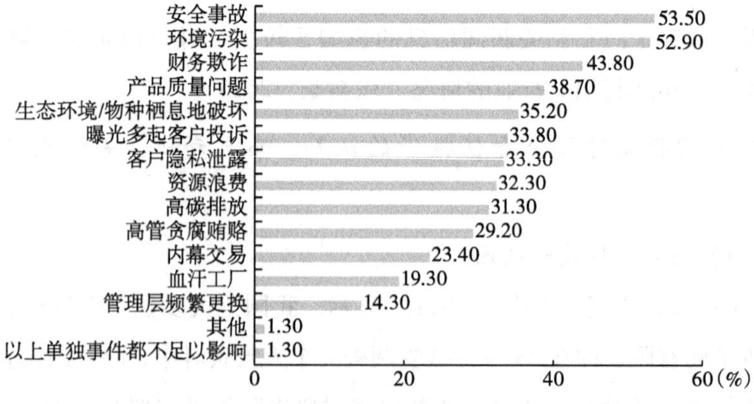

图7-2　个人投资者对ESG议题的关注

（4）社会责任投资策略选择

《中国责任投资年度报告 2021》显示，多数个人投资者在未来 1 年的投资计划中倾向于选择正面筛选的社会责任投资策略（中国责任投资论坛，2021）。如图 7－3 所示，57% 的个人投资者选择了优中选优的正面筛选投资策略，倾向于主动选择在 ESG 方面表现较好的公司。

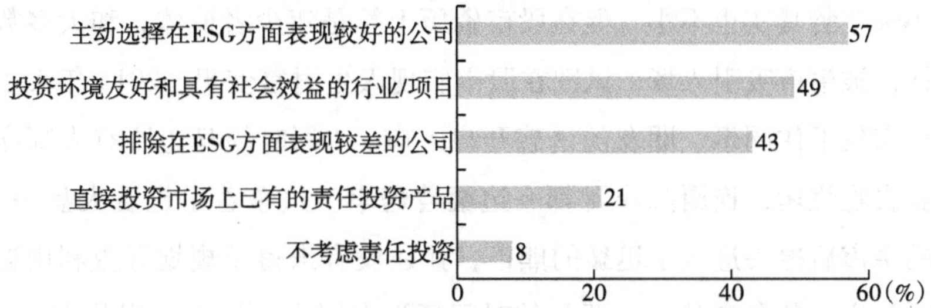

图 7－3　个人投资者的未来社会责任投资策略选择

三、研究发现

（一）案例概况

1. *老范：老股民*

老范今年 62 岁，从事农业栽培管理工作，自称是 A 股元老。1995 年其所在城市股票交易场所开始营业，老范带着全部积蓄入市就开始投资。去年退休了，他依然每天关注行情走势，研究财经要闻，活跃在股票一线。在普通人月工资不超过 100 元的年代，老范在股市有过一夜赚几万元的风光，当然也有过股票暴跌的惨痛经历。目前，老范的股票处于盈利状态，盈利总额为总投入的 2～3 倍。

2. *大齐：新生代成熟股民*

大齐 30 岁出头，在科研事业单位从事职能管理工作，有一定积蓄。2007 年被同事带入股市，经历了大牛市和大熊市。大波折后，大齐凭借着年轻、高学历、良好的学习习惯，开始大量地阅读投资书籍，参加各类投资者宣传活动，熟读巴菲特、彼得林奇、格雷厄姆等各类投资大神的著作。大量的涉猎使得他对各种流派和理念都有所了解，理论上能说得头头是道，但实际操作时间还不算长。目前，收益尚可。“曾经赚过也亏过，到现在年收益和工资差不多，一是本小，二是我的理念正在经历时间检验和调整”，大齐如是说。

3. 小宋：新股民

小宋年龄其实也不小，但在股市资历上算是年少者群体，和大多数散户一样，被牛市吸引入场，试图在股市实现人生财富梦想。2015 年大牛市时，小宋禁不住同事、朋友的诱惑开户入市。“那时候身边所有人都在炒股，我去吃烧烤，连厨师小哥都一边翻着烤串一边拿着手机看大盘……”短暂的牛市后掉头进入了迅猛的熊市，让还没有来得及规划好盈利用途的小宋瞬间进入负资产状态。两年的时间还没有回本，处于亏损状态：“一年的工作白干了。”

4. 闫总：大户

闫总，中年人士，从证券公司分析员做起，辞职后自己专职做股票，多年成功投资，一直以个人名义在股市中操作。虽然资金量已经足够庞大，但还是将自己定义为散户，也就是新闻里常见的词汇——牛散。在证券公司有专用大户交易房间和大户交易席位，股票买卖已经是他的日常工作。

（二）不同类型股民的投资理念与行为

1. 老范——理性的长期投资

老范一开始入市时眼花缭乱，股票行情的跌宕起伏刺激着他的神经，驱动他急切地去追求其中的诀窍所在。自己画 K 线图分析验证，MACD、KDJ 各种常用、不常用技术指标都用过，自己还编写过公式，打听各种小道消息，分析主力动向、趋势投资、价值投资，都有过研究和尝试。

对于企业对于股市，老范有一个客观的认识。自己的投资理念也能比较好地总结出来：“一定要买好公司，股价跌下来就买，买了拿着就别动。”对于什么是好公司，他的判断也很实在：“管理团队可靠，公司职工团结，不偷税漏税，不干被监管机构查处的事，没有负面新闻，最重要的是行业要好，持续盈利。”在买卖行为上，老范属于关注研究多、买卖操作少。对自己选的公司股票研究透彻且很自信，波动的时候逢低买入，高涨的时候一般也不抛售，属于成熟的长期投资风格。

2. 大齐——理性兼投机的中短期投资

大齐入市的年代信息化已经比较成熟，基金等各类机构对股民的科普宣传也很到位，目前有定期投资基金的习惯。他比较认可的理念是中短期投资、趋势投资（不完全是价值投资），不排除拿出部分资金跟风炒作概念股，以期增加整体的收益率，在买卖操作方面，他会选择业绩预升的，比如造纸、化工行业部分股票；市场追捧的比如雄安概念、新能源概念、量子通信概念等股票，在自己认可的位置买入持有，时间可能半年也可能一年，待趋势结束后迅速抛出。

3. 小宋——投机性强的非理性短线投资

投资股市的教训太深刻，使得小宋现在处于迷茫状态，好处是他并没有完全退出和置之不理，一直在向朋友打听、看论坛、看股评，试图寻找盈利的诀窍和模式。对于认可的操作理念，很难清晰地描述出来。据说价值投资不错，他了解后发现盈利太慢无法忍耐；看股评家推荐，好像买进去总被套；看论坛上操盘黑幕和小道消息，按这种方式买卖错的时候多于对的时候；炒股分析软件卖的各种从 K 线技术指标上抓黑马、抓涨停也不是次次都对。现在并没有形成自己稳定的操作模式，更多时候是看心情和身边朋友的状况。这可能是现在大多数亏损股民的一个普遍状态：没有明确的模式，自己头脑中没有构建起一个框架，很容易受到外界的干扰和诱惑，亏损后补救又再次失败，成了一种随机买卖状况。

4. 闫总——重视风险控制的长期性价值投资

对于手握巨资的大户来说，相对于牟取暴利，保证资金安全往往是投资的首要考虑因素。资金体量较大，进出动静大且交易成本高，所以对目标的选取和买卖是比较谨慎的。同时因为有资金的有利条件，可以参加目标公司的现场股东会，针对关注的问题与公司董秘进行面对面交流。实地考察和当面交流是其他散户所不具有的优势。

闫总在长期的投资实践中选择了价值投资作为自己的投资理念，一般会长时间关注和研究少数股票，买入后不惧波动长期持有，以时间化解波动。

（三）不同类型股民的社会责任投资的理念与行为

1. 老范——典型企业社会责任事件后，主动运用社会责任投资的筛选策略

因为多年来有看新闻、读年报的习惯，老范对企业社会责任这个概念很熟悉。对于关注的企业，他会比较认真地读社会责任环节，“虽然买卖股票，但是身份还是普通老百姓，看看我投的公司在这方面为社会做了什么，花了多少钱”。虽然说不上来学术定义的含义和内涵，但是有一种直接的认识，知道是企业回馈社会的一种形式：“认真履行社会责任的公司，就是有良心的好公司，对国家、对社会、对人民都好。”

老范认为企业承担社会责任是有成本的，但是社会责任履行得好，一来表明这是可持续经营、在意自己社会影响力的好公司，二来如果管理层有这样的意识，就会采取措施避免踩到法律法规的雷坑。如果一家企业不履行社会责任，只想着赚钱分红，不顾员工死活，不顾污染环境，不注意社会影响，在曝光越来越容易、法律法规越来越严格的今天，早晚会遭到负面的打击。用他自己的话说，就是“常走夜路，难免遇到鬼”。持有这样公司的股票，对于股民来说是一种心理负担，至少不省心。股票从来都是跌下去容易涨起来难，不断曝光负面新闻，股价难有起色。在这样的股票上要盈利，更是难上加难。

在投资经历中，因社会责任而印象深刻的事件当属紫金矿业。紫金矿业是靠压低成本提炼低品位金矿发家而闻名的，属于热门股票，深受市场追捧。遇到黄金价格上涨，低价采金的公司就很容易受到关注。当时不少人都知道低成本采矿和冶炼是有高污染代价的，紫金矿业对环保的疏忽也

屡次显露苗头。2008 年 2 月，紫金矿业便因存在不良环境记录而成为首批“绿色证券”政策中 10 家“未能通过或暂缓通过”的企业之一，企业在发展过程中多次因为污染被国家环保部点名批评。2010 年 7 月 3 日，紫金矿业紫金山铜矿湿法厂发生铜酸水渗漏事故，9100 立方米的污水顺着排洪涵洞流入汀江，导致汀江部分河段污染及大量网箱养鱼死亡。然而紫金矿业瞒报事故 9 天，直至 7 月 12 日才发布公告。

老范当时还处于追热门买股票的阶段，因为看好该公司的黄金矿藏和低价采掘方式，持有不少紫金矿业的股票。但是买入成本较高，该股票从 2009 年 11 月开始一直处于下跌态势，让老范的账户处于亏损状态，但他还是打算观望，以待反弹回本。水环境污染事件曝光后，他担心股价会再次剧烈下跌而无法承受，于是忍痛迅速出手清仓了该股票。然而令他没想到的是，在他抛售后的短短 10 个交易日内紫金矿业的股价迅速回升到该事件影响前的价格，走了一个“V”形，而他正好抛在了谷底。不仅如此，这只股票在横盘 3 个月后开始了一波猛烈拉升，从 6 元左右瞬间涨到 11 元。股市的变幻莫测，散户的普遍投机心理让老范刻骨铭心，这是他经历的最难忘的社会责任事件。

经历那次事件后，他吸取了不少教训，并认真进行了反思。如果一直拿得住的话，是可以等到回本的。但是这样引发全社会舆论关注的恶性事件，作为普通股民，操作上很难不受影响而做出过度悲观的行为。为避险而抛售，引起下跌的股价又吸引更多的力量趁机抄底买入再次炒作。虽然现在看来明白曲折，但是如果时光穿越回去，他应该还会采取同样的操作：“深一层来讲，这种风险就是引起你的误操作，误操作越多损失越大。虽然会有盈利，但人是感性动物，很难遇险不避，说到底损失的风险更大。”总之，容易出事的企业，非常影响股民买卖，提前清仓是错，抄底不善也是错，更多的操作必然是更多的失误和更多的亏损。

由此他开始关注企业履行社会责任的情况，并开始把一些企业社会责任指标有意无意地用到了选股方面，社会责任履行得好的不见得入选，履行得不好的肯定排除。长期求稳的姿态，和企业履行社会责任不谋而合，能坚持长期回馈社会，着眼于可持续发展，至少不会是坑人的公司。经历了多年风雨，社会责任投资理念在他这里，服从于长期稳定盈利需求，起到的是筛选作用，而不是驱动作用。

老范知道汇添富社会责任基金和兴全社会责任基金，但是并没有买入。在查看走势后，他表示愿意投资社会责任基金，认为现在法律法规越来越健全，国家对市场的监管越来越严格，个股涨跌风险较大，但是基金作为机构，从社会责任角度选股“一揽子”投资，长期看业绩是有保障的。

对于未来，他认为虽然股民整体日趋成熟，社会责任在股民中会更普及一些，但是现实并不乐观，因为我国股市的交易大多数是散户产生，个股波动容易引起普通股民追涨杀跌。企业的质地和表现容易被逐利的驱动抹杀，短期局部行业股市上的表现甚至产生相反的效果。而作为成熟的老股民，他选择的是尽量避开陷阱，赚取稳定的长期收益。他认为机构持有的资金量大，影响力大，更适合做社会责任主题投资，普通人如果想要关注，买基金是很合适的。

对于这一类型的股民，长期参与股市并且能在数次牛熊市中存活下来，是“一赚二平七赔”的股民中10%的那个群体。他们所交易和持有的公司股票，长期来看必然是业绩优良、坚持履行社会责任的公司。如同老范经历的紫金矿业一样，一家频出事故的公司股价波动较大，十分容易把散户股民清洗出局。散户资金量小，一两次大损失就会折戟沉沙变成“僵尸账户”。总结下来，这个群体常年在股市和企业年报、业绩打交道，老范的案例具有很好的代表性。他们知道企业的社会责任，但是不一定知道社会责任投资这个概念，实际上部分认同社会责任投资理念的，虽然也容易受到逐利驱动，但是在市场中能长年生存下来，表明还是有较良的收益在吸引着他们，从长远趋势来展望，社会责任投资理念在这个群体中有着较好的前景。

2. 大齐——企业社会责任指标不会影响投资决策

大齐知道企业社会责任这个概念。企业发布的年报和网站中的社会责任履行情况这些信息，他表示没有专门查阅过，只是有时候看到了这个章节或者在新闻中提到了这些事情才关注到。经过简要介绍企业社会责任的内涵，他认为和他原先理解的没有大的差异。履行社会责任特别好和特别不好的企业，虽然从社会角度来看有很大区别，但是在股市上并非如此，在他看来并不值得在意。

“公司和股票是两回事，短期公司表现和股票表现也不是完全吻合”，他认可这点。表现不好的公司但是正好处在上涨的板块中，市场热点在追捧，不影响股价和获益。这就是社会责任放大到股市上的不同表现。在日常生活中，支持或者抵制是很明确和有效的。但是放到市场上后，情况发生了变化，可以买卖就有试图利用事件赚差价的群体存在。

他认为履行社会责任只是企业的一方面，还要看市盈率、市净率、现金流量、行业前景、所在行业是否有很大的需求在拉动，“给苹果做零配件组装的富士康，只要苹果产品卖得好，员工跳楼和环境污染对公司社会影响虽然很不好，但是不影响股票走势”。

在投资中是否涉及企业社会责任的经历这一点上，他表示因为在投资中并没有使用过这个理念，所以没有印象深刻的经历。经过笔者反复分析和提示，他讲到了格力电器这只股票的投资经历。这是他的重仓股票，最近一年也获利颇丰。

他知道格力电器在履行社会责任方面做得很好，各种新闻也常见于报端。格力公司关爱职工的健康和发展，通过建员工幸福生活园区提升生活满意度；注重生产过程中的低碳环保排放，每年在节能环保上均有出色的表现；连续 15 年在家电行业纳税额居首位；夏季空调安装高峰期为工人发放防暑降温补贴；注重供销商的互利共赢关系；为贫困地区和灾区积极捐款捐物，可以说是好公司履行社会责任的典范。从社会责任表现方面来看，格力是一家非常出众的公司，股市上的表现也是如此。无论在牛市还是熊市，格力股票都是一只长期牛股。

他坦言虽然知晓这些情况，也非常赞同，但这些并不是他买入股票的真正原因。他买入是因为他关注到深港通的港资在持续买入，而这些北上的资金被称为“聪明资金”，从历史角度看，很擅长投资优质股票，用趋势获利后才缓慢套现离场。从这些角度判断，他跟随着港资也开始买入并持有。盈利后他很开心，随着对格力这家企业的深入了解，才发现他们做了这么多利国利民的好事。

在他看来，社会责任投资只是各种投资中的一种，这种方法可能更加适用于国家和机构，对散户并没有太大价值，“可以支持和抵制产品，这完全是对公司的直接沟通体现，但股价就不是一回事了。我不会用买股票的方式表示支持，投入市场的真金白银是为了赚钱来的”。如果公司履行社会责任不积极、表现不好，他也不介意买入，前提是市场有需求在追捧。也就是说，他知晓但并不会用社会责任投资理念去买卖股票，企业履行得好坏也不影响他的买卖操作。如果这只股票其他方面特别优秀，或者有明显的利好，他不介意买入或趁机抄底。特别热的公司，负面新闻正是抄底良机，利用其他股民的不理性，反向操作，理性地赚取短期利润。

当问到如何看待机构发行的社会责任基金往往表现较好的时候，他查阅了基金相关资料，凭借丰富的理论，分析出这些基金选中的股票相当一部分是中小市值。很长一段时间，中小市值容易受到以散户为主的市场追捧，这很难说是履行社会责任好引起的表现。“统计学上讲，有混杂因素，不能得出相关性的结论。而且作为机构买股票，选择的是一批‘一揽子’，抗风险能力强，从社会责任角度选，至少把有较大风险的筛出去了。”

社会责任履行得好的企业，会折损不少利润在里面，赔本赚吆喝。履行得不好的企业，也有可能是专注于盈利，公司首先就是要回馈股东，回报社会是下一步的事。履行社会责任是要真金白银付出的，要做善事，自己首先得是个健康人。

股价下跌对于管理层来说是压力，因为公司市值在缩水。但对于股民来说是另一回事，不是上涨就赚钱，每次交易都是一次反向，两个持不同意见的股民（在中国市场上，80% 的买卖行为是两个散户作为对手完成的）进行了一次交换。牛市亏钱的大有人在，熊市赚钱的也不少。理念是一方面，行动是另一方面。行业不等于个股，上涨不等于支持。

大齐在理论方面有较全面的认识，由社会责任投资能引申出这么多的思考，其中的疑问和思考逻辑，其实和国内外的学者研究遥相呼应。他提到了最核心的一点，即企业履行社会责任、企业自身的价值、企业在股市上的K线图、股民根据K线图的买卖操作，这几个节点存在关联，但并不是全部正相关或负相关，而是一种胶着和博弈关系。在这一点上，他知道但是并不相信作为个人的社会责任的投资，至少认为那是国家或基金公司这样的机构做的事情。“股民太弱了，拿的全是自己的家当，不会用血汗钱在股市中进行危险的尝试。”

跳出股市之外，他也有自己的看法。社会责任方面，他还是希望国家法律法规严一点，督促企业公平竞争和遵纪守法，承担起对社会、环境和利益相关者的责任。希望大家携手推动股市更加健康向上，形成更加有效的市场。但是在目前的环境下，首先是要生存下来，不可能“大家都在要流氓，我一个人讲文明”。“不理性的股民群体正是盈利的基础所在，在这一点上，硬要拿着企业社会责任说事，其实有点幼稚。一拥而上、一哄而散的散户，会把好坏都冲个掉头。”

大齐是愿意投资社会责任主题基金的，不是因为支持社会责任，而是他们选择的公司质地不错，中小盘居多，业绩表现可以预期。

总体来说，大齐属于长期盈利、中短期亏损或持平的群体中的一员。经过高等教育思维训练的理论成熟股民大致如此。要判定大齐认可社会责任投资理念有点牵强，他在广泛涉猎中知道这个理念，但是并不太看重和使用。股民和学者不同，他们身在最普通的阶层，理论上的探讨虽然好，但是最终还是要回归真金白银的实际生活，以实际到手的利润来判断下一步。在大环境下，他的态度是服从于整体盈利需要。但是也希望大家都关注这件事情，市场整体净化了，无谓的波动会减少很多，保证了收益的相对稳定。

大齐希望国家支持券商、银行、基金等这些金融机构多践行社会责任投资理念，而不要指望散户来实现。宣传可能有效，但是并不见得好，长期还是看好大的社会责任投资。但是大齐认为这个理念一段时间内在股民中应该没有什么影响力和号召力。

在知识化、信息化社会，大齐这样的高知群体也是股市散户的一种。他们不仅关注，自己也在主动地从文献和经典中学习，理性的思维帮助他们把看到的波动与学到的理论做比较，验证后进行归纳总结。然而知行并不是一体存在，知道和做到很难简单统一起来。学识渊博也许更加无法克服人性的本能，对于社会责任投资理念，认识较多，但行为并没有超越。

3. 小宋——不了解、不认可社会责任投资理念

对于企业社会责任这一概念，小宋表示在生活中听过，也支持过。在逛商场或者工作中接触企业的时候，注意到大企业网站都会有企业社会责任这一栏。“我买优衣库的时候，结账收费小票上有 CSR① 这一栏，原来以为是某种税，好奇地查了一下才知道是企业社会责任的英文缩写。”但是对企业社会责任的理解主要来自公司平时做公益慈善和为受灾地区捐款这两个直观的方面。谈到对企业社会责任这个概念的理解时，他提到了王老吉。

2008 年汶川地震之后，王老吉公司向地震灾区捐款 1 亿元，网友大赞其具备高度的社会责任感，自发支持王老吉，购买王老吉。小宋也参与了这次挺王老吉行动，全家上阵到超市购买了大量王老吉凉茶，用于招待客人或者聚会时饮用，他认为大家都应该购买这种有社会责任感企业的产品。

对于上市企业每年发布社会责任报告，他并不知晓也从来没有读过。经过笔者简要介绍企业社会责任的内涵后，他认为和他理解的有些出入，他的思维有些狭窄，企业履行社会责任不仅是捐款和扶贫，还包括环境友好、员工福利、可持续发展、正规经营照章纳税、不参与不道德经营等方面。同时他也表示，对于履行社会责任特别好的企业，他愿意支持，购买其产品或服务；对于履行不佳的企业，他拒绝购买。比如交谈中提到的采集熊胆制药的“归真堂”公司。他认为这样的公司业务应该受到有关部门

① 说明：CSR 是企业社会责任 Corporate Social Responsibility 的英文缩写。

的严格限制和监管，国家应该出台优惠税收或者金融扶持政策支持好公司，限制名声比较差、影响社会正常生活的企业。

经过笔者详细阐述后，小宋对社会责任投资理念表示不认可。“大家进股市就是为了赚钱，公司是公司，股票是股票，什么股票赚钱我买什么。地震时不捐款，我就抵制和拒买其产品，表现特别好的我就多买他们家产品。但是买股票和社会责任有什么关系。我购买产品是和公司直接打交道，把钱送给公司，为了支持公司而买公司股票钱还指不定被谁割韭菜割走了。”

他分析了自己所投资过的公司股票，并没有考虑过社会责任和投资，相当多的操作中，甚至连公司是做什么的都不了解，只知道这只股票有内部消息，买了能赚钱。股票对于他来说，基本上是个彩票代码，中不中奖看运气。亏损了认倒霉，赚了钱还想再试试。根本谈不上了解企业履行社会责任情况和把这一点作为买卖的依据。

企业社会责任主题基金他也没有听说过，他关注和购买基金主要是依靠酷基金网等网络排名，看看基金过去的业绩和星级，猜测以后大盘涨得好就买大盘基金，猜测中小盘可能会炒作就买中小盘基金。当笔者介绍完兴全社会责任基金后，他表示愿意购买。但仅仅是看业绩能赚钱，并不在意是什么主题。

他认为社会责任投资在股民中是不可能走红的，大家都一门心思想快速致富，不会拿钱在股市中做慈善（他认为社会责任等同于慈善）。他始终认为，买产品是送钱给公司，而买股票和公司没多大关系，只是被庄家大户割韭菜而已。

但是在实体市场上，他认为企业社会责任的前景是广阔的。在运营不出错、产品质量可靠的情况下，有良知、有信誉的企业必然会受到越来越多的消费者支持，而这样的公司也能够长期经营下去，可持续发展下去。

作为一名普通的消费者，他希望国家自上而下地支持和规定企业必须履行社会责任，财政和基金公司都扶持好公司。公司才能更多、更好地回馈社会，缩小贫富差距，保护环境，降低能耗，提供更加优质的产品。但是作为一名股民，他表示自己不会使用这样的理念去买卖股票。

小宋这样的股民虽然可动用的资金不多，资历尚浅，对股市掌握程度也不高，喜欢人云亦云，一拥而上、一哄而散，但是人数在市场上占相当大的比例，分量小数量大，容易形成市场情绪，从规模上看是一股不容小觑的影响市值波动的力量。他们是中国股民的底层土壤，社会责任投资理念的发展程度如果设定上下线的话，他们体现的是下线高度。

4. 闫总——社会责任投资不适用个体投资者

闫总非常清楚企业社会责任的概念，也非常关注企业的社会责任履行情况。因为这关系到企业的价值观和经营状况。他把企业履行社会责任直观地描述为“做善事”，做善事是需要花钱的，做善事不能要求短期回报。企业通过回报社会赢得赞誉和树立形象，这种赞誉和正面的形象又帮助企业赢得消费者的信任，促使企业进一步地做大做强，企业的后续发展才会更有力量，才能更好地回报社会。这样的一种良性循环，显然是企业和社会都需要的。王老吉在汶川地震面前的表现和消费者的积极响应就是一个很好的例子。如果变大的市值可以覆盖让市场份额变大所付出的社会责任履行成本的话，很多企业都会乐意为这种市场份额付出社会责任成本。

闫总在投资美的集团、海康威视、贵州茅台等企业的过程中，数次参加股东大会，当面咨询董秘财报中体现的社会责任履行成本去向和社会效益。他清楚地看到，虽然社会责任有正向的外部性，一家企业履行社会责任好是良好价值观和健康经济效益的体现，但是这些表现是结果，而不是原因。政策和行业供需风险对企业的影响可能更大。

闫总并不认同社会责任投资理念。不认同不是因为无效，而是因为这种理念更适合基金和保险的机构投资者“一揽子”投资股票选用。他从实地调研中发现，履行社会责任比较好的企业更愿意宣传行为和效益，履行一般的企业会解释为降低成本增加经营效益，作为散户，哪怕是大散户，从履行社会责任角度正向筛选或负向排除目标投资公司是不可行的。可以很关注，当作投资对象的一个闪光点，但不能因此做决策。

社会责任主题基金的业绩比较稳定，他是愿意投资的，这说明他很看好机构投资者持有社会责任内投资理念来投资。近年来，监管机构明显收紧了管理手段，对于违规和有负面新闻的上市公司加大了处罚力度。长期来看，他看好社会责任在中国的发展，看好社会责任基金的业绩，但他并不看好社会责任投资理念在散户中的普及。他认为，社会责任投资理念作为机构投资者是一种长期看好的有效投资理念，机构有大量资金投资于“一揽子”股票、基金，社会责任投资不仅降低了个股波动对整体的投资风险，而且支持了企业更好地履行社会责任，是双丰收的局面。而散户应该支持社会责任企业，但是持有社会责任投资理念并不会带来理想收益。因为散户资金量小、投资目标有限，整体投资具有的优势在个体上并不能体现。

四、结论与建议

（一）研究发现

本研究选择四位不同类型的个体投资者作为典型案例，深入分析我国个体投资者的社会责任投资认知与参与，并探究个体投资者在投资理念与行为上的差异化特征对其社会责任投资认知与参与的影响。通过深入地比较案例分析，笔者有如下研究发现：

首先，老范、大齐、小宋和闫总作为不同类型的个体投资者，按照他们投资理念和行为的主要特点可以分为三大类：其一，以老范和闫总为代表的理性、长期、大规模投资，注重风险控制和长期的投资价值；其二，以小宋为代表的非理性、短线、小规模炒作；其三，以大齐为代表的兼具理性与投机的中短期小规模投资。

其次，多数个体投资者对社会责任投资持不了解或不认可的负面态度（大齐、小宋），或者在投资行为上不支持（大齐、闫总），只有少数案例（老范）在亲身经历了重大的社会责任投资事件之后在投资行为上选择了支持社会责任投资。同时，不同类型的个体投资者对社会责任投资理念的认知和认可程度也有差别。具体表现为：一是注重理性长期投资的老股民老范，在典型企业社会责任事件后，主动运用社会责任投资的筛选策略；

二是兼具理性与投机的中短期小规模投资者大齐，他认为企业社会责任指标不会也不应影响投资决策；三是盲目投机的非理性短线炒作的新股民小宋，对社会责任投资理念既不了解也不认可；四是重视风险控制的长期性价值投资的大户闫总，虽然他了解和认可社会责任投资的投资价值，但是其认为社会责任投资并不适用于个体投资者，而主要是属于机构投资者的投资策略。

最后，通过比较分析，可以发现个体投资者的投资理念和行为与其社会责任投资的理念和行为之间存在一定的联系。具体来说，当投资者的投资理念和行为越具备理性、长期、大规模的特征，个体投资者对社会责任投资的认知水平、认可程度、支持程度就会越高；反之，当投资者的投资理念和行为越具备非理性、短期、小规模的特征，个体投资者对社会责任投资的认知水平、认可程度、支持程度就会越低。

（二）相关建议

基于上述研究发现，笔者就社会责任投资未来在我国如何实现进一步的推广与发展，提出以下建议：首先，尽管机构投资者是社会责任投资的主力军，但由于目前个体投资者依然是我国投资市场的主导力量，建议相关政府部门、行业组织、主流媒体、学术团体等主要利益相关方，继续面向个体投资者加大社会责任投资的宣传力度，持续提升个体投资者对社会责任投资的认知水平和认可程度。

其次，建议社会责任投资的监管部门继续要求上市公司社会责任信息披露，有效解决个体投资者因无法及时有效地获得企业社会责任信息而难以实现社会责任投资由理念认同到行为支持转变的难题。

最后，建议相关政府部门、行业组织、社会责任投资以及支持机构投入更多资源开发和推广适合中国国情的社会责任投资评估工具，例如编制更完善、更合理的社会责任指数，为已经具备明确社会责任投资动机或者一定社会责任投资行为的投资者提供有效的投资工具，提升其社会责任投资的投资绩效，最终实现社会责任投资在经济、社会、环境三条底线上投资价值的多赢局面。

第八章 行业协会推动行业企业社会责任发展的路径与效果

——基于中国支付清算协会的案例分析

一、导言

（一）研究背景

2006 年以来，在我国企业社会责任理念和实践不断推进的过程中，总体上形成了政府引导、行业推动、企业实践、社会参与、国际合作“五位一体”、多元共促的社会责任推进格局（殷格非等，2014）。其中，各种类型的行业协会（industry associations）作为政府与企业之间的桥梁，具有服务、协调、中介和自律的职能，成为推动我国企业社会责任发展的重要力量。

过去 10 多年间，行业组织通过发挥行业自律、体系建设的引领推动作用，引导和督促行业企业履行社会责任。作为行业秩序的协调者，行业协会通过建立推进机构、制定规范指引、发布推进规划、加强能力建设、开展培训咨询、加强交流合作、推进信息披露、实施监督评价、开展试点示范等措施，提升行业企业社会责任管理和实践水平，树立良好的行业形象，对促进行业与社会、环境的和谐共生中具有重要的推动作用（殷格非、于志宏、赵钧，2014）。为了更好地指导、规范和监督行业内企业履行社会责任，截至 2018 年，已有 40 多家行业协会（联合会）先后制定发布了行业性企业社会责任指南或公约（殷格非等，2020b）。

其中，金融行业协会在推动行业企业社会责任方面开展了大量工作，取得了显著成效。中国银行业协会、中国证券投资基金业协会、中国保险资产管理业协会、中国信托业协会、中国投资协会、中国支付清算协会等金融业行业协会通过制定并发布有关社会责任投资、ESG 投资、绿色投资的指引、倡议、公约，发布行业社会责任（ESG、绿色投资）报告，建构责任（ESG、绿色投资）评价指标体系等形式，推动行业内企业社会责任理论认知水平的提高以及实践管理能力的提升。

（二）研究问题

近年来，围绕行业协会参与推动我国行业企业社会责任的发展，行业组织和学术机构开展了一系列研究，主要研究议题包括以下三个方面：首先是我国金融行业企业社会责任发展的概况，具体包括两个关注点：政府政策引导和行业协会推动（中国保险资产管理业协会，2020；中国证券业协会，2021；中国信托业协会，2022；中国支付清算协会，2023）。其次是我国行业协会推动行业企业社会责任的具体路径，具体包括以下四个关注点：其一，构建和完善企业社会责任行业自律机制（中国工业经济联合会，2013；中国对外承包工程商会，2016；林波等，2017；中国纺织工业联合会，2018a，2019；殷格非等，2020）；其二，督促、引导和协助行业企业切实履行社会责任（黎林峰，2008；杜娟，2010；中国工业经济联合会，2013；中国纺织工业联合会，2014，2018b，2019，2020，2021）；其三，行业企业社会责任绩效评价和经验总结（中国工业经济联合会，2012，2013；林波等，2017；中国工业经济联合会，2019）；其四，行业企业社会责任的信息披露（中国工业经济联合会，2013，2018；中国纺织工业联合会，2014）。最后是行业协会推动行业企业社会责任的成效（陈贵梧等，2017）与困境（张晓丹，2019）。

现有研究为我们深入探究我国行业协会推动行业企业社会责任发展的路径和效果提供了理论视角和丰富素材。然而，绝大多数现有研究的数据来源是二手资料，例如行业协会发布的社会责任报告、研究报告以及网站信息，缺乏基于一手数据来源的深入分析。本文旨在弥补现有文献在研究方法上的不足，选取中国支付清算协会推进行业企业社会责任的实践作为典型案例，通过收集和分析一手数据和二手资料，对我国行业协会推动行业企业社会责任发展的具体路径和效果进行深入分析。

（三）研究方法

1. 案例选择

中国支付清算协会成立于2011年，是中国支付清算服务行业的自律组织，也是经国务院同意、由民政部批准并在民政部登记注册的全国性非营利社会团体法人，中国人民银行是其业务主管单位。2015年，中国支付清算协会发布《中国支付清算行业社会责任报告2015》，同时发布《中国支付清算行业社会责任倡议书》。2016—2022年，中国支付清算协会通过定期发布社会责任报告，展示支付行业社会责任履责成效。自2016年起，中国支付清算协会将践行社会责任纳入行业自律管理评价指标体系，引导行业企业牢固树立社会责任理念，增强社会责任意识，鼓励行业企业勇担社会责任，促进我国支付清算行业社会责任体系建设（中国支付清算协会，2023）。

本文选择中国支付清算协会推进行业企业社会责任发展的实践作为案例，主要是基于以下考虑：中国支付清算协会在推进行业企业社会责任方面开展了扎实有效的工作，通过制定行业企业社会责任指南和评价指标体系、定期发布行业社会责任报告、开展企业社会责任主题培训和行业交流活动等多种路径，有效地提升行业社会责任的实践水平和管理能力。中国支付清算协会在推进行业企业社会责任发展方面的丰富实践与本文的研究议题高度契合，为深入探究我国行业协会推进行业社会责任的路径和效果提供了可能性和丰富的数据来源，符合质性案例研究“理论抽样”（theoretical sampling）的原则。

2. 数据收集

本研究采用半结构式访谈的方法收集一手数据。访谈对象主要包括两类：一类是中国支付清算协会的企业社会责任业务相关负责人；另一类是5家支付清算行业的会员企业单位（均为非银行第三方支付机构，其中北京3家、上海2家）。通过与支付清算协会及第三方支付机构企业社会责任负责人的深入访谈，了解行业协会引导下企业社会责任的推进方式、机制、意愿及其取得的成效。访谈对象的基本信息如表8-1所示。

表8-1 访谈对象的基本信息

机构名称	身份	岗位及职责
中国支付清算协会	某部门主任	负责行业CSR标准制定及对会员企业的CSR考核，组织行业CSR学习培训及组织撰写行业CSR报告等
A支付机构	产品、风控、合规经理	负责企业产品、风险控制与管理、合规经营等
B支付机构	结算及客服总监	负责顾客及市场反馈、企业运营结算中的相关问题
C支付机构	风控与合规部总监	负责企业运营中风险管理及控制、确保企业合规经营等
D支付机构	CEO助理	全面协助CEO对企业运营负责
E支付机构	合规总监、法务专员	负责企业在法律法规范围内合规运营
F支付机构	战略发展部高级经理	负责公司整体发展战略制定，监督公司战略部署的执行等

二、文献综述

（一）我国金融行业企业社会责任发展的概况

1. 政府政策引导

为建立和完善我国金融机构践行社会责任投资及ESG投资的政策环境，如表8-2所示，政府有关部门和行业监管机构出台了一系列政策，积极引导上市公司、银行业、保险业等金融机构，在其融资、信贷、保险等金融业务中积极履行社会责任、持续提升ESG投资的管理和运营能力。

表8-2 我国金融机构社会责任投资及ESG投资相关政策

部门	年份	政策名称	政策要点
深圳证券交易所	2006	《上市公司社会责任指引》	将环境保护与可持续发展作为上市公司社会责任报告中的独立章节

续表

部门	年份	政策名称	政策要点
中国银行业监督管理委员会	2007	《关于加强银行业金融机构社会责任的意见》	旨在加强银行业金融机构的社会责任感，切实履行社会责任
上海证券交易所	2008	《上市公司环境信息披露指引》	就上市公司环境信息披露提出明确要求
中国银行业监督管理委员会	2012	《绿色信贷指引》	旨在推动银行业金融机构以绿色信贷为抓手，积极调整信贷结构，有效防范环境与社会风险，更好地服务实体经济，促进经济发展方式转变和经济结构调整
中国保险监督管理委员会	2015	《中国保监会关于保险业履行社会责任的指导意见》	旨在推动保险企业积极履行社会责任，促进现代保险服务业更好地适应经济社会发展需求
中国人民银行等七部委	2016	《关于构建绿色金融体系的指导意见》	要求统一绿色债券界定标准，积极支持绿色企业上市融资和再融资，支持开发绿色债券指数、绿色股票指数及相关产品
上海证券交易所	2018	《上海证券交易所上市公司环境、社会和公司治理信息披露指引》	进一步推进上市公司的 ESG 报告披露
深圳证券交易所	2020	《深圳证券交易所上市公司信息披露工作考核办法（2020 年修订）》	将 ESG 信息披露作为上市公司考核内容
中国人民银行	2021	《银行业金融机构绿色金融评价方案》	要求银行业金融机构制定绿色金融评价实施细则并做好评价工作，着力提升银行业金融机构绿色金融绩效
中国人民银行等四部委	2022	《金融标准化“十四五”发展规划》	将 ESG 加入未来国家金融标准体系

为了鼓励和引导中国金融机构和企业在对外投资过程中遵循责任投资原则，将绿色发展理念融入“一带一路”倡议，相关政府部门制定了专项政策。2022 年 3 月，为进一步推进共建“一带一路”绿色发展，国家发展改革委、外交部、生态环境部、商务部联合发布《关于推进共建“一带一路”绿色发展的意见》。同年，为贯彻落实党中央、国务院关于推动绿色发展的决策部署，促进银行业保险业发展绿色金融，积极服务兼具环境效益和社会效

益的各类经济活动，更好地助力污染防治攻坚，有序推进碳达峰、碳中和工作，中国银保监会制定并发布了《银行业保险业绿色金融指引》。

2. 行业协会推动

2009 年，中国银行业协会发布了《中国银行业金融机构企业社会责任指引》，对银行业金融机构应该履行的企业社会责任进行了阐述，并对银行业金融机构履行企业社会责任的管理机制和制度提出了建议。2010 年，为了推进我国银行业社会责任实践工作深入发展，中国银行业协会制定了《中国银行业社会责任工作评价体系》，并自 2011 年起连续数年开展中国银行业社会责任工作评比活动，旨在引导各机构认真履行社会责任；同时表彰先进典型，树立受信赖、有责任感的行业形象。同时，中国银行业协会通过发布行业企业社会责任报告、开展业内培训、研讨会、座谈会等多种形式，引领并推动银行业金融机构加强与政府、监管机构、股东与投资者、金融消费者、员工、供应商与合作伙伴、媒体、公众与社会组织等利益相关方多角度、多层次沟通，为行业履行社会责任营造良好的内外部环境。

2011 年，在中国信托业协会的倡导下，全体信托公司共同签署了《信托公司社会责任公约》，信托业开始全面推行社会责任管理工作。2012 年，中国信托业协会组织制定并发布《信托公司社会责任评价体系》，推动各信托公司将社会责任理念和要求融入业务发展过程中，并进一步明确了信托业切实履行社会责任的内容和要求、目标和方向。随后，协会还启动了信托公司履行社会责任绩效评价及推优工作，通过制定评价标准和办法，对各信托公司的履责情况进行评价。同时，协会在网站设立“社会责任”栏目窗口，及时披露信托业社会责任工作信息和成果，以此进一步促进信托业与社会各界的对话与沟通，增进信任和理解，不断提升信托业良好的社会形象。2013—2022 年，中国信托业协会组织连续 10 年发布《中国信托业社会责任报告》，全面展示了中国信托业的履责成果，促进了信托业与社会及利益相关方的沟通交流，使社会各方加深了解信托业在支持经济社会发展中发挥的重要作用（中国信托业协会，2022）。

2012 年，中国证券业协会发布了《2011 年度证券公司履行社会责任情况报告》，首次向社会披露证券公司在履行社会责任方面的年度工作情况。此后，中国证券业协会把推动行业社会责任建设作为一项长期工作，通过编制年度社会责任报告、宣传履行社会责任的优秀事例、构建行业社会责任工作管理体系和标准等一系列手段，全面提升行业履行社会责任工作的整体水平，丰富行业社会责任工作内涵，完善行业形象建设，引导和促进证券公司成为投资者满意、市场认同的现代金融机构。2016 年，中国证券业协会发布《助力脱贫攻坚 履行社会责任——证券公司“一司一县”结对帮扶贫困县行动倡议书》，号召每家证券公司至少结对帮扶一个国家级贫困县，发挥行业优势，助力脱贫攻坚，履行社会责任。2017 年，为有效促进证券公司在脱贫攻坚领域更好地履行社会责任，中国证券业协会发布《证券公司脱贫攻坚等社会责任履行情况专项评价指标》。2021 年，为进一步督促证券公司履行社会责任，中国证券业协会发布《证券公司履行社会责任专项评价办法》，旨在完善社会责任激励约束机制，规范社会责任专项评价工作流程（中国证券业协会，2021）。

2015 年，中国支付清算协会发布《中国支付清算行业社会责任报告(2015)》，同时发布《中国支付清算行业社会责任倡议书》。2016—2022 年，中国支付清算协会通过定期发布社会责任报告，展示支付行业社会责任履责成效。自 2016 年起，中国支付清算协会将践行社会责任纳入行业自律管理评价指标体系，引导行业企业牢固树立社会责任理念，增强社会责任意识，鼓励行业企业勇担社会责任，促进我国支付清算行业社会责任体系建设（中国支付清算协会，2023）。

自 2016 年以来，中国证券投资基金业协会致力于推动 ESG 责任投资，通过举办论坛、编译专题文章、开展实证研究、组织小型交流会和培训讲座等措施，不断推广 ESG 投资理念，积极引导行业开展责任投资的探索实践。2018—2019 年，为推动企业 ESG 信息披露、引导 ESG 投资，中国证券投资基金业协会联合国务院发展研究中心金融研究所连续两年发布了《中国上市公司 ESG 评价体系研究报告》。同年，中国证券投资基金业协会发布《绿色投资指引（试行)》（以下简称《指引》)。这是国内出台的首份全面系统的绿色投资行业自律标准。《指引》旨在鼓励基金管理人关注环境可持续性，强化基金管理人对环境风险的认知，明确绿色投资的界定和实施方法，推动基金行业发展绿色投资，改善投资活动的环境绩效，促进绿色、可持续的经济增长。《指引》明确界定了绿色投资的内涵，提出了促进绿色环保产业发展、促进资源循环利用与可持续发展、促进高效低碳发展、履行负责任投资等绿色投资目标，构建了从机构人员配置到资产环境评价体系和环境评价数据库，建立了绿色投资策略、开发绿色投资产品、优化资产组合管理等一系列绿色投资实施方法，引导行业构建规范的绿色投资体系（中国证券投资基金业协会，2018）。2019—2022 年，根据《指引》要求，中国证券投资基金业协会面向资产管理类会员机构开展了自评估调查，并连续发布四期《基金管理人绿色投资自评估报告》。2021 年，中国证券投资基金业协会发布《公开募集证券投资基金管理人及从业人员职业操守和道德规范指南》，鼓励机构践行 ESG 投资。

2018 年，中国保险资产管理业协会发布《中国保险资产管理业绿色投资倡议书》，倡导各保险机构发挥金融服务供给侧结构性改革的积极作用，践行“创新、协调、绿色、开放、共享”的新发展理念，推动建立保险资金绿色投资新体系。同时，中国保险资产管理业协会，充分利用国际机构资源，成立 ESG 研究小组，撰写了《IEAC ESG 专题报告》，收集整理了 10 家国际保险机构 ESG 投资理论研究和管理实践，为国内保险资管行业提供经验参考。协会还通过举办专题讲座、组织行业培训等方式，与更多相关的国际机构和组织进行研讨交流，持续借鉴国际机构经验，推动保险资金在 ESG 领域的发展建设（中国保险资产管理业协会，2020）。

为了鼓励和引导中国金融机构和企业在对外投资过程中遵循责任投资原则，将绿色发展理念融入“一带一路”倡议，金融类行业协会开展了专项工作。2017 年，中国金融学会绿色金融专业委员会、中国投资协会、中国银行业协会、中国证券投资基金业协会、中国保险资产管理业协会、中国信托业协会、环境保护部环境保护对外合作中心共同向参与对外投资的中国金融机构和企业发起了《中国对外投资环境风险管理倡议》。

（二）我国行业协会推动行业企业社会责任的具体路径

1. 构建和完善行业企业社会责任自律机制

在我国企业社会责任自律机制建设进程中，全国性和地方性的行业协会进行了行业性企业社会责任的深入探索和实践，取得了丰硕的成果。截至2018年，我国发布各类行业性社会责任指南、倡议或公约的行业协会（或联合会）已经超过40家（殷格非等，2020b）。其中，由全国性行业协会（联合会）发布的主要行业社会责任指南、倡议或公约如表8-3所示。中国纺织工业联合会、中国工业经济联合会、中国对外承包工程商会、中国电子工业标准化技术协会是其中的典型代表。

表8-3 全国性行业协会发布的企业社会责任指南、倡议或公约

协会名称	年份	行业性社会责任倡议或指导意见
中国纺织工业联合会	2005	《中国纺织企业社会责任管理体系——CSC9000T作为行业自律公约》
	2008	《中国纺织服装企业社会责任报告纲要（2008版）》 《中国纺织服装企业社会责任报告验证准则》 《CSC9000T中国纺织服装企业社会责任管理体系总则及细则（2008年版）》
	2015	《家纺行业社会责任集体行动宣言》
	2017	《中国纺织服装企业海外投资的社会责任实施指南》 《“一带一路”中国纺织服装行业企业社会责任风险管理指南》
	2018	《CSC9000T纺织服装企业社会责任管理体系（2018版）》
中国工业经济联合会联合中国煤炭、机械、钢铁、石化、轻工、纺织、建材、有色金属、电力、矿业10家工业行业协会（联合会）	2008	《中国工业企业及工业协会社会责任指南》 《关于倡导并推进履行社会责任的若干意见》
	2010	《中国工业企业及工业协会社会责任指南（第二版）》
	2011	《中国工业企业社会责任指南实施手册》
中国对外承包工程商会	2009	《中国对外承包工程企业社会责任宣言》
	2011	《中国对外承包工程行业社会责任指引》
	2015	《中国对外承包工程行业社会责任指引实施手册》
	2017	《中国企业境外可持续基础设施项目指引》

续表

协会名称	年份	行业性社会责任倡议或指导意见
中国电子工业标准化技术协会	2012	《中国电子信息行业社会责任指南》 《中国电子信息行业社会责任报告编写指南》
	2017	《电子信息行业社会责任治理评价指标体系》（T/CESA 16003—2017） 《电子信息行业社会责任指南》（SJ/T 16000—2016）实施手册
中国房地产协会	2008	“和谐社会·责任地产”倡议书
中国有色金属工业协会	2008	《有色金属工业企业社会责任指南》
中国内燃机工业协会	2008	“绿色制造·和谐共赢”倡议书
中国银行业协会	2009	《中国银行业金融机构企业社会责任指引》
	2013	《中国银行业公益慈善自律约定》
中国信托业协会	2011	《信托公司社会责任公约》
中国电力企业联合会	2011	《全国电力行业核心价值公约》
中国医药商业协会	2011	《中国医药流通企业社会责任指南（试行）》
中国林业产业联合会 中国林产工业协会	2011	《中国林产业工业企业社会责任报告编写指南》
中国茶叶流通协会	2012	《中国茶产业可持续发展指南》
中国建筑业协会等12家建筑业（建设）协会	2013	《关于建筑业企业履行社会责任的指导意见》
中国酒业协会	2015	《酒与社会责任促进联盟宣言》
中国支付清算协会	2015	《中国支付清算行业社会责任倡议书》
	2016	《中国支付清算行业社会责任指南》 《中国支付清算行业社会责任评价指标体系》
中国证券业协会	2016	《助力脱贫攻坚 履行社会责任——证券公司“一司一县”结对帮扶贫困县行动倡议书》
	2017	《证券公司脱贫攻坚等社会责任履行情况专项评价指标》
	2021	《证券公司履行社会责任专项评价办法》
中国五矿化工进出口商会	2016	《中国对外矿业投资行业社会责任指引》 《中国负责任矿产供应链尽责管理指南》
中国互联网协会	2016	《互联网企业履行社会责任倡议书》
中国通信企业协会	2016	《中国信息通信行业企业社会责任管理体系》

续表

协会名称	年份	行业性社会责任倡议或指导意见
中国金融学会绿色金融专业委员会、中国投资协会、中国银行业协会、中国证券投资基金业协会、中国保险资产管理业协会、中国信托业协会、环境保护部环境保护对外合作中心	2017	《中国对外投资环境风险管理倡议》
中国证券投资基金业协会	2018	《绿色投资指引（试行）》
	2021	《公开募集证券投资基金管理人及从业人员职业操守和道德规范指南》
中国保险资产管理业协会	2018	《中国保险资产管理业绿色投资倡议书》
中国水泥协会	2018	《推进水泥企业社会责任建设工作的指导意见》 《水泥企业履行社会责任倡议书》 《水泥企业社会责任报告编写指南》

中国纺织工业联合会（以下简称中纺联）于2005年成立社会责任办公室，编制了我国第一个社会责任管理体系——CSC9000T，此后作为国内最早推进行业社会责任发展的行业组织之一，系统推进行业社会责任建设。2008年，制定《中国纺织服装企业社会责任报告纲要（2008版）》，为行业内不断成长的社会责任报告实践提供指引和规范。同年，制定《中国纺织服装企业社会责任报告验证准则》，为中国纺织工业协会、验证服务机构及纺织服装企业就社会责任报告的验证工作提供指引原则与操作规范。同年，制定《CSC9000T中国纺织服装企业社会责任管理体系总则及细则（2008年版）》，对纺织服装行业企业社会责任管理做出明确规定，引导、规范企业社会责任管理（中国工业经济联合会，2013）。2012年中纺联与BSCI、SA8000、WRAP等发起多个企业社会责任体系对话与协调平台——社会责任体系合作中国顾问委员会，目前有八个标准体系在这一平台上进行对话，致力于解决“价值壁垒”导致的贸易效率低下问题。中纺

联倡导成立纺织供应链绿色制造产业创新联盟，推进全产业链绿色制造的“十三五”重要目标和供应链合作，主要涉及四个方面：有害化学物质管控与水效管理、气候变化与碳排放、循环再生利用与可持续创新、环境信息披露与能力建设，形成四大2020行动。2016年，来自巴基斯坦等4个国家和地区的6位纺织行业代表与中纺联签署了《亚洲纺织服装行业负责任供应链区域合作治理宣言》，建立了纺织行业负责任供应链区域协调与合作机制，这是全球首个负责任供应链的区域倡议。2017年，中纺联发布了《“一带一路”中国纺织服装行业企业社会责任风险管理指南》，为“走出去”企业保驾护航（林波等，2017）。2018年，中纺联发布《CSC9000T纺织服装企业社会责任管理体系（2018版）》，以中国纺织服装行业“科技、时尚、绿色”的新定位以及顺应“一带一路”倡议致力海外拓展等发展趋势为现实依据，吸纳了过去10余年实施进程中积累的经验，以及国际、国内社会责任和可持续发展领域的新近发展和良好实践，在确保行业针对性和适用性的基础上适当增加了行为准则的要求和适用范围，并更加强调主动性的管理尽责（中国纺织工业联合会，2018a）。

自2007年起，中国工业经济联合会构建起了企业社会责任管理指导体系，搭建了国家级社会责任报告集中发布平台，推动责任理念传播与能力建设，建立了企业履责星级评价监督机制，初步构建了促进政府、行业、企业、社会“四位一体、多元共促”的社会责任协调推进机制，在中国工业行业企业社会责任发展方面发挥了重要作用（中国工业经济联合会，2019）。2008年，中国工业经济联合会联合中国煤炭、机械、钢铁、石化、轻工、纺织、建材、有色金属、电力、矿业10家工业行业协会（联合会）共同发布《中国工业企业及工业协会社会责任指南》，明确工业企业的履责重点，指导工业企业提高履责能力。2010年，中国工业经济联合会联合上述10家工业行业协会（联合会）共同发布《中国工业企业及工业协会社会责任指南（第二版）》，明确了中国工业企业和工业协会对社会责任的共同理解，适用于工业企业和工业协会构建社会责任体系、推进社会责任管理、披露社会责任信息，持续改进社会责任绩效。2011年，发布《中国工业企业社会责任指南实施手册》，旨在为企业更好地开展社会责任建设提供更具操作性的帮助和服务，有利于重塑管理方式，提高履责透明度，增强行业企业的可持续发展能力，促进企业与社会、环境有机统一、和谐相融（中国工业经济联合会，2013）。

中国对外承包工程商会于 2009 年发布“中国对外承包工程行业社会责任金银奖”，发布《中国对外承包工程企业社会责任宣言》，此后持续开展行业社会责任建设。2011 年，中国对外承包工程商会发布《中国对外承包工程行业社会责任指引》。为帮助会员企业持续改进社会责任工作和绩效，打造中国企业“全球责任、和谐共赢”的海外形象，2012—2021 年，中国对外承包工程商会组织开展了四次企业社会责任绩效评价工作，并编制发布《中国对外承包工程行业社会责任优秀实践案例集》。2015 年，为进一步增强《中国对外承包工程行业社会责任指引》的可操作性和对企业工作的具体指导作用，中国对外承包工程商会编制《中国对外承包工程行业社会责任指引实施手册》，通过指引内容解读、实操点拨、延伸阅读等丰富的内容，为对外承包工程企业在决策和经营活动中融入社会责任要求提供参考。2016 年，为顺应国际可持续基础设施发展趋势，适应行业快速发展的要求，深化行业“软实力”建设，中国对外承包工程商会启动可持续基础设施的研究和相关行业性标准的开发工作。2017 年 6 月，中国对外承包工程商会发布《中国企业境外可持续基础设施项目指引》，旨在制定可持续基础设施项目的行业性规范，引导和推动企业参与投资、设计、建设、运营可持续的基础设施项目（中国对外承包工程商会，2016；林波等，2017）。

中国电子工业标准化技术协会于 2011 年成立社会责任工作委员会，旨在进一步推进及开展电子信息行业社会责任工作，研究、制定和推广社会责任标准和相关应用工具，同时为企业履行社会责任搭建全方位的建设、服务和交流平台。2012 年，发布《中国电子信息行业社会责任指南》，从组织管理、技术创新、员工权益、安全健康、环境保护、诚信经营、供应链、消费者关系、社区参与和发展等方面，为电子信息行业的企业和其他组织履行社会责任提供原则和目标，引导电子信息企业科学、持续、系统地履行社会责任（中国工业经济联合会，2013）。2016 年，中国电子工业标准化技术协会发布了《电子信息行业社会责任指南》（SJ/T 16000—2016），这是参照《社会责任指南》（GB/T 36000—2015）国家标准编制的第一份行业社会责任标准。2017 年，中国电子工业标准化技术协会社会责任工作委员会和《WTO 经济导刊》联合主办“第五届电子信息行业社会责任年会”，会上发布了电子信息行业的三项社会责任成果：《电子信息行业社会责任治理评价指标体系》（T/CESA 16003—2017）、《电子信息行业社会责任建设发展报告》及《电子信息行业社会责任指南》（SJ/T 16000—2016）实施手册。会上还有 25 家电子信息行业企业的社会责任报告集中发布（林波等，2017）。

2. 督促、引导和协助行业企业切实履行社会责任

与此同时，以中纺联、中国工业经济联合会、中国对外承包工程商会等为代表的行业组织，积极打造平台、系统优化资源，通过组织社会责任相关理论与实践知识的培训、机制化的社会责任研讨与交流会议，对行业企业的社会责任意识和实践进行全面推进和监督，同时围绕行业自律，从行业整体层面为企业提供社会责任专项服务。

2006 年，中纺联推出了首批 10 家中国纺织企业社会责任管理体系——CSC9000T 试点企业，帮助它们建立了完善的社会责任管理体系；2007 年，又推出了“10 + 100 + 1000”项目，旨在帮助 1000 家中小企业完成社会责任管理能力建设的培训，并帮助 100 家企业建立企业社会责任管理体系（杜娟，2010）。自 2008 年起，中纺联举办中国纺织企业社会责任管理体系 CSC9000T 内部审核员培训班，提高各执行企业参与 CSC9000T 体系建设的核心管理人员的社会责任认知、管理能力和审核技能（中国工业经济联合会，2013）。2014 年，由中纺联和倡议商界遵守社会责任组织（BSCI）联合举办了 3 场“工时和薪酬”高级培训，来自纺织、服装、鞋业、轻工等行业的 100 余名企业代表参加了培训。该培训旨在为 BSCI 的中国供应商开展社会责任意识提升和能力建设提供服务，并通过对 ILO 国际

公约、本国相关法律法规以及 BSCI 审核要求等内容的介绍帮助供应商了解他们在改进社会责任表现方面应达到的要求。作为 BSCI 的战略合作伙伴，中纺联致力于在供应链层面开展多层次合作。自 2007 年开始双方联合举办的供应商社会责任培训，已累计超过 90 场，受训人员 6500 余人次，取得了良好的培训效果（中国纺织工业联合会，2014）。2017 年，由中纺联和 BSCI 联合举办了 5 场“体面劳动时间和合理报酬”培训。来自纺织、服装、轻工等行业的 200 名企业代表参加了培训。该培训旨在为 BSCI 的中国供应商开展社会责任意识提升和能力建设提供服务，帮助企业了解他们在改进社会责任表现方面应达到的要求（中国纺织工业联合会，2018b）。2019 年，中纺联社会责任办公室和亚洲基金会合作，在孟加拉国、柬埔寨、越南等国家开展“海外投资企业建设性别敏感的企业制度”项目。该项目旨在通过开发出适合东道国法律和社会文化的性别敏感的管理工具，并通过开展能力建设，来缩小中国投资企业内的当地企业的性别差距，同时引入具有性别视角的企业责任实践（中国纺织工业联合会，2020）。2020 年 6 月，中纺联社会责任办公室和联合国妇女署联合启动《赋权予女性原则》（WEPs）的行业推广行动，旨在通过鼓励中国的纺织服装企业推动女性员工权益保护，提升企业管理者的性别平等意识和人本责任能力建设，激发女性领导力，从而为女性经济赋能创造包容的从业环境，提升纺织行业的性别平等和责任竞争力。截至 2020 年底，全行业共有 91 家纺织服装企业的 CEO 签署了支持《赋权予女性原则》的声明（中国纺织工业联合会，2021）。

自 2007 年以来，中国工业经济联合会首创以“能力基础，合作创新，透明管理，网络平台，生态建设，价值共享”为特征的企业社会责任管理方法，积极帮助企业更好地适应与引领快速变化的外部环境，提升风险管理与长期成长能力，构建与保持可持续竞争优势（中国工业经济联合会，2019）。

2008 年，中国房地产协会召开“和谐社会 · 责任地产”座谈会，会议主题为推动房地产行业尤其是开发企业立足构建和谐社会，当好责任地产标兵，努力构建健康持续发展的房地产行业和构建责任、诚信、有为的房地产开发企业群体。与会的200多家房地产开发企业签署了“和谐社会·责任地产”倡议书（黎林峰，2008）。

2011年，中国对外承包工程商会开展地方企业社会责任和信用管理专题培训及企业调研，推动企业提高社会责任和信用管理绩效。2011—2012年，举办系列社会责任培训，提升会员企业的社会责任意识和理念，推动《中国对外承包工程行业社会责任指引》在全行业的贯彻和应用，进一步提高行业社会责任建设的整体水平（中国工业经济联合会，2013）。

2011年，中国银行业协会召开中国银行业社会责任培训暨社会责任工作会，为各会员银行同业间交流合作搭建平台，学习国内外先进理论体系，提升理论水平，保持银行业可持续健康发展（中国工业经济联合会，2013）。

3. 行业企业社会责任绩效评价和经验总结

（1）开展绩效评优活动

2011年，中国银行业协会开展2010年度中国银行业社会责任评选活动，推进我国银行业社会责任实践工作深入开展，引导各机构全面履行社会责任（中国工业经济联合会，2013）。

自2014年起，中国工业经济联合会举办中国工业企业履行社会责任星级评价活动，成为我国工业领域首个对企业社会责任管理水平、实践绩效进行全面、综合评价的活动。同时，中国工业经济联合会依托发布的《中国工业企业社会责任评价指标体系》及自主开发的在线评价信息系统，创新采用计量方法，通过对企业的社会责任价值观与战略、社会责任推进管理、经济影响、环境影响、社会影响、履责创新六方面进行评价，产生代表行业先进管理水平和履责水平，资源节约、环境友好，具有良好经济效益、环境效益、社会效益的企业标杆和典型。2014—2016年，三届星级评价活动中累计百余家企业荣登“中国工业企业履责星级榜”，荣获五星级企业称号（中国工业经济联合会，2019）。

为提升中国对外承包工程企业履行社会责任的意愿、能力和水平，中国对外承包工程商会开展社会责任绩效评价，主要依据《中国对外承包工程行业社会责任指引》设立指标体系和评分标准，对参评会员企业的社会责任管理、社会责任实践及效果等方面进行考察评分，给予等级并出具评价报告（林波等，2017）。

（2）评选优秀案例

2009—2012年，中国对外承包工程商会开展对外承包工程企业社会责任奖评选工作。举办“对外承包工程行业社会责任绩效评价结果发布仪式暨企业社会责任论坛”，对获得优秀等级的企业和优秀案例进行推广和宣传，并加大向国内外政府、金融机构等部门的推介力度，帮助绩效优异的企业优先获得项目机会及国家相关优惠政策的支持；并在全行业提出表扬，通过树立榜样，引导更多企业重视社会责任，提升社会责任管理能力和水平，改善企业海外形象（中国工业经济联合会，2013）。

2012年，为更好地发挥交流平台的作用，中国工业经济联合会面向报告发布企业征集在责任管理、科学发展、公平运营、环保节约、安全生产、顾客与消费者权益、合作共赢、和谐劳动关系、社区参与和发展等社会责任领域的具体实践，编印了《2012中国工业经济行业企业社会责任报告发布会社会责任实践案例选编》，展示推广优秀案例和典范实践，供广大企业、各类机构和组织开展社会责任工作时参考借鉴（中国工业经济联合会，2012）。

2012年，中国电子工业标准化技术协会召开社会责任典型实践案例征集工作研讨会，启动“电子信息行业社会责任典型实践案例”的征集工作，以进一步推广社会责任成功实践经验，树立社会责任建设优秀企业，促进电子信息企业履责意识和履责能力提升，促进电子信息产业转型升级和可持续发展（中国工业经济联合会，2013）。

2014年，中国外商投资企业协会发布《中国外商投资企业履行社会责任优秀案例集》。2013—2015年，中国外商投资企业协会两次开展社会责任绩效评价活动，共评选出16家领先型企业，27家成长型企业，37个社会责任实践优秀案例。

4. 行业企业社会责任的信息披露

行业协会在推进行业企业社会责任信息披露方面开展了大量工作，主要体现在打造行业社会责任报告的集中发布平台、促使企业建立报告定期发布机制、提高行业社会责任报告水平等多个方面。自2006年以来，中纺联、中国工业经济联合会、中国煤炭工业协会、中国林业产业联合会、中国林产工业协会等全国性行业协会以及上海市经济团体联合会、浙江省工业经济联合会、安徽省工业经济联合会、河南省工业经济联合会、湖南省工业经济联合会、贵州省工业与知识经济联合会、陕西省工业经济联合会等地方性大型行业协会通过组织召开行业企业社会责任报告联合发布会的方式，搭建行业社会责任工作交流平台，倡导行业企业认真履行社会责任（中国工业经济联合会，2013）。

自2006年首次在社会责任年会平台上发布行业社会责任年报以来，中纺联即把推动企业社会责任信息披露作为工作重点之一。截至2013年底，全国共有64家纺织服装企业发布了171份社会责任报告，其中有58份报告通过中国纺织服装企业社会责任报告联合发布会平台发布，54份报告通过第三方机构的独立验证或联合会鉴证。2009—2013年，纺织行业一直是中国发布社会责任报告份数最多的制造业行业（中国纺织工业联合会，2014）。在2014—2015年的中国纺织服装行业社会责任年会上，分别又有5家和3家重点纺织服装企业发布了社会责任报告。

自2009年起，在国家发展改革委、工信部等八部委的支持和指导下，中国工业经济联合会每年召开一届“中国工业经济行业企业社会责任报告发布会”，率先搭建起中国工业领域社会责任报告集中发布平台。这是国内首个社会责任报告集中发布平台，旨在为中国工业企业及工业协会提供社会责任工作展示和交流平台构建企业履责的长效推进机制，推动形成政府、行业、企业、社会“四位一体、多元共促”的协同推进格局，促进经济、社会、环境的全面协调可持续发展。2009—2018年，已有近730家（次）中央企业、地方国有骨干企业、外资企业和优秀民营企业在这个平台上发布社会责任报告（中国工业经济联合会，2018）。

（三）行业协会推动行业企业社会责任的成效与不足之处

1. 成效

陈贵梧等（2017）采取中国私营企业调查2010年数据进行基准分析，同时使用2006年、2008年、2012年数据逐年进行稳健性检验，实证分析了行业协会对企业履行社会责任的影响效应。研究发现，行业协会可以显著提高企业社会责任表现，即参加了行业协会的企业在善待员工、保护环境、慈善捐助等社会责任方面的投入明显比未参加行业协会的企业要高。

2. 不足之处

研究发现，我国行业协会在推进行业社会责任工作方面依然存在不足之处。张晓丹（2019）通过对上海地区行业协会案例研究，发现行业协会在履行自身社会责任以及推进行业社会责任建设过程中，面临以下四方面的困难：其一，不同类型、不同规模的企业社会责任发展不均衡；其二，协会自身面临人、财、物资源短缺，给履行社会责任带来影响；其三，企业社会责任意识不足和协会服务能力薄弱；其四，政府政策引导支持力度有待提升。

三、研究发现

（一）案例概况

过去10年间，我国支付清算行业高速发展，在提升服务体验、改善民生、促进消费、服务实体经济中发挥着越来越重要的作用。2021年，全国银行共办理非现金支付业务4395.1亿笔，金额达到4415.6万亿元，分别是10年前的10.7倍和3.4倍（中国支付清算协会，2022a）。截至2022年底，我国从事支付清算结算服务的各类持牌机构4775家，主要包括银行业金融机构、非银行支付机构、基础设施运营机构等。此外，还有数量众多的外包服务机构、金融科技公司、硬件设备提供商和检测认证机构等上下游非持牌机构（中国支付清算协会，2023）。

自2011年5月成立以来，中国支付清算协会（以下简称协会）不断强化服务和自律职能，以“政策传导到位、市场自律规范、服务高质有效”为引领，全面提升协会的综合履职能力建设，有力促进支付服务安全、高效、便利，成为行业治理体系的重要组成部分，成为行业高质量发展的重要推动力量（中国支付清算协会，2022a）。

截至2021年底，协会共有会员单位577家，是10年前的9.4倍，构成了支付清算服务市场的主体力量。会员单位覆盖商业银行、支付机构、财务公司、特许清算机构、金融科技公司、产业链上下游机构、地方支付协会等（中国支付清算协会，2022a）。

（二）中国支付清算协会推动行业企业社会责任发展的具体路径

2015年，协会发布首份《中国支付清算行业社会责任报告》，同时发布《中国支付清算行业社会责任倡议书》，正式开启推动支付清算行业企业社会责任的工作（中国支付清算协会，2023）。此后，为实现经济、社会和环境综合价值最优化的可持续发展目标，协会采取以下措施，致力于推动行业企业社会责任的发展：面向行业主体发布企业社会责任倡议；制定行业企业社会责任指南和评价指标；监督和引导行业主体切实履行企业社会责任；定期发布行业企业社会责任报告。

1. 面向行业主体发布企业社会责任倡议

自2015年以来，协会面向行业主体多次发起企业社会责任相关主题的倡议书，旨在引导行业企业不断提升社会责任意识、持续深化社会责任理念。2015年，协会面向行业全体发布《中国支付清算行业社会责任倡议书》，倡导行业主体在合规经营、管控风险、公平竞争、服务民生、和谐用工、热心公益等方面积极履行企业社会责任（中国支付清算协会，2015）。

2020年2月，协会发布《积极行动、同舟共济、助力打胜疫情防控阻击战——中国支付清算行业共战疫情并有序复工复产倡议书》，从“坚持必胜信念，保持思想上高度重视”“全面落实防控工作，保证行动上毫不放松”“在确保疫情防控到位的条件下，统筹安排复工”“共同维护良好市场秩序，做好行业联防联控”“加强行业战疫宣传，弘扬正能量”“承担支付行业社会责任，为战疫贡献力量”六方面向行业主体发出具体倡议（中国支付清算协会，2021a）。

2021年6月，人民银行等四部门印发了《关于降低小微企业和个体工商户支付手续费的通知》（银发〔2021〕169号），要求降低银行卡刷卡手续费。为贯彻落实四部门要求，协会积极组织相关行业主体响应政府号召，并联合中国银行业协会发布了《关于降低小微企业和个体工商户支付手续费的倡议书》《关于降低自动取款机（ATM）跨行取现手续费的倡议书》，引导支付行业主体主动降低企业刷卡手续费。截至2021年底，银行卡刷卡手续费让利规模达到3.48亿笔、金额6.96亿元，有力地支持了实体经济恢复，进一步发挥了支付服务对惠民生、促发展、保就业的基础作用和支撑效应（中国支付清算协会，2022a）。

2. 制定行业企业社会责任指南和评价指标

自2016年以来，为进一步提升行业社会责任实践发展的规范化、专业化水平，协会启动了支付清算行业社会责任指南和评价指标的制定工作。协会通过与高校研究机构合作的方式，制定了《中国支付清算行业社会责任指南》（以下简称《指南》）和《中国支付清算行业社会责任指标体系》（以下简称《指标体系》）。2017年5月，协会向行业主体印发《指南》，明确了支付机构履行社会责任的基本原则、基本实践与核心议题，并为支付机构建立责任管理体系、开展利益相关方沟通等提供了指导依据（中国支付清算协会，2018）。

从协会角度来看，《指南》和《指标体系》为支付清算行业推进社会责任明晰了具体的标准与方向，使行业及企业在履行社会责任过程中更加有的放矢。对此，协会相关负责人在接受访谈时指出：

协会之所以邀请高校专业机构来为支付清算行业设定企业社会责任指南和评价指标，一是希望行业企业社会责任发展从一开始就走上更加专业的和与国际接轨之路；二是为行业企业社会责任的发展树立明确目标。

从行业主体的角度来看，《指南》和《指标体系》的制定和推广，一方面为行业主体搭建了企业社会责任领域交流与学习的平台；另一方面提升了行业主体履责实践的方向感和专业度。对此，两位来自不同支付机构的受访者深有体会。

行业协会搭建了一个企业互相比较社会责任工作开展情况的平台。通过这个平台，我们可以了解其他同业机构是如何开展社会责任工作以及开展到了什么程度。同样，协会也通过这个平台收集行业信息，对机构之间的工作开展进行衡量与比对，继而可以根据各机构工作开展的情况出台相应的标准，对机构进行约束和促进机构的社会责任自律管理，这也间接促进了企业通过履行社会责任实现对社会的反哺（某 B 支付机构受访者）。

在协会建立行业指引之前，我们企业也做了很多企业社会责任的相关工作，比如慈善捐助等。但是从理论上来说并没有形成体系，在实践中也仅仅是根据自己的理解做一些相关工作。有了协会专业的社会责任指引之后，我们的社会责任履行工作更加形成体系，更加深入，也更加专业（某 C 支付机构受访者）。

3. 监督和引导行业主体切实履行企业社会责任

为监督和引导行业主体切实履行企业社会责任，协会将企业社会责任评价指标纳入行业自律评价，形成了激励行业主体切实履行企业社会责任的长效机制。自律评价是协会对市场主体自我管理、自我约束情况的整体评价，通过对支付机构企业内部治理、风险控制情况、自律规范执行、社会责任履行等多维度、多层次的“体检式”评价，帮助支付机构建立完善的自我评价、自我管理、自我约束机制，提高内部管理和风险控制水平（中国支付清算协会，2022a）。

2016 年，协会制定并下发《非银行支付机构自律管理评价实施办法（试行）》（中支协发〔2016〕33 号）（以下简称《自律管理评价实施办法》）。为持续推动支付清算行业履行社会责任，协会首次将企业社会责任评价指标纳入《自律管理评价实施办法》，在行业内形成了长效化的履责激励机制。《自律管理评价实施办法》中引入的企业社会责任评价指标如表 8－4 所示。

表 8－4　《自律管理评价实施办法》中的企业社会责任评价指标

一级指标	二级指标	具体内容
履行社会责任	社会责任推进机制	1. 制定社会责任战略或者规划； 2. 发布社会责任报告； 3. 积极配合行业协会社会责任编写
	改善民生福祉	在便民服务、“三农”事业、支持小微企业方面取得成效
	公益事业	积极参与公益慈善活动
	客户服务	1. 建立长期、有效、方便、稳定的客户服务体系，设置有效的客户服务及投诉处理渠道； 2. 及时进行信息披露与风险提示； 3. 采取有效措施保障客户信息安全； 4. 积极开展消费者教育活动
	员工权益	积极开展员工培训，保障员工合法权益

资料来源：中国支付清算协会．非银行支付机构自律管理评价实施办法（试行）. 2016.

自 2016 年以来，协会每年根据《支付机构分类评级管理办法（试行）》《自律管理评价实施办法》，对行业内的支付机构开展年度自律管理评价工作，并将自律评分结果纳入人民银行分类评级结果。协会将企业社会责任评价指标纳入《自律管理评价实施办法》，并据此开展年度自律管理评价工作，为激励行业主体切实履行企业社会责任提供了实质性的动力机制。在访谈中，某 A 支付机构受访者详细介绍了该机构积极配合协会开展企业社会责任报告数据收集工作时的考虑。

协会每年发布行业社会责任报告，我们作为会员单位都参与了资料收集、上报与企业社会责任报告的部分编写工作，我们的参与度直接与协会制定的自律管理评价考核分值挂钩。所以，我们支付机构对协会发布的关于企业社会责任相关的任何通知和要求，都十分重视，甚至“一把手”带头亲自安排。协会的通知在我们支付机构看来是极具权威性的，是与人民银行有直接关系的，来自协会的指导与央行的指导是一脉相承的。因此，我们特别认真地配合，执行规格甚至比要求本身更高。如果任务完成得不好，就会影响我们机构在协会的评级，而这个评级与央行对我们的评级是产生直接影响的。

同时，将社会责任评价指标纳入行业自律管理评价最终促成了行业主体由被动履责到主动履责的转变，形成了促进行业主体持续、自主履责的长效机制。在访谈中，某D支付机构受访者分享了机构自身的履责动机变化过程。

对于履行企业社会责任，我们企业经历了一个从被动管理到自觉发展的过程。一开始我们不清楚要怎么做，也不清楚同业间其他企业是如何做的。协会更新了自律标准后，逐渐促使企业走向自觉履行社会责任的状态。可以说，协会对我们企业履行社会责任，起始点是从监督和管理开始的，但终点一定是企业自觉发展，其中协会发挥了重要的推动作用。也可以说，协会通过新的自律规范激发了企业自身的潜能，使企业在履责方面变得更积极主动。

4. 定期发布行业企业社会责任报告

2015年11月，中国支付清算协会发布了首份《中国支付清算行业社会责任报告》，全面展示了中国支付清算行业主体在规范合规经营、落实风险管控、开展公平竞争、促进服务民生、热心践行公益、共促社会发展等方面的主要做法和取得的成效。2016—2023年，协会连续8年发布行业社会责任报告，展示支付行业社会责任履责成效，引导行业企业牢固树立社会责任理念，鼓励发挥企业优势，积极参与社会治理、承担社会责任。

同时，协会连续8年发布行业社会责任报告，对提升行业主体的社会责任信息披露水平发挥了积极的引领作用。在访谈中，某D支付机构受访者详细讲述了机构社会责任信息披露工作逐步完善的过程。

目前，我们企业已经建立起一套完整的针对利益相关方的信息披露机制。一是将发布企业社会责任报告作为社会责任沟通的常态机制。二是建立健全了媒介沟通平台，定期利用内外部网络、报纸、杂志等媒体平台，及时、主动向公众传递公司社会责任理念、公司改革发展的创新举措以及取得的成果。三是定期开展社会责任主题交流活动。开展以社会责任为主题的各类活动与宣传，通过交流对话、共同行动，树立良好的、负责任的企业公民形象。四是采用多样化的利益相关方参与方式。例如通过召开目标客户座谈会、个别走访调研客户需求、策划实施各类主题活动等方式，与利益相关方加强合作，增进了解，达成共识。

（三）中国支付清算协会推动行业企业社会责任发展的效果分析

多年来，经过协会和行业主体的共同努力，我国支付清算行业的企业社会责任实践和管理水平有了明显提升，主要体现在以下四个方面：其一，建立明确的社会责任制度规范和战略规划；其二，社会责任推进机制逐步完善；其三，社会责任信息披露实现常态化；其四，社会责任实践有效促成环境、社会、经济绩效的共赢。

1. 建立明确的社会责任制度规范和战略规划

通过协会的长期倡导和推动，我国支付清算行业主体对企业社会责任的意识和重视程度普遍提高。如表 8－5 所示，2015—2022 年，越来越多的支付清算行业主体结合行业规范和自身实际，制定了企业社会责任行为准则，并将社会责任理念融入企业发展战略规划和日常经营管理之中。在访谈中，某 A 支付机构受访者分享了社会责任理念与企业发展战略规划之间的密切联系：

企业社会责任已经成为我们企业管理中不可分割的一部分，上至管理层，下至普通员工，都有了重视企业社会责任的主动意识。同时，在每年制定企业的发展规划时，也会将企业社会责任部分列为重要内容。

表 8－5 支付清算行业主体社会责任制度规范和战略规划情况 单位：家

类目	2015 年	2016 年	2017 年	2018 年	2019 年	2020 年	2021 年	2022 年
制定企业社会责任行为准则	110	80	80	78	121	108	133	133
制定社会责任战略规划	74	70	80	63	76	82	101	107

2. 社会责任推进机制逐步完善

支付清算行业主体的企业社会责任推进机制逐步完善，为切实长效履行社会责任提供了组织和资源保障。如表 8 -6 所示，多数支付清算行业主体设立社会责任专门/兼职部门，在开展企业社会责任事务方面有规模可观的资源投入。

表 8 -6　支付清算行业主体履责的组织及资源支持情况

类目	2016 年	2017 年	2018 年	2019 年	2020 年	2021 年	2022 年
设立社会责任专门/兼职部门（家）	120	152	151	145	114	145	158
企业社会责任事务年度经费（亿元）	—	10.21	—	28.8	12.2	15.83	15.32

3. 社会责任信息披露实现常态化

多数支付清算行业主体，通过多年的企业社会责任实践探索，实现了社会责任信息披露常态化，有效提升了行业主体对多元利益相关方的需求识别响应以及沟通能力。如表 8 -7 所示，多数支付清算行业主体采取有效措施识别和回应多元利益相关方需求，建立了与利益相关方双向沟通程序，发布社会责任报告或通过官网、微信公众号、企业年报、内刊、新闻发布会等公共媒体平台发布社会责任信息。

表 8 -7　支付清算行业主体的利益相关方管理措施　单位：家

类目	2015 年	2016 年	2017 年	2018 年	2019 年	2020 年	2021 年	2022 年
识别和回应多元利益相关方需求	113	149	157	156	141	125	143	154
建立与利益相关方双向沟通程序	—	134	143	141	118	118	118	137
开展社会责任信息披露	—	—	134	126	152	121	131	166
撰写和发布社会责任报告	63	100	49	46	50	46	72	68

4. 社会责任实践有效促成环境、社会、经济绩效的共赢

支付清算行业主体多年来履行企业社会责任的实践，创造了积极的环境价值、社会价值与经济价值，实现了环境、社会、经济三种绩效的“共赢”局面。首先，支付清算行业主体坚持践行绿色金融理念，提供绿色金融产品及服务，推动社会经济发展低碳化，努力实现价值创造与绿色发展的共生共荣。如图 8 -1 所示，多数支付清算行业主体积极践行绿色低碳环保运营理念，倡导绿色办公，在企业运营中采取了多种节能降耗措施。

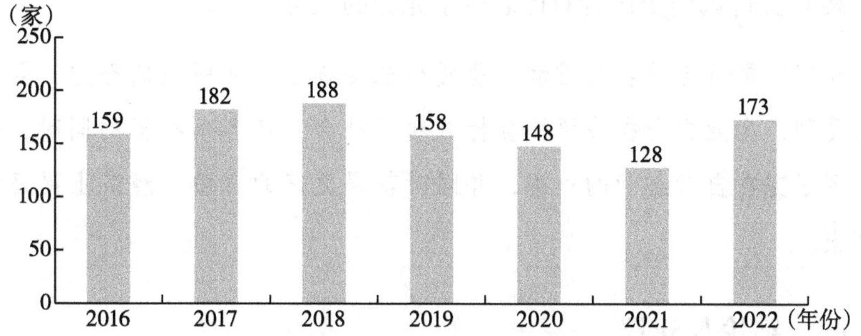

图 8－1　采取节能降耗措施支付清算行业主体

其次，支付清算行业主体坚持金融向善，通过开展公益慈善捐助、组织志愿服务等方式，持续帮扶社会弱势群体，获得了广泛的社会认可与赞誉。如图 8－2 所示，2016—2022 年，支付清算行业主体在教育、医疗、减贫、环保、救灾等公益领域的慈善捐助总金额最低为 39.97 亿元，最高达到 108.76 亿元。同时，支付清算行业主体的年度志愿服务总时长最低为 5.68 万小时，最高达到 15.00 万小时。

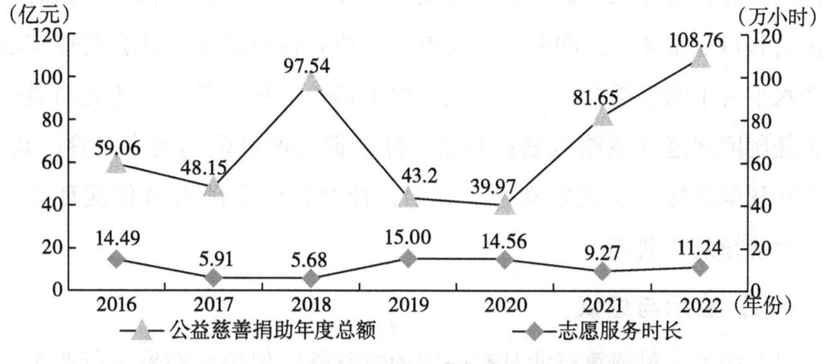

图 8－2　支付清算行业主体的公益捐赠与志愿服务

注：2019—2022 年度的原始数据为天，按照 1 天 ＝ 8 小时，换算成统一的小时为单位。

最后，支付清算行业主体绿色金融、金融向善领域的卓越绩效，获得了利益相关方的一致认可，提升了企业的声誉、形象与口碑。这种良好的社会效益、环境效益最终转化为企业在市场的竞争力和经济效益，实现了战略性企业社会责任模式下环境、社会与商业的“多赢”局面。在访谈中，某 E 支付机构受访者对此表达了充分的认可。

我们非常肯定协会在推动企业履行社会责任方面所做的努力，因为我们感受到，企业自身在按照协会标准履行社会责任各项指标的同时，也的确起到了完善自身经营的作用，并同时获得更好的声誉与经济上更好的收益回报。

四、结论与建议

（一）研究结论

本研究以协会推进行业企业社会责任的实践作为典型案例，通过收集和分析一手数据和二手资料，对我国行业协会推动行业企业社会责任发展的具体路径和效果进行深入的分析。研究发现，自 2015 年以来，协会采取以下措施，致力于推动行业企业社会责任的发展：面向行业主体发布企业社会责任倡议；制定行业企业社会责任指南和评价指标；监督和引导行业主体切实履行企业社会责任；定期发布行业企业社会责任报告。同时，经过协会和行业主体的共同努力，我国支付清算行业的企业社会责任实践和管理水平有了明显提升，主要体现在以下四个方面：其一，建立明确的社会责任制度规范和战略规划；其二，社会责任推进机制逐步完善；其三，社会责任信息披露实现常态化；其四，社会责任实践有效促成环境、社会、经济绩效的共赢。

（二）启示与建议

尽管中国支付清算行业具有一定的特殊性，但协会在推进行业履行社会责任方面的具体举措对其他行业协会具有重要的借鉴意义。结合以上研究发现，笔者针对未来推动我国企业社会责任实践继续发展的重要利益相关方提出以下建议。

对于政府而言，应意识到行业组织所具有的内在的、自发的、持久的自律能力与监管动力，使其可以及时采取有效的监管自治措施，在推动企业履行社会责任方面发挥更好的作用。因此，一方面，政府应加快推进职能转变，推进行业协会的改革和发展，建立和完善由政府、企业、行业协会构成的社会责任推进体系，把有关行业市场秩序维护的权利转移给行业协会，实现企业在行业协会制定的规范秩序下的有序竞争；另一方面，也应规范和完善相关法律法规，确保行业协会的基本建设以及保证行业协会有对行业的监督管理等权利。

对于行业协会来说，应明确其作为政府和企业间沟通的重要桥梁作用，明确其自身在推进行业社会发展上的责任。同时，要加强在为行业企业提供更好服务与维护行业企业利益方面的意识与行动，就像清算协会一样，通过制定操作性强且专业性的自律规范来切实推动企业社会责任履行的落地与实施，而非只让推动停留在表面阶段。

对于企业而言，应意识到推动企业履行社会责任对环境、消费者、社会等利益相关方的重要作用；应意识到企业履行社会责任对国家和社会进步的重要意义；更要意识到企业履行社会责任对树立企业自身良好形象、增强自身企业竞争力、更好地生产经营所将发挥的融合性作用，从而把企业履行社会责任当作企业正常生产经营中不可或缺的一部分，自然而然地融入企业的日常运营之中。

第九章　我国企业海外投资中的企业社会责任实践对东道社区发展的影响

——基于中国有色集团赞比亚企业社会责任项目的案例分析

一、导言

（一）研究背景

进入21世纪，越来越多的中国企业走出国门，成为全球对外直接投资的主体。我国政府发布的年度对外直接投资统计数据显示，自2003年以来，中国已连续11年位列全球对外直接投资流量前三，对世界经济的贡献日益凸显。截至2022年底，中国2.9万家境内投资者在国（境）外共设立对外直接投资企业（以下简称海外投资企业）4.66万家，分布在全球190个国家和地区，年末境外企业资产总额8.4万亿美元，对外直接投资累计净额（以下简称存量）2.75万亿美元（商务部、国家统计局和国家外汇管理局，2023）。2022年中国对外直接投资分别占全球当年流量、存量的10.9%和6.9%，流量列全球国家和地区第二位，存量列第三位（商务部、国家统计局和国家外汇管理局，2023）。

党的十八大以来，中国对外投资在全球外国直接投资中的影响力不断扩大。中国累计对外直接投资达1.51万亿美元，相当于存量规模的54.9%，连续7年占全球份额超过一成，在投资所在国家和地区累计缴纳各种税金4432亿美元，年均解决超过200万个就业岗位。我国海外投资企业对促进投资所在国家和地区当地的经济繁荣、就业、税收以及社会发展做出了突出贡献。2022 年，我国海外投资企业向投资所在国家和地区缴纳各种税金总额 750 亿美元，年末海外投资企业雇用外方员工 249.3 万人，占其员工总数的 60.7%（商务部、国家统计局和国家外汇管理局，2023）。

然而，随着中国企业“走出去”的步伐加快，许多企业在海外投资过程中过分强调经济因素，出现忽视企业社会责任以及履责缺失的问题。现有研究发现，海外投资的国有企业存在以下履责不力的问题：职工权益保护不足、忽视对环境的保护、安全生产意识淡薄、商业贿赂等（赵志浩，2015）。同时，一些海外投资企业片面倚重东道国政府支持而忽略甚至拒绝与在野党、意见领袖、非政府组织、媒体等利益相关方进行对话与合作，不仅造成了中资企业在履行社会责任时手段单一、效果不佳，甚至造成项目停滞以及巨大的经济损失（赵丽芳，2015）。海外媒体和公众经常指责中国海外投资企业存在缺乏社会责任感，在海外经营时破坏环境、缺席社区参与和社区发展等问题（王剑武，2016）。例如，2010 年 6 月，中国工商银行同意为埃塞俄比亚的吉贝三级大坝项目提供巨额贷款。国际河流组织、银行监察组织和图尔卡纳湖之友等组织认为该项目将导致湖区生态环境崩溃并为此致信中国工商银行。此后，国外不少媒体相继报道此事，对中国工商银行的投资形象造成严重的负面影响。另外，据英国媒体报道，中国与刚果、缅甸及利比亚等国的木材交易过程中存在非法采伐行为，严重损害了当地的自然环境（超鸿燕，2014）。

其中，我国采矿业企业海外投资中出现的企业社会责任问题尤为突出。1992 年，首钢集团以 1.18 亿美元购买濒临倒闭的秘鲁国有铁矿公司 98.4% 的股权，开创了我国大型钢铁公司成功收购海外大型矿产企业的先河。然而，由于秘鲁工会组织强大，职工福利要求高，劳资纠纷不断，1996 年秘鲁铁矿就因工资问题发生了长达 42 天的集体罢工事件，此后接二连三的“罢工事件”足足持续了 20 余年。由于公司的日常生产长期处于不稳定状态，企业产量始终无法提升。原计划 1500 万吨的年产能最终只实现了 50% 左右（张炳雷，2011；张中元，2015）。此外，中国万宝矿产在缅甸的莱比塘铜矿项目也曾因环境保护问题和征地赔偿争议成为舆论的焦点。中国石油乍得公司在开采原油时曾违背了乍得的环境法规，如未使用设备清理溢出的原油，而被乍得石油和能源部要求暂停钻井和试油作业（闫岩，2013）。同时，中国五矿、紫金矿业、科蓝煤矿等资源型企业皆因不重视海外社会责任的履行而使企业受到很大的负面影响。中国铝业在秘鲁也因未能妥善安置当地拆迁居民而陷入危机，2014 年还因污染环境被当局责令停产整改（王昶、敬章洲，2016）。

为引导企业在境外经营时切实履行社会责任，商务部、环境保护部、国务院国资委、林草局等政府部门适时出台各类自愿性企业社会责任指南文件，还通过举办培训、推广先进案例、促进国际合作等方式切实帮助海外投资企业提高企业社会责任管理能力。商务部 2005 年发布的《境外投资开办企业核准工作细则》中制定了有关环境条款的规定，体现出对于东道国环境问题的关注。2008 年 7 月，国务院颁布了《对外承包工程管理条例》，确立了对外承包工程资格制度，从法人资格、资金、管理人员和专业技术人员、安全防范能力、工程质量和安全生产保障能力以及商业信誉等方面，对取得对外承包工程资格的单位应当具备的条件作了规定。2011 年 3 月，商务部会同外交部、国务院国资委和全国工商联发布《境外中资企业（机构）员工管理指引》，内容涉及国内人员选派和培训、境外员工雇用、境外劳资纠纷处理等，对中国企业在境外做好员工管理、构建和谐劳资关系具有指导意义。2011 年 10 月，国务院国资委颁布了《中央企业“十二五”和谐发展战略实施纲要》，要求中央企业在跨国经营中积极履行社会责任，培育具有国际竞争力的世界一流企业。2012 年 4 月，商务部等七部门印发《中国境外企业文化建设若干意见》，鼓励境外企业认真研究和熟悉当地法律法规，严格履行合同规定，主动依法纳税，自觉保护劳工合法权利，认真执行环境法规，确保国际化经营合法、合规，建立健全规章制度，严格规范企业经营管理行为和员工行为，对外树立中国企业诚实、守信的形象。2013 年 2 月，商务部、环境保护部联合发布《对外投资合作环境保护指南》，这是中国政府在对外投资合作领域针对企业环境保护行为发布的第一个专门性环保指南，从建立内部环境管理制度、员工环保培训、环境影响评价、生物多样性、社会影响评价、达标排放、环境监测要求、环境尽职调查、危险废物管理、环境事故预防与应急、生态恢复、清洁生产、绿色采购等方面对企业的环境保护行为提出了指导性的意见和建议。2014 年 9 月，商务部重新修订了《境外投资管理办法》（2009 年颁布）。第三章“规范和服务”中增加了对企业履行社会责任，做好环境、劳工保护、企业文化建设等条款，要求境外企业遵守境内外法律法规、尊重当地风俗习惯、履行社会责任，做好环境、劳工保护、员工培训、企业文化建设等工作，促进与当地的融合（吴芳芳，2013；张中元，2015）。自 2018 年以来，国家密集出台对中央企业海外社会责任的新要求。国务院国资委自 2018 年起开展中央企业海外社会责任年度课题研究，2018—2021年连续 4 年编制发布《中央企业海外社会责任蓝皮书》。2021 年 9 月，“在非企业社会责任联盟”成立，表明国家开始积极整合中央企业海外社会责任举措与资源，并纳入双边外交框架。2022 年，国务院国资委成立社会责任局，其重点工作任务是围绕推进“双碳”工作、安全环保工作以及践行环境、社会和治理理念（ESG）等，与生态环保工作紧密相连，引起广泛的社会关注。这些政策要求成为中央企业履行海外社会责任的重要指引（张兆望、杨雪丽，2022）。

同时，一些行业协会通过发布行业指引，积极推动行业企业在海外投资过程中履行社会责任（赵丽芳，2015）。中国对外承包工程商会于 2009 年发布“中国对外承包工程行业社会责任金银奖”，发布《中国对外承包工程企业社会责任宣言》，此后持续开展行业社会责任建设。2011 年，中国对外承包工程商会发布《中国对外承包工程行业社会责任指引》。2015 年，为进一步增强《中国对外承包工程行业社会责任指引》的可操作性和对企业工作的具体指导作用，中国对外承包工程商会编制《中国对外承包工程行业社会责任指引实施手册》，通过指引内容解读、实操点拨、延伸阅读等丰富的内容，为对外承包工程企业在决策和经营活动中融入社会责任要求提供参考（中国对外承包工程商会，2016；林波等，2017）。

同时，中国纺织工业联合会于2017年发布《中国纺织服装企业海外投资的社会责任实施指南》和《“一带一路”中国纺织服装行业企业社会责任风险管理指南》，引领我国纺织服装行业在参与“一带一路”建设中积极履责（中国纺织工业联合会，2020）。

（二）研究问题

近年来，围绕中国企业的海外社会责任实践及其对于东道社区发展的影响，国内外学者开展了一系列研究，主要研究议题涉及以下六个方面：其一，中国企业海外投资发展简况（商务部、国家统计局和国家外汇管理局，2022，2023）；其二，中国企业海外投资中履行企业社会责任的实践，具体包括海外履责的主要工作领域与实践（张春华，2009；殷格非、管竹笋，2013；李文，2014；徐进，2014；陈曦，2015；张灵芝，2017；Bohnett et al.，2022）以及海外履责的问题与不足（殷格非、管竹笋，2013；钟宏武、许英杰，2013；张中元，2015；赵丽芳，2015；刘孙芸，2017；司建楠，2017；张蒽等，2017；张守营，2017）；其三，中国企业海外投资中履行企业社会责任的驱动因素（祝继高等，2019）；其四，中国企业海外履行企业社会责任的影响因素（宋林等，2019；王雁南等，2020；罗喜英、张睿敏，2021；孔维伟、陈子涵，2023）；其五，中国企业海外履行企业社会责任实践对企业绩效的影响（葛笑春、刘虎，2019；舒欢、朱庆涛，2019；王建玲、井洁琳，2020；胡华萱，2022；马利红、刘名旭，2022；Zhang and De Vries，2023）；其六，海外投资企业的企业社会责任实践对东道社区发展的影响（Eweje，2007；Frynas，2008；Gilberthorpe and Banks，2012；Daouda，2014；Dandago and Arugu，2014；Wuttke and Vilks，2014；Gilberthorpe et al.，2016；Chilaka and Nwaneke，2016；Hatipoglu et al.，2019；Uduji et al.，2019a，2019b，2021，2023；Attah and Amoah，2023）。

然而，现有研究发现企业社会责任对东道社区的发展影响会因环境差异而发生变化。由于现有的相关研究多是质性案例研究，企业社会责任对于促进发展的效果目前尚处于一种不确定的状态，即“企业社会责任仅对一些人而言，在某些地方，在某些问题上，在某些时候存在效果”（Newell，2005）。从上述文献回顾可以看出，目前关于海外投资企业的企业社会责任实践对东道社区发展影响的文献，主要聚焦的是国外跨国公司，目前尚不存在关于我国海外投资企业的企业社会责任实践对东道社区发展影响的实证研究。

为填补上述研究空白，本研究选取中国有色集团在非洲赞比亚履行企业社会责任实践作为典型案例，剖析中国企业在与本国经济、文化相差较大的非洲国家如何执行企业社会责任项目以及其对当地社区发展的影响。

（三）研究方法

1. 案例选择

本研究选取中国有色集团在非洲赞比亚采矿业社区履行企业社会责任实践作为典型案例，主要出于以下四点考虑：其一，中国有色集团是中国企业实施“走出去”发展战略的典型代表，其海外投资行为对东道社区发展产生了长期的、持续的、显著的影响，这为深入的案例分析提供了必要的现实数据基础。其二，中国有色集团在赞比亚投资过程中履行企业社会责任的实践涉及的发展领域相对比较全面，包括基础设施建设、创造本土化的就业机会、技术转移、社区服务、环境治理、公益慈善等方面，为全面分析中国海外投资企业的企业社会责任实践对于东道社区发展的影响提供了丰富的经验数据。其三，中资企业在赞比亚的企业社会责任问题备受国内外关注，赞比亚作为我国传统友好国家，过去几十年间有大批中国企业在赞比亚投资，但由于部分企业忽视企业社会责任，曾出现赞比亚当地社区抵制中国企业的情况，因此，中国企业在赞比亚的企业社会责任问题较有代表性。其四，采矿业是中国企业在海外尤其是在非洲投资的重要领域，赞比亚是我国海外铜矿项目数量最多的国家。由于采矿业对当地社区发展的影响较大，利益相关方也比较复杂，选择中国有色集团在赞比亚采矿业社区履行企业社会责任实践作为案例具有特殊的研究价值。

2. 数据收集

（1）半结构式访谈

本文作者通过拜访中国有色集团总部以及电话沟通等方式，对有色集团企业社会责任事务的主要负责人、赞比亚中国经济贸易合作区负责人、中国有色非洲矿业有限公司工作人员，以及有色集团在赞比亚的主要企业社会责任项目——中赞友谊医院的负责人，分别进行了半结构式访谈。

（2）二手资料

同时，本研究还收集了有关中国有色集团在赞比亚企业社会责任项目的媒体报道、中国有色集团历年发布的企业社会责任报告、可持续发展报告和赞比亚社会责任报告等二手资料。

二、文献综述

（一）中国企业海外投资发展简况

1. 海外投资规模

中国的对外直接投资活动始于20世纪70年代末期。2000年初，中国政府将鼓励国有企业对外直接投资的“走出去”战略上升为国家战略，通过放宽监管机制和外汇控制政策，提供政策扶持等措施鼓励中国企业扩大海外投资。在此背景下，中国对外直接投资流量从2000年低于10亿美元的水平快速发展并在2013年突破千亿美元大关。2013年，我国提出建设“新丝绸之路经济带”和“21世纪海上丝绸之路”，这两条丝绸之路统称为“一带一路”。“一带一路”贯通中亚、南亚、西亚、东南亚、非洲等区域，是世界上跨度最长的经济大走廊，东牵亚太经济圈，西系欧洲经济圈（陈建昌，2018）。2015年，国家发展改革委、外交部、商务部联合发布《推动共建丝绸之路经济带和21世纪海上丝绸之路的愿景与行动》，表明“一带一路”具体方案正式启动。截至2021年末，中国境内投资者在“一带一路”沿线设立境外企业超过1.1万家，涉及国民经济18个行业大类，当年实现直接投资241.5亿美元，占同期中国对外直接投资流量的

13.5%。2013—2021年，中国对“一带一路”共建国家累计直接投资1640亿美元（商务部、国家统计局和国家外汇管理局，2022）。

2. 海外投资的国别和行业分布

中国企业的海外投资行业分布广泛。以2022年为例，中国对外直接投资涵盖了国民经济的18个行业大类，其中流向租赁和商务服务，制造业，金融业，批发和零售业，采矿业，交通运输、仓储和邮政业的投资均超过百亿美元。同时，中国企业的海外投资地遍及全球。2022年，中国对外直接投资流量前十位的国家和地区分别是中国香港、英属维尔京群岛、新加坡、美国、开曼群岛、印度尼西亚、卢森堡、英国、澳大利亚和中国澳门（商务部、国家统计局和国家外汇管理局，2023）。

3. 投资主体

中国对外直接投资主体由早期的以国企、央企为主导的模式逐渐转变为国企、民企并驾齐驱的格局。以2022年为例，在中国对外非金融类投资流量中，非公有经济控股的境内投资者对外投资709.4亿美元，占总投资的50.3%；公有经济控股对外投资700.6亿美元，占总投资的49.7%。同年，地方企业的对外非金融类直接投资流量860.5亿美元，占非金融类流量的61%；中央企业和单位549.5亿美元，占非金融类流量的39%（商务部、国家统计局和国家外汇管理局，2023）。

（二）中国企业海外投资中履行企业社会责任的实践

1. 海外履责的主要工作领域与实践

中国企业在海外投资过程中履行企业社会责任的实践，总体上体现为对多元利益相关方期望与需求的回应，涵盖创造就业、基础设施建设、尊重人权、保护劳工权益、环境保护、抢险救灾、卫生医疗、教育等多个领域（殷格非、管竹笋，2013）。现有研究主要以案例研究的方式，探讨了中国海外投资企业在不同社会经济发展领域履行社会责任的具体实践。

张春华（2009）的实证研究发现，中钢集团在非洲投资中，在遵守当地法规的前提下与当地合作培育自主产业，实现员工本土化，本地员工甚至一度达到99%以上；对员工进行安全培训，提供健康安全的生活工作条件。同时，施行各项环保措施，保护环境。李文（2014）以开展国际化经营20年的中国石油为例，全面梳理该公司在“走出去”中支持东道国政府和社区发展的多种履责实践。一方面，公司因地制宜地开展社会公益事业，比如捐建医院、道路、桥梁、学校、农场和为当地群众提供免费医疗服务和药品，直接惠及全球30多个国家和地区的200多万人。另一方面，公司的海外油气项目通过本地采购和用工本地化，积极带动当地企业发展，为东道国培养专业人才，海外项目员工本地化程度超过90%，为所在国提供了超过10万个就业机会。徐进（2014）的研究发现，中国电建作为我国电力行业跨国经营指数最高和最早走入非洲的电力企业，一直重视当地社会责任的履行，曾资助60名安哥拉青年到武汉大学留学，为尼日利亚开办电力人才培训中心，为坦桑尼亚修建供水工程，解决了当地10万人饮水问题，为尼日尔灾民筹措善款、粮食和药品等赈灾物资。陈曦（2015）将华为技术有限公司的海外企业社会责任项目作为我国企业海外履责的典型代表进行研究，发现华为作为一家信息与通信解决方案供应商，将“消除数字鸿沟，让世界共鸣”作为其海外社会责任项目的共同主题，在不同投资所在地因地制宜地开展了许多企业社会责任项目，例如在安哥拉当地医院部署数字医疗系统以改善当地医疗条件、在新加坡建设银发族资讯中心帮助长者融入数字生活以缓解孤独、在印度帮助当地中小学生平等接入互联网、在肯尼亚帮助部署应急网络、在日本海啸发生后帮助当地运营商率先恢复通信网络等。这些社会责任项目都凸显了华为自身作为信息与通信解决方案供应商的技术优势，并致力于用这种技术优势去缓解当地最具痛点属性的困境。张灵芝（2017）将中信集团作为“走出去”和“一带一路”倡议典型代表，研究其在海外结合主营业务积极履行企业社会责任的丰富实践，包括：中信建设建造了非洲的“明珠工程”——安哥拉凯兰巴·凯亚西社会住房项目，成为非洲国家兴建社会住房的样板工程；中信海直积极参与了各类海上搜救、抢险救灾，以及南、北极科学考察，印度洋海啸灾区救援及缅甸洪灾救援等；中信矿业在澳大利亚的采矿区积极参与治理豆科灌木侵袭工作，改善矿区自然环境；中信资源在印度尼西亚斯兰岛生产基地开设全天候诊所，为当地民众提供可靠的医疗诊治与服务。

近年来，关于中国企业的海外履责，近年来也出现了少量多案例质性研究量化研究。例如，张艳艳、徐晓萌（2022）选取在“一带一路”沿线有业务布局的46家“2020中国跨国公司100大”榜单企业作为研究对象，对其海外履责现状进行分析。研究发现，46家中资跨国企业中，海外履责信息披露较充分的21家企业，其海外履责主要集中在以下企业社会责任领域，即安全生产、员工本地化、员工文化交流、生态保护以及公益慈善活动。Bohnett等（2022）通过Refinitiv Eikon BRI Connect数据库和中国全球投资追踪系统收集了260家参与“一带一路”地区投资公司的数据。尽管“一带一路”倡议包含了可持续发展的愿景并纳入了环境影响评估和责任原则，但是研究发现在260家参与“一带一路”地区基础设施开发的公司中，58%的公司未使用ESG指标对公司的可持续性及企业社会责任绩效进行评估，大多数公司倾向于不报告、不资助或不参与与生物多样性风险相关的行动，仅有11%的公司进行了投资项目的环境影响评估。

2. 海外履责的问题与不足

中国企业海外投资中，履行企业社会责任的实践中依然面临诸多挑战。现有研究分别聚焦于法律制度环境、社会文化背景等外部环境因素以及企业意识、社会责任管理经验、战略规划、信息传播、组织治理等企业内部因素，并进行了综合分析。

钟宏武、许英杰（2013）分析指出，我国跨国企业在全球范围内履行社会责任面临以下重要挑战：第一，主观意识不到位。由于我国相关法律法规不完善，使得一些跨国企业漠视安全生产、环境保护及劳工标准。第二，治理不完善。我国跨国企业缺乏相应的社会责任内部监管机制，不能有效对企业社会责任进行监控和反馈，也造成我国跨国企业社会责任的不足。第三，经验不足。很多跨国企业虽然重视企业社会责任，但缺乏跨国经营经验，对当地的法规、风俗和文化不甚了了，在国外经营中很容易与当地社区发生冲突。第四，合作不广泛。我国跨国企业往往沿袭在国内的经营经验，仍将政企关系作为公共关系的重点，而对当地非政府组织缺乏重视。这一方面导致很多社会责任项目无法很好地满足当地需求，取得上佳的效果，也没有争取到这些组织支持、宣传我国跨国企业的社会责任行为；另一方面还将这类组织推到了对立面，使它们成为攻击我国企业社会责任缺失的“急先锋”。第五，沟通不通畅。中国企业在遭遇社会责任冲突时，往往回避媒体采访，不主动出面澄清事实、阐述自己的观点。第六，国际传媒的不客观也对我国履行社会责任造成一定的影响，“微不足道”的小事可能被怀有敌意和偏见的媒体大肆炒作。殷格非、管竹笋（2013）的研究发现，我国企业海外履责面临以下挑战：其一，世界各国法律体系复杂、立法标准不同，中资企业跨国经营时间普遍不长、缺乏经验，守法合规成为海外中资企业运营的重大挑战；其二，运营地社会文化背景存在巨大的差异，法律、商业惯例和不成文但为社会公众所认可的规则等因素都对中国企业提出了挑战；其三，在企业管理和企业社会责任管理方面，尤其是在劳资关系、职业健康安全、供应链社会责任管理以及资源和环境保护领域面临管理难题。赵丽芳（2015）发现，尽管中国企业也在海外积极履行社会责任，但效果并不理想。具体表现在以下方面：首先，不善于对企业社会责任实践进行适度宣传；其次，中国企业在国内缺乏来自非政府以外的利益相关者的监督和影响，当面对东道国的社区居民代表、非政府组织的对话要求时，容易采取回避的态度；最后，企业社会责任项目领域单一，重视教育与慈善捐款而较少涉及劳工权利、环境保护、社区建设等领域。张中元（2015）指出，由于中国企业对外投资的历程较短，加之自身的经营管理能力较弱、国际化人才匮乏等因素，绝大多数“走出去”的企业尚未建立起责任管理体系，在东道国履行社会责任的重点领域和方向缺乏科学严谨、全面系统的统筹安排。很多企业对国际企业社会责任理念以及做法不甚熟悉，尚未对国际化经营环境下自身的责任角色进行理性分析和界定，履责具有很大的随意性，对企业自身可能存在的责任风险预见不足，没有从企业持续发展的战略高度认识企业社会责任，并将其贯穿企业的发展过程。刘孙芸（2017）认为，我国企业对外直接投资中的企业社会责任实践存在以下问题：其一，社会责任战略不恰当；其二，缺乏对社会责任重点领域的规划；其三，社会责任沟通与信息披露不足。张蒽等（2017）分析中资企业海外企业社会责任报告的质量，发现海外报告总体质量表现欠佳。同时，在分项指标上存在质量差异，其中，可读性表现最好，实质性次之，可比性表现最差。张艳艳、徐晓萌（2022）指出，“一带一路”沿线的投资企业在履行企业社会责任方面面临的诸多挑战，主要表现在沿线地区履责环境复杂、海外主动履责意识不足、企业社会责任泛政治化、海外履责水土适应、国际话语权失衡、主动形象塑造等方面。

整体而言，我国海外投资企业的履责水平处于初级阶段。《中资企业海外社会责任蓝皮书（2016—2017）》数据显示，中资企业海外社会责任平均发展指数为25.67分，整体社会责任发展水平较低，普遍存在责任管理不完善，对一些社会责任议题关注程度不够、履责实践较弱、责任沟通不足的问题（张守营，2017）。具体而言，《中资企业海外社会责任蓝皮书（2016—2017）》指出，不同所有制性质、不同行业的中资企业海外社会责任发展指数存在一定差异。其中，从所有制性质来看，中央企业海外社会责任发展指数最高（42.77分），民营企业次之（20.93分），其他国有企业最低（7.90分）。从所属行业来看，建筑行业、交通运输服务业的海外社会责任发展水平高于其他行业的海外社会责任发展水平，其社会责任发展指数分别为49.92分和42.00分，属于“追赶者”水平；矿业（38.13分）、电力行业（32.60分）、制造业（23.07分）、信息传输和技术服务业（22.65分）的海外社会责任发展属于“起步者”水平；房地产业（14.47分）、混业（14.06分）、其他服务业（2.43分）以及批发贸易业（0分）的海外社会责任发展水平属于“旁观者”水平。此外，中资企业海外履责的差异还体现在对不同企业社会责任议题的重视程度方面。《中资企业海外社会责任蓝皮书（2016—2017）》显示，中资企业对不同企业社会责任议题的重视程度从高到低依次为负责任的消费和生产，促进目标实现的伙伴关系，工业、创新和基础设施，优质教育，体面工作和经济增长，良好健康与福祉，廉价和清洁能源，消除贫困，可持续城市和社区，清洁饮水与卫生设施，缩小差距，陆地生物，消除饥饿，性别平等，气候行动，和平、正义与强大机构，水下生物（张守营，2017）。最后，《中资企业海外社会责任蓝皮书（2016—2017）》还显示，仅有少数企业能较为全面地披露海外社会责任信息，大多数中资企业社会责任信息披露水平不足，且处于较低的发展阶段。一方面，反映出海外社会责任理念未能在“走出去”的中资企业中形成广泛的传播和认同，多数企业并没有将海外社会责任纳入日常工作和经营管理。另一方面，也反映出中资企业未能建立有效全面的海外社会责任管理和信息披露机制，信息披露不及时、不主动，与利益相关方缺乏及时有效的沟通（司建楠，2017）。

（三）中国企业海外投资中履行企业社会责任的驱动因素

现有研究在分析中国企业海外投资中履行企业社会责任的驱动因素时，主要关注外部环境因素和内部组织因素。例如，祝继高等（2019）重点分析“一带一路”倡议下中央企业海外履责的驱动因素，发现在“一带一路”倡议下，中央企业跨国经营的外部环境因素表现为一些“一带一路”共建国家法制环境相对薄弱、政治风险较高、高素质劳动力相对缺乏、制造业配套产业发展水平相对较弱的整体特征，而内部组织特征则表现为企业通过“产业链一体化”延伸价值链。在外部环境因素和内部组织因素的不同驱动作用下，“一带一路”倡议下的中央企业的社会责任产生两种不同的模式，即战略性模式和反应性模式。前者受外部环境中的劳动力特征和配套产业特征驱动，后者受外部环境中的风险因素驱动。同时，内部价值链延伸对两种社会责任模式均有驱动作用。此外，外部环境特征可以通过促进企业内部价值链延伸，间接驱动企业履行战略性和反应性社会责任。

（四）中国企业海外履行企业社会责任的影响因素

现有研究主要关注组织文化、制度差异等影响因素，通过量化数据分析探究上述因素对中国企业海外履行企业社会责任产生的作用。

宋林等（2019）通过分析 2010—2016 年中国 A 股上市公司的海外投资企业样本数据，发现：其一，法律、经济、文化制度距离（institutional distance）对海外投资企业社会责任履行均有促进作用；其二，由于东道国发达程度不同，经济制度距离对企业社会责任的影响呈现非对称性；其三，企业海外投资经验可以减少“外来者劣势”，对企业社会责任履行产生正向调节作用。王雁南等（2020）研究发现，中国跨国企业国际化承诺和本地化承诺对其海外子公司履行企业社会责任产生正面影响。同时，外派人员的组织承诺在国际化承诺对企业社会责任的影响中起到中介作用。罗喜英、张睿敏（2021）以 2013—2018 年在“一带一路”共建国家进行海外投资的中国沪深 A 股上市公司为样本，分析正式制度距离，即母国与东道国之间在管制、规范和认知制度方面的差异或者相似度对海外企业社会责任（CSR）评分的影响，结果表明：其一，经济制度距离与 CSR 评分呈负相关，且正向经济制度距离与 CSR 评分负相关关系更显著；其二，法律制度距离与 CSR 评分呈正相关，且负向法律制度距离与 CSR 评分正相关关系更显著；其三，国有性质强化了经济制度距离与 CSR 评分的负相关关系。孔维伟、陈子涵（2023）通过分析 2010—2019 年进行海外投资的沪深 A 股上市公司的样本数据，发现制度距离与企业社会责任显著负相关，且这种负向影响在东道国为非发达经济体和企业为非国有企业时更加显著；同时，企业国际化经验和以合资模式进入东道国能够缓解制度距离对企业社会责任表现的负面影响。

（五）中国企业海外履行企业社会责任实践对企业绩效的影响

现有研究认为，我国企业的海外企业社会责任实践总体上对企业发展绩效产生了积极影响，具体体现在提升品牌形象、加强风险防控、提升品牌价值与企业价值、企业经济绩效等方面。

葛笑春、刘虎（2019）基于对中化国际（控股）股份有限公司在“一带一路”共建国家和地区的企业社会责任实践的案例分析，发现海外投资企业实施企业社会责任的策略有利于提升其品牌形象。舒欢、朱庆涛

(2019) 选取 125 家大型工程类企业 2011—2016 年的年报数据中的 656 个有效数据作为样本，分析我国大型建筑工程企业社会责任和品牌价值对企业价值的影响机理。研究发现，大型建筑工程企业社会责任通过影响品牌价值进而影响企业价值，具体的影响路径包括：其一，大型建筑工程企业履行经济责任和社会责任对其品牌价值下的价格优势、忠诚度和扩张力均有显著的正向影响作用；其二，履行慈善责任对价格优势和扩张力有显著的正向影响作用，但对忠诚度影响不显著；其三，履行企业内部治理责任对价格优势和忠诚度有显著的正向影响作用，但对扩张力的影响不显著。王建玲、井洁琳（2020）基于对 2010—2016 年进行海外投资的沪深 A 股上市公司样本数据的分析，发现海外投资企业更好的社会责任表现可以提升其长期经济绩效与短期经济绩效，并且对长期经济绩效的影响具有滞后性；投资于不同制度的国家，企业社会责任对企业经济绩效的影响不同。马利红、刘名旭（2022）以中国能源建设集团为例，对“一带一路”倡议背景下案例企业履行社会责任的方式、策略及效果进行分析，发现案例企业主要通过合规经营、员工属地化建设、生态环境保护、社区建设和互惠合作等方式履行社会责任。同时。涉外企业履行社会责任能在一定程度上有效抑制其在政治、法律、劳工、环保、文化等方面的涉外风险，促进企业在东道国发展。胡华萱（2022）分析我国海外投资企业的 101 份有效样本数据，发现企业海外经营过程中，面向当地员工、当地政府、消费者以及当地社区和公益组织等利益相关方，积极履行社会责任，可以有效提升企业的国际绩效。同时，合法性在企业社会责任与企业国际绩效影响机制中发挥部分中介效应，其中规范合法性和认知合法性所发挥的中介效应较强，规制合法性则不能发挥明显的中介效应。Zhang 和 De Vries（2023）通过分析 203 家中国制造业跨国公司在非洲子公司的调查数据，发现：其一，我国在非投资企业的企业社会责任实践与企业绩效（以销售额、本地市场占有率、销售增长、销售利润等指标测量）之间存在正相关关系；其二，“道德合法性获取”（moral legitimacy gaining）在这种关系中间发挥完全的中介作用；其三，这种中介效应受到制度距离调节作用的影响。

（六）海外投资企业的企业社会责任实践对当地社区发展的影响

与经济和工商管理学科不同，发展研究、社会学、政治经济学等社会科学研究领域的学者更为关心海外投资企业（尤其是跨国公司）的社会责任实践对当地社区发展的影响。国际发展机构和学者认为，企业社会责任在促进减贫和改善健康等“国际发展”（international development）目标的实现方面可以发挥积极作用。正如英国国际发展部（Department for International Development）所言，“通过遵循对社会负责的做法，私营部门产生的增长将更加包容、公平和减贫”（Frynas，2008）。近年来，关于跨国公司的社会责任实践对当地社区发展的影响，出现了一些深入的案例研究，探究企业社会责任项目实施后对投资所在地社区的可持续发展（sustainable development）、社会发展（social development）以及人的发展（human development）的诸多影响，涉及环保、生物多样性、可持续生计、教育、医疗、性别平等多个发展议题。

其中，多数实证研究认为跨国企业的社会责任项目对当地社区的社会发展、经济发展、可持续发展存在负面影响或者是非常有限的积极影响。Eweje（2007）围绕跨国石油公司在尼日利亚的社会责任项目展开批判性研究。作者发现，尽管尼日尔三角洲的东道社区对跨国石油公司的社会责任/社区发展项目的期望很高，希望社会发展项目能为社区带来稳定和繁荣的未来，但是跨国公司实际开展的发展项目仅限于为东道社区提供奖学金、教室和教师的有限的社会服务，主要为了证明他们对社会负责的态度。作者得出如下结论：无论企业社会责任项目看起来多么值得称赞，如果东道社区不认为这些项目将创造可持续的经济、社会和环境发展，尼日尔三角洲的冲突和动荡将持续不断。Gilberthorpe 和 Banks（2012）对巴布亚新几内亚的两家采掘业跨国公司的企业责任项目进行案例研究，发现尽管企业社会责任的兴起意味着更安全的技术和更好的利益相关者参与，但采用战略“商业模式”的企业社会责任在促进当地社会经济发展方面具有严重的局限性。由于企业社会责任实践过于强调满足全球的绩效标准而不是适应当地特殊的社会情境，从而设计了构思不周、不适用的发展项目方案，而发展项目的实施最终加剧了社会不平等、碎片化以及社会和经济上的不安全。Daouda（2014）对阿海珐（Areva）公司在尼日尔开展的企业社会责任实践进行案例研究，发现尽管跨国公司通过开展企业社会责任项目参与了当地社区的经济和社会发展，但尚未满足当地居民在环境、社会和经济发展方面的期望，即阿海珐企业社会责任项目无法有效回应当地社区亟待解决的发展问题，如武装冲突、贫困、社会不平等、空气污染、环境退化、水污染等。Dandago 和 Arugu（2014）以两大石油跨国公司（壳牌和阿吉普）在尼日利亚尼日尔三角洲 6 个东道社区的企业社会责任实践为案例，探讨石油跨国公司企业社会责任项目对东道社区社会经济发展产生的影响。研究发现，跨国石油公司企业社会责任项目是受公司短期利益驱动的权宜之计，并非为了回应东道社区长期可持续发展的需求，跨国石油公司社会责任项目内容有限，通常是向东道社区提供低质量的社会便利设施，目的在于获得运营的社会许可。Gilberthorpe 等（2016）探究了赞比亚北部祖母绿矿区采矿业跨国公司的社会责任对当地社区可持续发展的影响。研究发现，尽管许多采矿业跨国公司的社会责任采用“可持续采矿”话语来维护其公众形象，如何为当地人或采矿业吸引的大批移民提供安全、长期的生计依然是许多企业面临的挑战。采矿业跨国公司的“可持续采矿”项目并没有为当地人和新移民增加生计选择。Chilaka 和 Nwaneke（2016）探究跨国公司在尼日利亚尼日尔三角洲地区实施的社会责任干预措施对社区成员的健康改善和参与的影响。研究发现，在 4 个受影响的当地社区中，社区成员普遍对跨国公司的社会责任实践持负面看法。其中，69.8% 的受访者认为跨国公司没有给他们的社区带来任何发展，87.9% 的受访者高度担心由于他们所居住的社区而感染疾病，90.1% 的人希望参与有关其社区的企业社会责任项目决策。Uduji 等（2019a）探究了评估跨国石油公司的企业社会责任对尼日利亚尼日尔三角洲农村妇女获得农业用地和投入的影响。结果表明，企业社会责任在农业发展方面总体上取得了显著成功，但破坏了性别平等。这意味着，如果妇女的农业生产力持续受到农业资源（或机会）获取不平等的阻碍，那么普遍的不平等将限制尼日利亚的减贫努力。Uduji 等（2021）研究了跨国石油公司的社会责任如何影响尼日利亚尼日尔三角洲东道社区的创业发展和就业机会。研究结果表明，跨国石油公司社会责任实践中的一般性谅解备忘录等干预措施在东道社区普遍存在，然而这些干预措施未能对创业发展和创造就业机会产生重大影响。Attah 和 Amoah（2023）对在加纳开采石油和天然气的跨国公司的社会责任项目进行了案例研究，发现石油和天然气公司在加纳的各个领域实施了企业社会责任项目，目的在于以获得利益相关方的合法性和认同，维护企业声誉，而很少关注直接受其开采活动影响的当地社区。由于该公司坚持认为 Jubilee 石油和天然气项目是国家资产，衡量公司业绩的标准将包括合作公司参与的所有项目影响，而不必然仅是为附近的最贫困的社区（如 Apyam 社区）提供直接利益。此外，海上开采业务的离岸性质使公司认为企业对 Apyam 社区的发展不负有任何直接责任，从而导致公司服务于 Apyam 东道社区直接利益的努力有限。

同时，有少数研究发现，跨国企业的社会责任项目对于当地社区的发展具有积极的促进作用。Hatipoglu 等（2019）探究土耳其一家旅游业跨国企业的社会责任项目对可持续发展的影响。研究不仅展示了可持续旅游社会责任项目的“直接产出”（immediate outputs），还讨论了项目在资本投入、社区福祉和整个社会的共享价值等方面的“间接后果”（intermediate outcomes）。作者认为旅游业的企业社会责任项目，通过开发广大地理区域内的小型旅游企业的企业家精神，有可能为促进“包容性经济发展”（inclusive economic development）做出巨大贡献，具体表现在强化农村社区、向妇女和其他弱势群体赋权以及振兴农村和乡村文化等方面。Uduji 等（2019b）研究跨国石油公司新的社会责任模式对尼日利亚产油社区打击人口贩运的影响。作者发现，在人口贩运猖獗的尼日尔三角洲的农村社区，当跨国石油公司社会责任项目将最高优先事项定位为减少石油生产社区的人口贩运事件时，跨国石油公司则可以通过促进不同部门之间的有效伙伴关系，对打击人口贩运发挥关键作用。Uduji 等（2023）的研究考察跨国石油公司在尼日利亚的社会责任实践对解决尼日利亚尼日尔三角洲地区的性别不平等问题和增强妇女可持续生态系统管理能力的影响。作者发现，尽管当地妇女在自然资源的使用和管理方面负有独特而重要的责任，但妇女通常较少参与正式治理过程，导致她们的利益、目标、知识和能力既未获得充分的代表，也未充分地发挥作用。同时，跨国石油公司的社会责任项目在解决性别不平等问题和提高农村妇女在自然资源和生态系统管理方面的能力方面取得了重大成功，即企业社会责任项目通过回应与性别相关的发展障碍和挑战，支持性别公平的自然资源治理模式，最终促成了当地社区的生计改善。

此外，还有少数研究关注跨国企业的社会责任项目对促进当地社区的发展影响，但并未得出明确结论。Wuttke 和 Vilks（2014）围绕印度最大建筑业跨国公司的社会责任实践开展案例研究，探讨该公司的社会责任战略对印度建筑业减贫的影响。研究发现建筑业企业社会责任活动的核心业务重点关注两项“千年发展目标”（MDGs），即基础设施建设和社区发展以及环境可持续性。

然而，上述关于海外投资企业的社会责任实践对当地社区发展影响的文献，都是聚焦于国外跨国公司，目前尚无关于我国海外投资企业的社会责任实践对当地社区发展影响的实证研究。

三、研究发现

（一）赞比亚采矿业及中国有色集团在赞比亚的投资情况

赞比亚是世界著名的“铜矿之国”，其境内中北部分布着世界第二大铜矿带，而大规模的商业采矿活动在赞比亚已经存在了近百年（杨云倩，2018）。长期以来，采矿业是赞比亚国民经济主要支柱之一。如表 9 – 1 所示，采矿业是赞比亚吸引外国直接投资的最主要行业，同时在政府财政收入、国内生产总值、就业数量等核心经济贡献率指标上均具有重要影响。

表9-1　矿业对赞比亚以及对其他中低收入矿业导向型国家的经济贡献对比

单位:%

	矿业对赞比亚的经济贡献率	矿业对其他中低收入矿业导向型国家的经济贡献率
外国直接投资	86	60~90
政府财政收入	25	3~20
国内生产总值	9	3~10
就业数量	1.7	1.0

资料来源：中国驻赞比亚大使馆经济商务处（2014）。

中国与赞比亚在矿产资源开发领域的合作由来已久。据估计，超过20家中资企业在赞比亚投资采矿业，中国有色集团是在赞比亚中资采矿企业中投资规模最大的企业，主要从事铜矿的开发和冶炼。

中国有色矿业集团有限公司（以下简称中国有色集团）成立于1983年，总部设在北京，属于大型中央企业。在国内，中国有色集团拥有中色股份和东方钽业2家上市公司，同时拥有各级企业261家。公司以有色金属资源开发、相关贸易、建筑工程等为主业，是中国企业实施“走出去”战略、开展有色金属矿产资源领域国际投资与合作的“排头兵”，业务遍及80多个国家和地区，在赞比亚、缅甸、蒙古国、泰国、刚果（金）等国家和地区建成一批有代表性的矿业开发项目。

1998年6月，中国有色集团与赞比亚政府和赞比亚国家联合铜业公司签署谦比希铜矿的合作开发合同，收购了已经停产11年的谦比希铜矿，共同组建中色非洲矿业有限公司。2003年7月，谦比希铜矿顺利复产，成为中国在境外投资建成的第一座有色金属矿山，被称为“中非合作的标志性项目”，也开启了中国有色集团“走出去”的大门（杨云倩，2018）。2007年，中国有色集团在赞比亚投资建设了当地首个多功能经济区——赞比亚中国经济贸易合作区（以下简称赞中经贸合作区）。赞中经贸合作区分为两个园区：谦比希园区和卢萨卡园区。前者位于铜带省的中部，以有色金属矿冶产业群为主导产业；后者位于首都卢萨卡市的东北部，以现代物流业、商贸服务业、配套服务业和新技术产业等为主导产业（郑青莹，

2014）。赞中经贸合作区是中国在非洲建立的第一个境外经贸合作区，也是赞比亚政府宣布的第一个多功能合作区，更是迄今为止该国投资金额最大、就业机会最多、效益最好的合作区。2009 年，赞比亚的卢安夏铜矿在全球金融危机影响下无奈宣告破产，不久后，赞比亚政府通过全球招标寻找新的投资者，中国有色集团递交了投标标书并胜出。2009 年 6 月，中国有色集团团队进驻卢安夏铜业公司并正式接管，在此基础上与赞比亚联合铜业公司共同组建了中色卢安夏铜业有限公司（杨云倩，2018）。

2007 年赞中经贸合作区设立以来，中国有色集团在赞比亚的投资总额呈逐年递增趋势（见图 9－1）。1998—2017 年，中国有色集团在赞比亚、刚果（金）、南非等国家发展近 20 家各级出资企业，累计投资近 30 亿美元。中国有色集团采用自投、自建、自管、自营的方式，在非洲投资了中国在境外的第一座有色金属矿山和冶炼厂、设立了中国在非洲的第一个境外经贸合作区、拥有了第一家登陆香港资本市场的非洲概念股，在中南部非洲打造了涵盖地勘、采选、冶炼、设计、施工、装备、监理、贸易、物流等业务的“全产业链”，形成较大的有色金属工业基地（杨云倩，2018）。

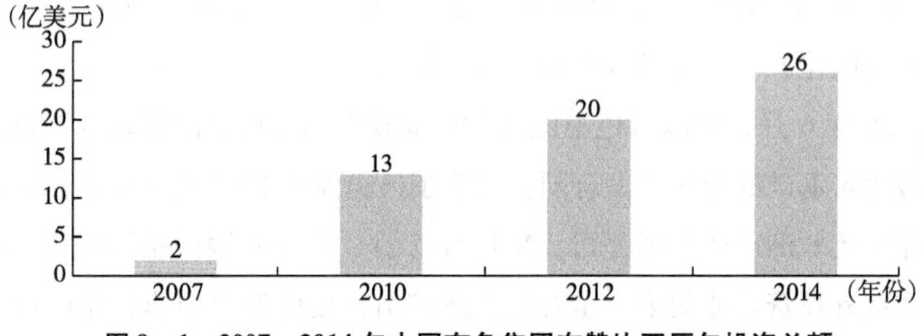

图 9－1　2007—2014 年中国有色集团在赞比亚历年投资总额

资料来源：中国有色集团公布的新闻资料及访谈资料。

（二）中国有色集团的企业社会责任概览

1. 企业社会责任理念

中国有色集团的企业社会责任理念集中体现为企业提出的“可持续发展模型”（见图 9－2）。在访谈中，中国有色集团企业社会责任部门的负责人对“可持续发展模型”内涵进行了详细解释：

“释放资源价值，共筑社会和谐”是中国有色集团的可持续发展理念，其内涵就是追求经济、社会和环境三种价值的平衡，即三重底线原则。可持续发展的重点分别是资源开发、创新管理、安全健康、绿色发展、员工成长和社区参与，即履行作为一个企业公民的各项责任和义务。

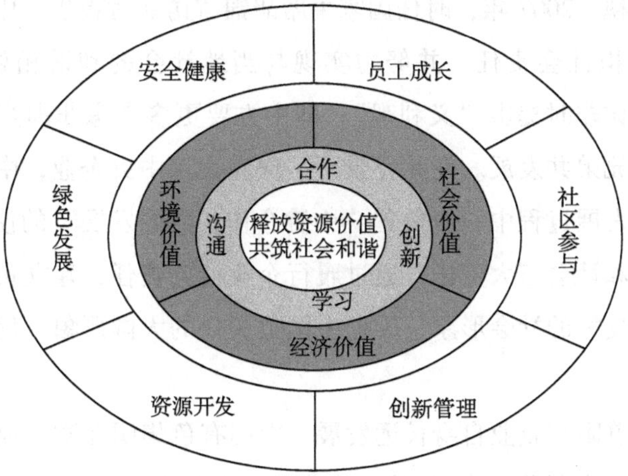

图 9－2 中国有色集团可持续发展模型

资料来源：中国有色集团（2011a）。

2. 企业社会责任管理体系

中国有色集团于 2013 年 2 月成立了社会责任工作委员会，由集团领导直接负责社会责任工作，并由战略研究室牵头，其他部门协同，各个出资企业分别确立了负责部门、负责人和联络人。除了健全的社会责任管理职能部门，中国有色集团还制定了完善的社会责任战略规划，拟定了未来 3 年的社会责任工作规划。此外，针对专项企业社会责任工作，制定了专项内部规章制度，比如在集团内部发布实施了《中国有色集团对外捐赠管理办法》和《中国有色集团社会责任报告编制及使用规范》等专项企业社会责任制度。2013 年 7 月，中国有色集团还加入了联合国全球契约组织。

（三）中国有色集团在赞比亚的企业社会责任实践

1. 在赞比亚履行企业社会责任的动机

中国有色集团之所以在赞比亚开展企业社会责任项目可以概括为以下两点：首先是受政治使命驱动。为了提高中国“走出去”战略的国际声誉，维护我国国际形象，中国政府对中国企业在非洲履行企业社会责任给予了高度重视。2007 年，时任国家主席胡锦涛访非时提出，中国企业要积极主动地承担社会责任，并努力实现与当地社会的和谐相处，2013 年，习近平主席访非时提出“义利观”，即中方要更多考虑非洲当地的合理需求，与非洲兄弟共发展。在此背景下，作为大型中央企业，中国有色集团在赞比亚的发展过程中，肩负着“中赞合作，共同发展”的使命，肩负着政治、经济和社会三大责任，通过履行企业社会责任，建立负责任的运营方式，树立良好的社会形象，维护中国负责任的大国形象，促进中赞友好发展。

其次是着眼于企业自身长远发展。中国有色集团在赞比亚的发展目标是“走出去，走得稳，走得好”，中国有色集团认为通过认真履行企业社会责任，与当地社区的利益相关者形成利益共同体，带动社区发展，更好地融入经营所在地社区，有助于提升品牌的形象，降低投资风险，有助于企业长久发展。同时，赞比亚当地存在的反华情绪、对中国企业在当地经营的担忧、社会和环境问题带来的挑战、社区的期待以及利益相关方的压力也促使中国有色集团更加积极地履行企业社会责任。

2. 企业社会责任视角下的赞比亚利益相关方管理

企业社会责任视角下的企业利益相关方管理，重点在于厘清企业的经营活动在受到哪些主体影响的同时又对哪些主体的利益造成影响，并在此基础上尊重、考虑并回应多元利益相关方的需求。中国有色集团在赞比亚投资过程中，在识别东道国及东道社区的主要利益相关的基础上，将不同利益相关方对企业履行社会责任的期望进行了区分并建立了相应的利益相关方沟通机制。

中国有色集团认为企业在赞比亚投资过程中履行企业社会责任，需要面对的利益相关方主要包括当地政府、工会、员工、当地社区、原住民、媒体、当地供应商。如表9－2所示，上述不同利益相关方对于中国有色集团在赞比亚投资过程中履行企业社会责任具有不同的期望，总体上体现为经济责任（就业、纳税、经济与产业发展、技术、人才培养等）、环境责任（环保、社区可持续发展等）、社会责任（教育、文化、卫生医疗、公益慈善等）和治理责任（透明、沟通、商业诚信等）四个方面。

表9－2 利益相关方的需求识别与沟通机制

利益相关方	对企业的期望	沟通方式
当地政府	加强安全生产监管，保护环境；遵守当地法律；依法纳税，提高就业；推动经济和产业发展；引入投资、管理和技术；为当地培养专业人才；完善基础设施建设；关注社区公益慈善事业；提高当地教育、文化、卫生医疗水平	加强交流，经常拜访和汇报，倾听意见建议；提交工作报告；参加会议等重大活动
工会	保障员工的各项权益	常设性的沟通渠道
员工	保护员工权益；尊重当地文化传统；提供稳定的就业机会与合理的薪酬保障；完善职业发展渠道；提供安全的工作环境；关爱和帮扶；良好的企业文化	成立工会组织，定期召开职工代表大会；畅通的内部沟通渠道
当地社区	促进社区经济可持续发展；关注民生；提高社区教育、医疗水平；支持社区公益事业；扶持妇女儿童发展；保护社区环境；提供更多就业机会；实现共同发展	参与社区项目建设；定期走访；参与社区活动
原住民	尊重传统文化和习俗；提供必要帮助；沟通达成共识	拜访；参加相关活动
媒体	信息公开透明	加强信息披露；接受采访；增加运营透明度
当地供应商	遵守商业道德和法律法规；诚实守信，建立长期合作关系；实现互利共赢	公平、公开招投标；日常业务交流；定期会晤

资料来源：中国有色集团（2011b，2014）。

（四）中国有色集团在赞比亚履行企业社会责任对东道社区发展的影响

多年以来，中国有色集团在赞比亚直接投资的众多企业，如中色非洲矿业有限公司、中色卢安夏铜业有限公司、赞比亚谦比希铜矿、谦比希粗铜冶炼厂、谦比希湿法冶炼厂、赞比亚中国经济贸易合作区等，积极开展各类企业社会责任项目，对促进东道社区的经济、社会、可持续发展产生了积极的影响，主要体现在完善基础设施建设、推动当地经济发展、保护环境促进可持续发展、参与公益事业造福东道社区四个方面。

1. 完善基础设施建设

基础设施建设是社区经济社会发展的重要基础，既影响当地居民的日常生活，也影响社区的长远发展。由于赞比亚当地政府缺乏资金或在基础设施上资金投入不足，对居民的生活造成不便。因此，中国有色集团在赞比亚持续开展了一系列有关基础设施建设的企业社会责任项目，累计投入了上亿美元用于赞比亚当地的基础设施建设，通过在当地社区修建道路、公共候车亭，建设变电站和农贸市场等设施，便利了居民的生活，为当地经济发展奠定了基础，同时也赢得了当地社区的信任。

（1）完善路政设施

中国有色集团在赞比亚投资的中色非洲矿业有限公司所处的铜带省卡鲁鲁西地区原始的道路多为土路，当地政府的基础设施建设投入不足，雨季常年道路泥泞不堪，出行不便。为此，中色非洲矿业有限公司每年为矿区当地社区的道路建设提供物资及资金捐赠。例如，公司于 2010 年和 2013 年分别捐赠了价值 10 万美元的压路机和 14 万美元的平路机，用于维护道路。同时，帮助谦比希村和基特韦市修建了 5 公里长的道路，并在多个交通枢纽处修建候车亭，总投资达 50 万美元。

（2）改善供电服务

由于谦比希当地政府缺乏资金，无力为社区居民提供电力，赞中经贸合作区出资在当地修建了变电站。变电站的建成，不仅保证了赞中经贸合作区的供电，还把一部分电力免费提供给周边社区，有效改善了周边社区居民的照明条件。

（3）修建商业设施

赞中经贸合作区建成之初，周边缺乏基本的商业服务设施，而周边小商贩由于流动性大，无法提供稳定的基础商业服务。中国有色集团投资的铜冶炼公司出资修建了农贸市场，促进了当地商贸的发展。

2. 推动当地经济发展

中国企业在赞比亚履行社会责任首先是推动当地经济发展，而中国有色集团在推动赞比亚经济发展方面的贡献得到了赞比亚国家元首的肯定。“赞中经贸合作区及中国有色集团等在赞企业为赞比亚当地提供了大量就业机会，取得了显著的经济效益和社会效益，为当地经济社会发展做出了突出贡献。”

（1）投资建设赞中经贸合作区，为促进当地经济发展招商引资

中国有色集团在赞比亚投资建设赞中经贸合作区，并积极招商引资，是其承担经济责任和社会责任的集中体现。赞中经贸合作区结合赞比亚资源丰富，但缺乏资金、技术、管理等特点，利用中国投资充分发挥当地资源优势，通过招商引资，不断推进当地经济发展。据赞比亚中国经济贸易合作区党委书记介绍，截至2018年，入驻合作区的企业累计投资额已超过18亿美元，累计实现销售收入超过142亿美元，为当地提供了近8000个稳定的就业岗位（杨云倩，2018）。

（2）促进本地就业

2007年以来，中国有色集团在赞比亚的投资总额稳定增长，为当地社区创造了大量就业机会。如图9－3所示，2007年，中国有色集团在赞比亚的投资累计超过2亿美元，解决了当地2500余人的就业问题；2010年，

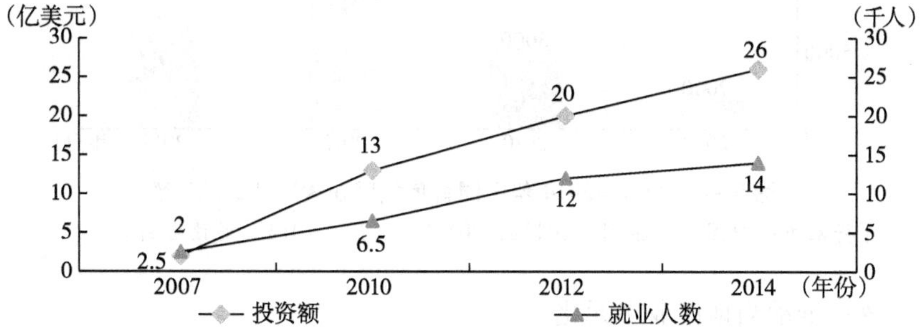

图9－3　2007—2014年中国有色集团在赞比亚投资总额和就业人数

资料来源：中国有色集团（2011a，2011b，2012，2014）访谈资料。

累计投资超过 13 亿美元，为当地居民提供了 6500 多个就业岗位；2012 年，累计投资超过 20 亿美元，为当地居民提供了 12000 余个就业岗位，在赞企业员工本地化率均超过 85%；2014 年，累计投资超过 26 亿美元，拉动当地就业 14000 人，在赞企业员工本地化率超过 90%。

同时，即便是在行业发展的低谷期，中国有色集团在赞比亚的投资中也积极承担社会责任，为稳定当地就业做出了贡献。在 2008 年金融危机期间，国际铜价跌至历史最低点，赞比亚七大外国铜矿投资者 3 家减产、3 家停产。中国有色集团于 2009 年 6 月接管了此前因金融危机而陷入停产的赞比亚卢安夏铜矿。不到半年时间，铜矿恢复生产，解决了 2250 名赞比亚籍员工的就业问题。同时，中国有色集团公开承诺“不裁减一名员工、不减少一分投资、不减少一吨产量”。卢安夏铜矿的复工也惠及了当地近 2 万民众，让以矿为生的城市重获新生。

（3）增加当地税收

自 1998 年走进非洲以来，截至 2018 年，中国有色集团已向非洲东道国纳税超过 3 亿美元（杨云倩，2018）。如图 9 -4 所示，中国有色集团在赞比亚投资企业向当地政府的纳税额从 2007 年的 2000 万美元增长为 2014 年的 14000 万美元。

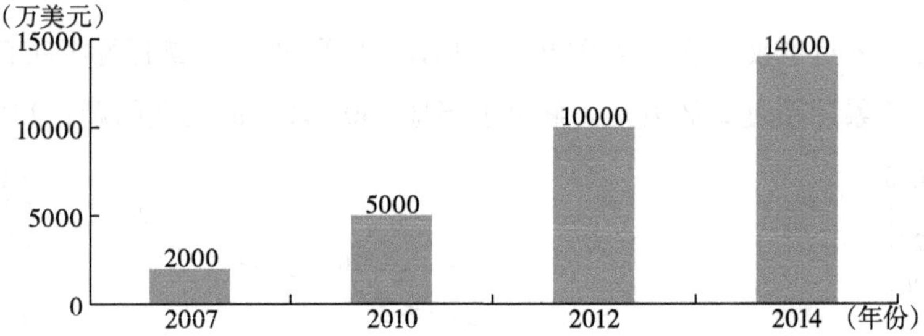

图 9 -4　2007—2014 年中国有色集团在赞比亚的纳税额

资料来源：中国有色集团（2011a，2011b，2012，2014）访谈资料。

（4）推动当地产业多元化

由于矿产资源是不可再生的，赞比亚过度依赖采矿业，不利于当地经济可持续发展。中国有色集团采取多种措施积极推动当地产业多元化发展，促进当地经济的可持续发展。一方面，中国有色集团直接投资采矿业。通过有色金属资源的开发带动当地区域相关工业、商贸、物流等其他产业的发展，有利于逐步降低当地经济发展对矿产资源的过度依赖。另一方面，中国有色集团投资建设赞中经贸合作区，园区中既有依托有色金属矿产资源的谦比希园区，也有通过建设自由贸易区、国际商务区等提升赞比亚当地生物制药、机械加工等行业发展的卢萨卡园区，整体上促进了当地经济体系的产业多元化。

（5）推进技术进步和产业升级

中国有色集团在赞比亚投入大量的资金，引进先进的技术、设备和管理，大力推进当地采矿业的技术进步和产业升级。

3. 保护环境促进可持续发展

中国有色集团在赞比亚投资过程中，在促进当地社区环境保护方面投入了大量资源，一方面利用先进技术提高资源利用率，另一方面积极践行降耗减排，发展循环经济。

（1）利用先进技术提高资源利用率

矿山开采形成的大量尾矿会给当地环境带来沉重的负担，而尾矿仍有很大的开发利用价值。为了综合地利用矿产资源，保护环境，中国有色集团采取了一系列措施。例如，中国有色集团在赞比亚投资的企业采用湿法冶金工艺生产电积铜，并开发了世界上最为先进的生物冶金技术，使赞比亚当地的矿产资源得到了最有效的开发。又如，中国有色集团在赞比亚投资的谦比希铜矿也通过提高选矿工艺技术指标，有效提高了资源开发效率，2013 年选矿回收率达到 93.5%。同时，谦比希铜冶炼公司采用余热发电，对尾矿进行渣浮选，有效促进了绿色生产。

（2）降耗减排，发展循环经济

中国有色集团在赞比亚投资的各家企业，积极践行降耗减排，发展循环经济。在降耗减排方面，中国有色集团在赞比亚投资的卢安夏铜冶炼厂，引进国外先进的技术和设备，每吨铜的冶炼只消耗 186 吨标准煤，相比国内能耗最少的云南铜业（吨铜能耗为 260 吨），前者减少了近 40% 的能耗。在发展循环经济方面，中国有色集团投资的中色非洲矿业有限公司，对开采的铜矿资源进行了深度开发：精铜矿被送往冶炼厂进行冶炼；品质较差的尾矿则交给湿法公司，作为湿法原材料；而矿渣和废石等则作为建筑材料，用于当地的基础设施建设，或者销售给其他企业。这种变废为宝的循环经济模式，不仅减少了废物对环境的污染，还充分利用了废弃物的剩余价值。

4. 参与公益事业造福东道社区

中国有色集团在赞比亚投资过程中，积极参与各项公益事业，在医疗卫生、教育、文化体育、女性发展等各个领域造福东道社区。自 1998 年走进非洲以来，截至 2018 年，中国有色集团在非洲已提供各种公益捐助 3000 多万美元（杨云倩，2018）。

（1）改善医疗卫生服务

为提高员工及周边社区的医疗卫生服务水平，中国有色集团投资经营多家矿区医院，引入先进的医疗设备和医疗技术，为提高矿区的医疗卫生服务整体水平做出了巨大贡献。其中，最为典型就是赞中经贸合作区内由中国有色集团投资建设运营的中赞友谊医院。赞比亚中赞友谊医院的前身是 20 世纪 30 年代始建的恩卡纳矿山医院，2000 年被中国有色集团收购并改名为中赞友谊医院。该院 24 小时开诊，医疗设备、科室齐全，拥有 100 多张床位，中方有 7 名医务人员、1 名工作人员，其余 110 名工作人员都是赞比亚人（杨云倩，2018）。在赞比亚的所有医疗机构中，中赞友谊医院收取的费用最低，并经常为当地无支付能力的患者免除医疗费。在访谈中，中赞友谊医院负责人强调了医院的非营利属性：

中赞友谊医院设立的目的不是赚取利润，而是尽可能地服务并造福当地人民。医院建立的初衷是服务于矿区和经贸合作区的员工，保障员工的医疗，同时也向社区开放，不仅为合作区企业的中外员工提供服务，还惠及员工家属，每位赞籍员工可带 4 名家属免费医疗，即员工及其家属的治疗费用由员工所属中国有色集团在赞企业通过医疗保险予以结算。

2011 年，中国有色集团与中国人民对外友好协会合作，举办了“赞比亚光明行”活动，为当地由于贫穷而无法得到治疗的白内障患者提供免费的复明手术治疗。中赞友谊医院负责人对细节进行了补充，在“赞比亚光明行”活动准备期间，项目惠及 109 名符合条件的患者，中国有色集团承担了包括医生的差旅费、劳务费及患者的往返交通费、食宿费等在内的所有费用，累计捐赠近 210 万元。项目为白内障患者实施手术使用国际先进设备和优良晶体，由北京同仁医院医疗队操刀，手术成功率达 100%。

此外，中国有色集团在赞企业还通过慈善捐赠，积极参与抗击艾滋病、疟疾等严重影响当地居民健康的流行病。例如，向“非洲第一夫人防治艾滋病组织”提供捐赠，用予开展防治艾滋病活动；向卡翁达儿童基金会提供慈善捐款；捐赠撒药器具，帮助当地卫生部门的防疟疾计划；投资 300 多万元改造矿区饮用水工程保障当地居民饮水健康。

（2）促进当地教育发展

中国有色集团在赞比亚投资过程中，积极致力于促进当地教育发展，一方面支持包括小学、中学、大学在内的传统教育事业，另一方面致力于提高当地的职业教育水平。例如，为当地小学捐赠文具、为中学捐建教室、向大学生提供奖学金等；为卢安夏当地九年制学校和技工学校提供全额运营费用，捐助了卢安夏信托学校、卢安夏技术学校；在赞比亚大学、卢萨卡大学设立奖学金制度，资助矿业、机械等专业的优秀学生，并为优秀的毕业生提供就业机会。

（3）推动体育事业发展

中国有色集团在赞比亚投资过程中，通过赞助当地重要的体育赛事、资助体育类公共设施建设、捐赠体育用品等多种形式支持当地体育事业发展。例如，赞助全国性或省级体育比赛；对当地的游泳池、球类俱乐部等公共设施进行维护；中色卢安夏铜业有限公司不仅赞助当地的足球队参加赞比亚全国足球联赛，还为队员们发放工资，捐赠体育用品。

（4）支持妇女发展

中国有色集团在赞比亚投资过程中，致力于帮助当地妇女就业，引导妇女创业，从而改善家庭状况。例如，中色非洲矿业有限公司向谦比希当地妇女捐赠缝纫机，帮助她们发挥一技之长，实现经济独立，从而提高自身及其家庭的生活水平；为谦比希当地妇女创造收入来源，将鸡雏无偿提供给她们饲养，待长大后由企业全部购回。

四、结论与建议

（一）研究结论

本研究选取中国有色集团在赞比亚履行企业社会责任实践作为典型案例，剖析中国企业在与本国经济、文化相差较大的非洲国家如何执行企业社会责任项目以及其对当地社区发展的影响。研究发现，中国有色集团在赞比亚履行企业社会责任对促进东道社区的经济、社会、可持续发展产生了积极的影响，主要体现在完善基础设施建设、推动当地经济发展、保护环境促进可持续发展、参与公益事业造福东道社区四个方面。

（二）启示与建议

中国有色集团在赞比亚投资过程中，通过积极履行企业社会责任，在推动东道社区的社会、经济、可持续发展方面取得了显著成效，获得了企业主要利益相关方的认可和好评，维护了企业形象、提升了企业价值。中国有色集团通过积极的海外履责实践，实现了企业发展的多重绩效俱佳的成功经验，为我国海外投资企业明确企业社会责任的发展方向、提升海外企业社会责任的管理运营水平提供了有益的启示。

1. 在战略高度上建立企业社会责任管理体系

中国有色集团将可持续发展作为企业重心，将企业社会责任融入企业战略规划，获得了企业集团高层的全力支持，建立专门的企业社会责管理组织体系，为中国有色集团在赞比亚切实有效地开展各项企业社会责任实践提供长效机制和有力的资源保障。这一成功经验提示我们，我国海外投资企业需要进一步提高海外履责意识，树立负责任的文化价值观，把承担社会责任作为增强企业国际竞争力和“软实力”的有效途径，把企业商业战略和社会责任结合起来，使二者互相支持。

2. 准确识别和回应多元利益相关方的需求

中国有色集团在赞比亚投资过程中成功履责、实现多赢的另一关键因素，在于对东道社区的多元利益相关方的差异化需求进行了全面分析，并通过多种渠道与利益相关方实现了有效沟通，最终通过不同的企业社会责任项目对不同利益相关方的需求进行了有效的回应和满足。鉴于此，我们建议我国海外投资企业在开展企业社会责任之前进行严格的利益相关方管理，结合东道国或东道社区的利益相关方构成结构，与当地政府、工会、行业协会、社会组织、社区以及媒体等多元利益相关方建立有效的沟通机制，建立信任并维持良好关系，使海外企业社会责任项目能精准定位于利益相关方的期望与需求，切实提升海外企业社会责任实践的运营效果与效率。

参考文献

[1]安家骥,刘国亮,狄鹤. 互联网支付影响绿色消费的效应及催化路径——从感知到实践的中介作用检验[J]. 税务与经济,2021(6):54-60.

[2]包国强,宋钦章. 民营网络平台企业社会责任履行的影响机理与推进路径[J]. 新闻爱好者,2022(1):12-16.

[3]贝多广. 大力倡导社会责任投资[J]. 中国金融,2021(12):31-33.

[4]边卫军. 鼓励民营企业切实履行社会责任[J]. 人民论坛,2019(24):32-33.

[5]蔡娜."双碳"目标下我国居民绿色消费行为的影响机制及策略探析[J]. 现代商业,2023(14):19-22.

[6]柴俊武,唐绘秋,王振华. 公益营销是"赚钱工具"还是"赔钱买卖"——公益营销对财务绩效的影响研究[J]. 预测,2016,35(2):37-42,49.

[7]超鸿燕. 中国"走出去"企业的社会责任风险[J]. 合作经济与科技,2014(22):191-192.

[8]陈承,王宗军,叶云. 信号理论视角下企业社会责任信息披露对财务绩效的影响研究[J]. 管理学报,2019,16(3):408-417.

[9]陈德萍. 企业社会责任与财务绩效的实证研究[J]. 统计与决策,2012(12):178-181.

[10]陈光梅. 共同富裕目标下中小民营企业社会责任动力机制构建[J]. 企业经济,2023,42(6):22-31.

[11]陈贵梧,胡辉华,陈林．行业协会提高了企业社会责任表现吗?——来自中国民营企业调查的微观证据[J]．公共管理学报,2017,14(4):102-117,158.

[12]陈怀珍．关于公益营销的策略探讨——以“欧莱雅世博礼仪讲堂”为例[J]．安徽商贸职业技术学院学报(社会科学版),2014,13(3):36-39.

[13]陈建昌．“一带一路”战略下中国企业社会责任问题研究[J]．时代金融,2018(30):372,375.

[14]陈可,李善同．企业社会责任对财务绩效的影响:关键要素视角[J]．统计研究,2010,27(7):105-111.

[15]陈启杰,武文珍．社会责任消费行为的影响因素及测量述评[J]．商业研究,2012(1):1-8.

[16]陈文静．浅析价值共创理论在公益营销中的应用——以支付宝“蚂蚁森林”为例[J]．电视指南,2017(12):220.

[17]陈曦．从走出去到走进去:突破CSR议题传播壁垒[J]．WTO经济导刊,2015(9):60-61.

[18]陈阳．社会转型与企业社会责任[D]．长春:吉林大学,2005.

[19]陈莹．文化引领型社会责任管理模式研究——以中国建筑社会责任管理实践为例[J]．WTO经济导刊,2014(3):54-55.

[20]陈玉芹,刘鑫．基于4R理论的公益营销及其量表开发[J]．经营与管理,2011(9):95-97.

[21]陈媛．渣打:让公益营销成为战略[J]．成功营销,2009(6):83.

[22]陈致中．公益营销:概念、理论与文献评述[J]．商场现代化,2010(20):34-35.

[23]初浩楠．组织学习、战略型企业社会责任对组织变革的影响——“90后”员工的视角[J]．统计与管理, 2019(8): 23-28.

[24]初令伟．新媒体环境下的企业公益营销传播[J]．东南传播,2013(4):106-107.

[25]崔晓冬,刘清芝,周才华,等．中国绿色消费的政策和实践研究

[J]. 中国环境管理,2020,12(1):58 –65.

[26]崔志如. 基金业的社会责任投资 可以高尚的“自私”[J]. 中国报道,2011(5):58 –59.

[27]代文彬,慕静,周欢. 中国城市食品消费者的社会责任消费——消费者权力的视角[J]. 商业研究,2019(2):10 –17.

[28]单春霞,崔杰. 国有企业社会责任战略与经营绩效影响研究[J]. 河南社会科学,2018,26(8):90 –94.

[29]党婷婷. 医药制造企业社会责任与企业绩效关系实证研究[J]. 中国经贸导刊(中),2021(11):72 –74.

[30]邓韵,唐更华. 中国企业社会责任信息披露影响因素研究——基于润灵环球评级社会责任报告[J]. 价值工程,2018,37(1):234 –236.

[31]丁浩洋,王石琦,周鸿卫. 企业社会责任、绿色信贷政策与商业银行财务绩效——基于中国银行业绿色信贷信息披露的估计[J]. 金融经济,2021(7):10 –20,38.

[32]丁志华,姜艳玲,王亚维. 社区环境对居民绿色消费行为意愿的影响研究[J]. 中国矿业大学学报(社会科学版),2021,23(6):107 –120.

[33]杜剑,曹玲燕. 企业社会责任信息披露动机研究[J]. 会计之友,2016(5):87 –93.

[34]杜娟. 行业协会的推动力“企业社会责任——行业可持续发展的路径”分论坛综述[J]. WTO 经济导刊,2010,83(6):70 –72.

[35]冯锋,张燕南. 企业社会责任与公司绩效关系再讨论——基于上市公司企业社会责任评级数据的实证分析[J]. 吉林大学社会科学学报,2020,60(6):154 –166,235.

[36]冯金余,李孟林,常广敏. 社会责任投资基金与投资者的选择[J]. 经济与管理评论,2022(6):56 –72.

[37]冯丽艳,肖翔,赵天骄. 经济绩效对企业社会责任信息披露的影响[J]. 管理学报,2016,13(7):1060 –1069.

[38]冯同庆. 从劳工权益角度看企业社会责任在我国的发展趋势[J].

当代世界与社会主义,2006(3):141－145.

[39]付鸿彦,任国升,廉晓洁. 战略型社会责任与企业财务绩效的实证研究——基于客户企业社会责任满意度的中介效应[J]. 会计之友,2018(24):32－36.

[40]付鸿彦,王贵贵. 战略型企业社会责任与财务绩效关系的实证研究——主要利益相关者满意度的中介作用探讨[J]. 企业改革与管理,2018(13):99－100.

[41]付文飙,李文华. 我国责任消费研究[J]. 山西财经大学学报,2019(41):1－5,13.

[42]高洋,刘思圻,李海鹏,等. 民营企业社会责任驱动因素研究[J]. 党政干部学刊,2019(5):61－66.

[43]葛笑春,刘虎. "一带一路"下我国国际化企业品牌形象提升策略研究——基于企业社会责任视角[J]. 现代商贸工业,2019,40(5):209－212.

[44]葛昱晖. 浅析日本企业的公益营销及其对中国的启示——以松下集团为例[J]. 科技信息,2012(29):204,206.

[45]郭沛源,于永达. 公私合作实践企业社会责任——以中国光彩事业扶贫项目为案例[J]. 管理世界,2006(4):41－47,171.

[46]郭少波. 民营企业社会责任对财务增长的影响研究[J]. 全国流通经济,2019(23):69－70.

[47]郭晔蓉,宋媛媛,高小洲. 企业社会责任对财务绩效的影响研究——以食品行业上市公司为例[J]. 全国流通经济,2022(27):40－43.

[48]郝琴. 地方政府企业社会责任政策分析[J]. 中国市场,2013(11):71－76.

[49]何雪莉.企业社会责任对公司绩效影响研究——基于上市物流企业的实证分析[J].物流工程与管理,2021,43(7):21,124－127.

[50]何金霞,王积甜. 民营企业社会责任意识现存问题及对策探究——基于核心价值观视阈[J]. 中国市场,2022(8):103－105.

[51]贺爱忠,李韬武,盖延涛. 城市居民低碳利益关注和低碳责任意识

对低碳消费的影响——基于多群组结构方程模型的东、中、西部差异分析[J]. 中国软科学,2011(8):185-192.

[52]贺爱忠,郑帅,李钰. 公益营销对消费者品牌信任及购买意愿的影响[J]. 北京工商大学学报(社会科学版),2009,24(3):31-36.

[53]贺昂,白隽滢,杨军,等. 北京市属国有企业履行社会责任成效与政策建议[J]. 国有资产管理,2013(11):40-44.

[54]贺露影,王雪娇,苏政,等."碳中和"背景下消费者绿色消费行为影响因素研究[J]. 现代商业,2023(20):15-18.

[55]侯月月,罗文春. 浅论中国民营企业社会责任存在的问题及其对策[J]. 经济研究导刊,2021(2):1-3.

[56]胡保玲,代梦阳. 山东省城镇居民社会责任消费认知研究[J]. 调研世界,2017a(5):30-33.

[57]胡保玲,代梦阳. 城镇居民社会责任消费行为影响因素实证研究——积极情绪的中介作用[J]. 经济与管理评论,2017b(5):51-60.

[58]胡华萱. 海外投资企业社会责任对企业国际绩效的影响机制——合法性的中介效应[J]. 商场现代化,2022(8):137-139.

[59]黄林,朱芳阳. 民营科技企业社会责任与企业绩效的实证研究:社会资本视角[J]. 科技管理研究,2018,38(4): 209-217.

[60]黄群慧,钟宏武,张蒽,等. 企业社会责任蓝皮书:中国企业社会责任研究报 [M]. 北京:社会科学文献出版社,2017.

[61]黄韫慧,杨璐."双碳"背景下的绿色消费转型:动因、困境与路径[J]. 江海学刊,2023(4):79-85,255.

[62]姜志华,沈奇泰松. 我国企业社会责任动因调查[J]. 合作经济与科技,2013(2):30-32.

[63]金仁仙. 中国企业社会责任政策的分析及启示[J]. 北京社会科学,2019(8):22-33.

[64]金招胜. 如何建立健全国有企业社会责任实现方式[J]. 中国市场,2021(12):86-88.

[65]孔维伟,陈子涵. 制度距离对海外投资企业社会责任的影响研究[J]. 财会通讯,2023(19):78-83.

[66]孔玉生,李菊. 企业社会责任和财务绩效相关性研究——以沪市A股制造业为例[J]. 财会月刊,2010(15):14-16.

[67]寇小萱. 制造CSR与企业绩效的关系——基于利益相关者的视角[J]. 中国流通经济,2012,26(10):68-72.

[68]赖庆晟. 国有企业履行社会责任:价值、困境与路径选择[J]. 商业经济,2021(7):110-113.

[69]黎林峰. 打造责任地产 构建和谐社会——记中国房地产协会"和谐社会·责任地产"座谈会[J]. 中国建设信息,2008(2):14.

[70]黎雪. 2018中国水泥行业企业社会责任团体标准发布会在西安召开[J]. 中国建材,2018(3):29.

[71]黎毅. 从加多宝看公益营销的特点与类型[J]. 时代金融,2012(24):287.

[72]黎友焕. 浅析社会责任投资在我国推广的现状及对策建议[J]. 对外经贸,2015(12):43-47,57.

[73]李创,邵莹. 绿色消费情境下如何提高意向与行为的一致性?——基于调节效应的实证检验[J]. 干旱区资源与环境,2020,34(8):19-26.

[74]李创. 以社会责任推动企业进步——吉利汽车的另类公益营销[J]. 中国汽车界,2009(18):86-89.

[75]李冬伟,俞钰凡. 中国大型企业社会责任战略选择动因研究——一个新制度理论解释框架[J]. 北京理工大学学报(社会科学版),2015,17(3):60-69.

[76]李光斗. 蒙牛:持续力推企业公民形象——公益营销案例解析[J]. 市场观察,2006(10):58-60.

[77]李浩然,吴丹红. 企业社会责任报告发展过程中的政府角色与功能[J]. 当代经济,2022,39(8):81-86.

[78]李红玉. 社会责任信息披露效应:社会声誉抑或企业绩效[J]. 宁

波大学学报(人文科学版),2015,28(5):99-104.

[79]李钧. 企业社会责任与经营绩效:动态能力的中介效应[J]. 学术论坛,2022(3):48-59.

[80]李楠楠,刘剑民. 薪酬差距调节下企业社会责任对企业绩效的影响——来自国有上市制造业企业的证据[J]. 时代经贸,2022,19(4):96-98.

[81]李鹏翔. 绿色消费中态度—行为差距影响因素分析[J]. 当代经济,2021(9):82-85.

[82]李萍,李春浩. 营商环境、投资意愿对民营企业社会责任的影响研究[J]. 社会治理,2023(2):104-115.

[83]李文. CSR管理应成为中企走出去的战略管理工具[J]. WTO经济导刊,2014(5):62-64.

[84]李昕怡. 营销3.0时代下企业的公益营销——以百事可乐大中华区为例[J]. 传播与版权,2015(5):109-110.

[85]李欣,吴秉琪,刘红青,等. 基于"五大体系""五大领域"的央企社会责任新模式[J]. 创新世界周刊,2023(7):66-71.

[86]李占峰. 社会现代化进程中国有企业社会责任研究[D]. 上海:华东理工大学,2012.

[87]李正. 企业社会责任信息披露影响因素实证研究[J]. 特区经济,2006a(8):324-325.

[88]李正. 企业社会责任与企业价值的相关性研究——来自沪市上市公司的经验证据[J]. 中国工业经济,2006b(2):77-83.

[89]梁勇,杨继福. 中国企业开展公益营销的六项原则[J]. 现代企业,2012(3):48-49.

[90]廖秉宜,狄鹤仙,温有为. 品牌公益营销中微博舆情引导机制研究——基于鸿星尔克微博舆情大数据分析[J]. 全球传媒学刊,2022,9(6):102-116.

[91]林波,郭静,罗曙辉,等. 行业推动CSR系统化、标准化[J]. WTO经济导刊,2017(8):19-22.

[92]林超．社会责任投资的国际现状与趋势[J]．福建论坛(人文社会科学版),2008(7):38－39.

[93]林格林．M3.0时代,中国企业如何公益营销[J]．成功营销,2007(9):48－49.

[94]林健．企业社会责任对财务绩效影响研究——以化工企业为例[J]．科技经济市场,2020(2):8－10,22.

[95]林军,段亚坤．我国社会责任投资存在的问题及对策分析[J]．商业文化,2015(12):35－38.

[96]林龙．社会责任投资实证分析[J]．福建商学院学报,2017(3):1－11,79.

[97]凌丹,张艳萍．广义虚拟经济背景下汽车产业公益营销与企业盈利能力研究[J]．广义虚拟经济研究,2018,9(4):37－43.

[98]刘波,郭文娜．社会责任投资:观念的演化及界定[J]．软科学,2009,23(12):45－49.

[99]刘开邦．基于消费者责任消费的影响因素分析——以新能源汽车为例[J]．中国商论,2020(12):91－93.

[100]刘茂平．企业社会责任信息披露质量与企业经济绩效——基于CSR报告(2009—2011)的经验证据[J]．武汉科技大学学报(社会科学版),2012,14(5):567－571.

[101]刘孙芸．我国对外直接投资的社会责任风险防范研究[J]．现代商贸工业,2017(6):35－37.

[102]刘茵．浅谈公共关系视域下企业微公益营销[J]．发展,2020(3):82－83.

[103]刘展铭．中国企业履行社会责任的影响因素及与经营绩效关系的实证研究——以广东电子制造服务行业为例[D]．上海:复旦大学,2009.

[104]刘忠华．国际社会责任投资发展趋势及启示[J]．吉林建筑工程学院学报,2012,29(1):102－104.

[105]刘宗华,毛天平．农村居民绿色消费行为及其影响因素研究[J].

三峡大学学报(人文社会科学版),2022,44(3):66－70.

[106]龙晓枫,田志龙,侯俊东．社会规范对中国消费者社会责任消费行为的影响机理研究[J]．管理学报,2016,13(1):115－121.

[107]罗喜英,张睿敏．“一带一路”倡议下正式制度距离与海外投资企业社会责任[J]．湖南科技大学学报(社会科学版),2021,24(4):111－118.

[108]吕金姝,田慧．互联网时代公益营销模式构建——以汤臣倍健为例[J]．黑龙江科技信息,2016(36):377.

[109]麻宇欣．我国国有企业社会责任履行现状与推进路径研究[J]．中小企业管理与科技(下旬刊),2013(8):21－22.

[110]马俊峰,毛美仪．企业社会责任信息披露对财务绩效的影响[J]．青海金融,2022(10):10－18.

[111]马利红,刘名旭．“一带一路”倡议背景下涉外企业社会责任研究——以中国能源建设股份有限公司为例[J]．投资与合作,2022(6):24－26.

[112]马少华,黎友焕．农业企业履行企业社会责任的动机——基于多案例研究[J]．西安电子科技大学学报(社会科学版),2021,31(1):1－6.

[113]马钊．现阶段国有企业社会责任问题研究[J]．发展,2016(4):90－91.

[114]毛洪涛,张正勇．我国企业社会责任信息披露的现状分析及对策思考[J]．会计之友,2010(2):89－91.

[115]南美格．企业社会责任与财务绩效关系实证研究[J]．特区经济,2022(10):122－128.

[116]倪苗苗．精准扶贫视角下企业社会责任履行探究[J]．科技创业月刊,2020,33(3):95－98.

[117]倪文斌．民营企业社会责任的影响因素:内部和外部因素协同的视角[J]．党政干部学刊,2020(3): 66－74.

[118]牛丽文,廖雅光．河北省国有企业履行社会责任的现状分析[J]．河北工程大学学报(社会科学版),2014,31(3):5－7.

[119]潘健平,翁若宇,潘越．企业履行社会责任的共赢效应——基于精准扶贫的视角[J]．金融研究,2021(7):134－153.

[120]齐爱荣,由佳卉．论新形势下品牌公益营销的创新策略[J]．经济师,2016(1):273－274.

[121]齐俊英,郭长虹．多重制约下的中小企业公益营销策略探究[J]．商业时代,2011(27):33－34.

[122]齐丽云,魏婷婷．基于 ISO 26000 的 CSR 绩效评价模型研究[J]．科研管理,2013,34(3):84－92.

[123]钱芳．"互联网+"时代企业公益营销目标及定位策略[J]．商场现代化,2021(5):121－123.

[124]钱瑜．企业社会责任和企业绩效的典型相关分析——基于利益相关者视角[J]．企业经济,2013,32(3):79－82.

[125]乔时,姚唐,王宁,等．"外察"与"内省":环境威胁引发的绿色消费意愿研究——基于道德情绪的双路径模型[J/OL]．南开管理评论,2023:1－33.

[126]任雪松,吴尚轩．新形势下国有企业社会责任践行路径[J]．法人,2019(5):68－70.

[127]商华,尹海磊,董大海,等．我国国有企业社会责任实现驱动力研究——基于内生性视角[J]．科研管理,2022,43(10):136－149.

[128]商务部,国家统计局,国家外汇管理局．2021 年度中国对外直接投资统计公报[M]．北京:中国商务出版社,2022.

[129]商务部,国家统计局,国家外汇管理局．2022 年度中国对外直接投资统计公报[M]．北京:中国商务出版社,2023.

[130]尚禾,任丽华．公益的高度——电商公益营销研究[J]．中外企业家,2015(30):224.

[131]邵邦,何元增,程诚．中国企业社会责任公共政策问题研究[J]．北京航空航天大学学报(社会科学版),2015,28(3):39－43.

[132]申笑梅,王荣华．企业公益营销的可持续发展研究——以蚂蚁森

林为例[J]. 市场周刊,2018(8):81 -82.

[133]沈洪涛. 公司特征与公司社会责任信息披露——来自我国上市公司的经验证据[J]. 会计研究,2007(3):9 -16,93.

[134]史亚东. 公众环境关心对我国社会责任投资指数的影响[J]. 中国地质大学学报(社会科学版),2018,18(3):34 -45.

[135]史燕平,刘玻君,马倩倩. 我国环境保护基金绩效分析——对比其他社会责任投资基金和传统共同基金[J]. 当代经济管理,2017,39(11):93 -97.

[136]舒欢,朱庆涛."一带一路"下中国大型建筑工程企业社会责任与企业价值关系实证[J]. 资源开发与市场,2019,35(4):515 -520.

[137]司建楠.《中资企业海外社会责任蓝皮书(2016—2017)》发布[N]. 中国工业报,2017 -01 -16(2).

[138]宋林,彬彬,乔小乐. 制度距离对中国海外投资企业社会责任影响研究——基于国际经验的调节作用[J]. 北京工商大学学报(社会科学版),2019,34(2):90 -103.

[139]宋路路,刘红. 多层级的企业社会责任公共政策引导模式构建及对策——基于中国 CSR 发展指数的统计分析[J]. 科技和产业,2018,18(4):78 -82.

[140]粟立钟. 企业社会责任战略如何缓解融资约束——实现路径与经验证据[J]. 财务与金融,2015(4): 7 -16.

[141]孙瑾,苗盼,杨静舒."爱自己"还是"亲社会"——绿色消费利益诉求对绿色购买意愿的影响[J/OL]. 南开管理评论,2023:1 -28.

[142]孙美,池祥麟,永田胜也. 社会责任投资的发展趋势和策略研究[J]. 四川大学学报(哲学社会科学版),2017(6):141 -152.

[143]谭文双,吕沙,王思力,等. 社会责任信息披露、媒体关注与企业绩效[J]. 中国商论,2021(15):151 -155.

[144]汤章. 公益营销助推 蒙牛跑出火箭速度[J]. 中国品牌,2006(1):66 -67.

[145]唐更华,刘艳明,郃青雷. 珠江三角洲高新技术企业公益营销与企业绩效关系实证分析[J]. 工业工程,2011,14(5):142－145.

[146]唐亮,赵佳佳. 精准扶贫背景下国有企业社会责任履行路径及绩效评价——以华润五丰为例[J]. 滁州学院学报,2020(1):59－64.

[147]唐源珑. 关于我国地方政府企业社会责任政策研究[J]. 安徽行政学院学报,2020(6):29－36.

[148]陶林. 新时代国有企业社会责任的困境和突围[J]. 理论月刊,2018(9):134－142.

[149]陶文杰,金占明. 企业社会责任信息披露、媒体关注度与企业财务绩效关系研究[J]. 管理学报,2012,9(8):1225－1232.

[150]田虹,王汉瑛. 国外社会责任投资的中国借鉴——一个批判性学习视角[J]. 华东经济管理,2016,30(2):156－162.

[151]王佰荣,李勇,崔曼菲."双碳"背景下的绿色消费:居民不同成本减塑行为的影响机制研究[J].湖北社会科学,2023(2):59－68.

[152]王财玉,雷雳. 社会责任消费的结构、形成机制及企业响应[J]. 心理科学进展,2015,23(7):1245－1257.

[153]王昶,敬章洲. 多地资本市场对企业海外社会责任事件的反应研究——基于中铝秘鲁特罗莫克铜矿环境事件的研究[J]. 金融理论与实践,2016(6):59－63.

[154]王丹. 国有企业社会责任实现路径探析[J]. 理论月刊,2010(5):160－163.

[155]王丹丹,夏子叶. 造纸企业社会责任与财务绩效关系实证研究[J]. 中国林业经济,2019(5):6－9.

[156]王棣华,张永红. 财务绩效、政治关联对民营上市企业社会责任的影响研究[J]. 国际商务财会,2017(6):32－44.

[157]王建华,钭露露. 环境素养对消费者绿色消费行为的影响研究[J]. 华中农业大学学报(社会科学版),2021(3):39－50,184－185.

[158]王建华. 绿色营销、公益营销和社会营销的比较分析[J]. 商业经

济,2010(9):89-91.

[159]王建玲,井洁琳. 海外投资企业社会责任与经济绩效:制度距离调节的研究[J]. 山西财经大学学报,2020,42(7):85-98.

[160]王剑武. “走出去”企业履行海外社会责任的升级研究[J]. 海峡科技与产业,2016(3):78-80.

[161]王凯,赵宇航. 互联网企业社会责任与经营绩效相关性探析——基于社会资本的中介与组织惯性的调节[J]. 领导科学,2022(8):87-91.

[162]王琦. 产品体验对绿色消费意愿的影响——基于审美期待的调节效应[J]. 商业经济研究,2023(9):68-71.

[163]王绮,李媛媛. 环境威胁感知影响绿色消费倾向的实证分析[J]. 现代管理科学,2019(12):80-83.

[164]王秋蓉,李艳芳. 大道终致远,风正一帆悬——《关于中央企业履行社会责任的指导意见》发布十周年记[J]. WTO 经济导刊,2018(9):21-24.

[165]王淑霞. 中小企业社会责任履行的动因研究[J]. 河北企业,2018(1):75-76.

[166]王伟. 社会责任投资:中国未来投资新领域[J]. WTO 经济导刊,2011(10):22-25.

[167]王文成,王诗卉. 中国国有企业社会责任与企业绩效相关性研究[J]. 中国软科学,2014(8):131-137.

[168]王遐见,谭琦. 江苏国有企业社会责任价值实证分析[J]. 南京财经大学学报,2012(4):69-79.

[169]王小月,杨楠楠. 环境知识对服装绿色消费行为的影响研究[J]. 北京服装学院学报(自然科学版),2023,43(1):105-112.

[170]王琰. 个体责任与公共治理的博弈:对绿色消费行为的实证分析[J]. 浙江学刊,2018(5):91-98.

[171]王艳,陈超然,蔡佳琳,等. 资源编排视角下企业履行社会责任的共赢机制——基于广药白云山“造血式”扶贫实践的案例[J]. 财会通讯,

2023(18):3－13,139.

[172]王雁南,李自杰,张般若.“一带一路”下跨国企业社会责任的影响因素及机制[J].经济问题,2020(10):82－90.

[173]王宇,刘传俊,裴羚孜.山西民营企业社会责任认知、动因及实践研究[J].北方经贸,2015(8):213－216.

[174]王宇平,史雅洁.企业社会责任报告信息披露现状研究[J].中国管理信息化,2016,19(15):22－24.

[175]魏华飞,程倩倩.媒体环保倡导对居民绿色消费行为的影响研究[J].科技创业月刊,2023,36(8):54－58.

[176]魏华飞,李治.社会规范对消费者绿色消费行为的影响机制研究[J].四川轻化工大学学报(社会科学版),2023,38(4):77－88.

[177]魏婧.民营企业公益营销与财务绩效的实证研究——基于市场化程度的中介分析[J].中国商论,2018(23):55－56.

[178]魏万青.劳工宿舍:企业社会责任还是经济理性——一项基于珠三角企业的调查[J].社会,2011,31(2):97－110.

[179]魏西友.公益营销——蒙牛乳业的超人战略[J].现代交际,2007(1):12－13.

[180]温素彬,方苑.企业社会责任与财务绩效关系的实证研究——利益相关者视角的面板数据分析[J].中国工业经济,2008(10):150－160.

[181]乌拉尔·沙尔赛开,曾倩倩.可持续发展背景下消费者环境认知对绿色消费行为的影响机制研究[J].商业经济研究,2023(16):42－46.

[182]吴超超.公益与商业的平衡之术——农夫山泉公益营销的商业智慧[J].广告人,2007(8):21－22.

[183]吴传良,田中俊,陈静.考虑制造商和电商平台自有品牌竞争的公益营销决策研究[J/OL].中国管理科学,2023:1－23.

[184]吴芳芳.中国对外投资合作中的企业社会责任问题研究[J].产业与科技论坛,2013,12(4):11－12.

[185]吴福顺,管竹笋,郑若娟,等.2007 中国责任消费调查报告[J].

WTO 经济导刊,2008(4):42-45.

[186]吴杰. 央企社会责任:领先的尴尬[J]. 国企,2013(6):46-48.

[187]吴勋. 中央企业社会责任信息披露现状评价——基于社会责任报告的分析[J]. 中国内部审计,2015(5):14-18.

[188]夏鑫,刘永飞,王亚平,等. 国有股权有助于提高民营企业社会责任绩效吗?[J]. 山东工商学院学报,2022,36(5):56-67.

[189]肖红军. 国有企业社会责任的发展与演进:40 年回顾和深度透视[J]. 经济管理,2018,40(10):5-26.

[190]肖捷. 中国情境下社会责任消费行为量表研究[J]. 财经理论与实践,2012(33):89-93.

[191]谢帮生,张凡,游晓东,等. 政府审计对国有企业履行社会责任的影响——以国有企业参与贫困治理为例[J]. 福建农林大学学报(哲学社会科学版),2023,26(5): 30-41.

[192]谢海洋,陈艳霞,吕振伟,等. 党组织参与治理、内部控制与企业社会责任——来自国有上市公司的经验证据[J]. 会计之友,2021(19):20-26.

[193]谢红霞. 我国社会责任投资存在的问题及对策研究[J]. 中国管理信息化,2015,18(13):159-160.

[194]谢良安. 社会责任投资的"三驾马车"及启示[J]. 当代经济,2011(24):92-93.

[195]熊萍,赵朝霞,陈红英. 碳达峰目标下公众绿色消费行为影响因素研究[J]. 商业经济研究,2022(15):52-56.

[196]熊云,林太鹤. 价值观、感知消费效力与社会责任消费行为相关性分析[J]. 商业经济研究,2020(6):49-51.

[197]徐虹,游喜喜. 基于人口特征变量的旅游者消费意向差异分析——以旅游者社会责任消费为视角[J]. 干旱区资源与环境,2018,32(1):196-201.

[198]徐进. 社会责任:电力集团"走出去"的"减震器"[J]. 中国电力

企业管理,2014(21):86－87.

[199]许丛. 企业公益营销的四大关键点[J]. 企业改革与管理,2013(10):71－72.

[200]许黎惠,夏丹. 我国社会责任投资的发展现状及策略分析[J]. 中国农业银行武汉培训学院学报,2013(3):57－60.

[201]闫岩. 社会责任考验"走出去"中企[N]. 国际商报,2013－08－20(A01).

[202]严欣. 民营企业社会责任、员工满意度及绩效相关性实证研究[J]. 青岛大学学报(自然科学版),2019,32(4):140－144.

[203]阎俊,佘秋玲. 社会责任消费行为量表研究[J]. 管理科学,2009(2):73－82.

[204]杨晨. 中国民营企业社会责任的现状与思考[J]. 中外企业家,2019(24):234－235.

[205]杨冬云,谢杨. 企业社会责任、绿色创新能力与企业环境绩效[J]. 财会通讯,2019(6):100－104.

[206]杨林. 浅议责任消费:走出困境[J]. 企业导报,2010(6):241－242.

[207]杨林晔. 公益营销:企业社会责任与经济效益平衡的措施研究[J]. 中外企业文化,2021(3):16－17.

[208]杨梦瑶. 公益营销是把双刃剑——塑造文具企业公益化的商业品牌[J]. 文体用品与科技,2017(11):24－27.

[209]杨希娟,成瑾. 战略型企业社会责任与企业竞争优势分析——以中华老字号企业为例[J]. 工业经济论坛,2015(1):87－98.

[210]杨晓茹,孙剑,李锦锦. 消费者社会责任消费行为的实证研究——基于武汉市的调研数据[J]. 湖北农业科学,2015,54(11):2800－2805.

[211]杨云倩. 来自东方的礼物——中国有色集团的非洲 20 年[N/OL]. 人民画报,2018－09－14. http://www.rmhb.com.cn/yxsj/tpgs/201809/t20180914_800141527.html.

[212]杨韵,罗世华. 地方性政策法规引导企业社会责任分析[J]. 合作

经济与科技,2017(1):186-188.

[213]杨韵. 企业社会责任动因分析及保障机制建议[J]. 中国商论,2017(21):161-163.

[214]叶华,卢星辉. 国有企业社会责任信息披露状况调查与分析——以北京市国有企业为例[J]. 经营与管理,2016(1):38-41.

[215]伊力奇, 李涛, 宋志成. 国有企业高管政治激励与企业社会责任[J]. 技术经济与管理研究, 2022(11): 67-72.

[216]伊力奇,李涛,丹二丽,等. 企业社会责任与环境绩效:“真心”还是“掩饰”? [J]. 管理工程学报,2023,37(2):1-10.

[217]易开刚,黄慧丹. 平台经济视阈下社会责任消费行为意向驱动因素研究[J]. 商业经济与管理,2020(11):50-62.

[218]殷格非,崔生祥,郑若娟. 企业社会责任管理基础教程[M]. 北京:人民大学出版社,2008.

[219]殷格非,管竹笋,贾丽. 共识的形成——中国企业社会责任发展历程研究(1978—2019)(二)[J]. 可持续发展经济导刊,2020a(Z1):106-108.

[220]殷格非,管竹笋,贾丽. 新纪元的开启——中国企业社会责任发展历程研究(1978—2019)(三)[J]. 可持续发展经济导刊,2020b(3):53-56.

[221]殷格非,管竹笋. 海外运营中的企业社会责任[J]. WTO 经济导刊,2013(4):84-86.

[222]殷格非,于志宏,赵钧. 中国 CSR 推进“五位一体”模式[J]. WTO 经济导刊,2014,131(8):53-55.

[223]殷格非. 初成体系的社会责任标准家族[J]. 可持续发展经济导刊,2021(5):59-60.

[224]尹海员,李忠民. 个体特质、信息获取与风险态度——来自中国股民的调查分析[J]. 经济评论,2011(2):29-37.

[225]尹珏林. 中国企业履责动因机制实证研究[J]. 管理学报,2012,9

(11):1679－1688.

[226]于娟,代晓霞. 我国绿色消费的进展、挑战与路径研究[J]. 中国国情国力,2023(8):50－52.

[227]于平. 国有企业社会责任实现路径探析[J]. 财会通讯,2014(2):70－71.

[228]余东华,邱璞. 产业政策偏好、社会责任属性与民营企业绩效[J]. 财经问题研究,2017(7):20－27.

[229]余晓敏. 道德消费主义:欧美管理学界的理论与实证研究以及对我国政府与企业的启示[J]. 甘肃社会科学,2005(4):237－245.

[230]余晓敏. 跨国公司行为守则与中国外资企业劳工标准——一项"跨国—国家—地方"分析框架下的实证研究[J]. 社会学研究,2007(5):111－133.

[231]俞小江,魏佳乐,杜振钢. 企业家诚信、利他价值观与企业社会责任之间的关系——基于对我国中小型民营企业的实证研究[J]. 当代经济,2017(35):133－137.

[232]袁文莉,赵雨桐. 从股民投资行为看中国股市的非理性繁荣[J]. 新西部(理论版),2016(16):59－60.

[233]原诗萌. 2020年央企社会责任观察大战大考彰显本色[J]. 国资报告,2021(2):76－81.

[234]原诗萌. 国企足迹2018·影响② 2018年《中央企业社会责任蓝皮书》的新发现[J]. 国资报告,2019(1): 62－63.

[235]原诗萌. 央企社会责任履行情况分析报告[J]. 国资报告,2018(3):88－91.

[236]藏瑞瑞. 论国有企业社会责任的实现路径——基于"政府—社会—企业"框架的分析[J]. 经济研究导刊,2013(23):39－40.

[237]臧雪晴,刘俊. 国有水上运输企业履行社会责任对财务绩效的影响研究[J]. 物流科技,2022,45(2):36－39.

[238]张炳雷. 国有企业海外投资的困境分析:一个社会责任的视角

[J]. 经济体制改革,2011(4):116－119.

[239]张晨,吴妍,廖昕. 环境绩效、社会责任与财务绩效——基于重污染行业上市企业的分析[J]. 经济研究导刊,2021(21):67－70.

[240]张宬,朱书尚,吴莹,等. 基于基金持股的社会责任投资行为及绩效研究[J]. 管理学报,2021,18(12):1840－1850.

[241]张川,娄祝坤,高新梓. 国有企业社会责任与财务绩效的实证研究[J]. 会计之友,2012(31):89－95.

[242]张春华. "授之以渔"铺就互利共赢之路 中钢集团非洲社会责任实践[J]. WTO 经济导刊,2009(3):34－41.

[243]张蒽,魏秀丽,王志敏. 中资企业海外社会责任报告质量研究[J]. 首都经济贸易大学学报,2017,19(6):70－78.

[244]张蒽. 基于战略性企业社会责任的企业扶贫——以金寨华润希望小镇项目为例[J]. 新视野,2018(3):55－60.

[245]张洪波. 企业社会责任与财务绩效因果分析[J]. 现代商贸工业,2009,21(17):206－207.

[246]张济建,张为为. 浅析我国社会责任投资筛选体系的构建[J]. 商业会计,2011(6):13－14.

[247]张洁,徐培培,桑晓月. 社会责任导向下的绿色消费行为研究[J]. 中国证券期货,2013(2):198－199.

[248]张兰霞,袁栋楠,牛丹,等. 企业社会责任对财务绩效影响的实证研究——以我国上市公司为研究对象[J]. 东北大学学报(自然科学版),2011,32(2):292－296.

[249]张立,郑玲. 公益营销与企业盈利能力——基于策略性慈善捐赠的视角[J]. 经济经纬,2013(2):89－94.

[250]张灵芝. "一带一路"倡议下中信集团积极践行社会责任[J]. 经济导刊,2017(4):66－69.

[251]张强忠,何新月,张攀,等. 国有企业社会责任履行的动力机制研究[J]. 管理案例研究与评论,2022,15(2):172－183.

[252]张荣霞．吉林省国有企业履行社会责任的现状研究[J]．边疆经济与文化,2013(11):23－24.

[253]张守营．蓝皮书:中资企业海外社会责任要入乡随俗[N]．中国经济导报,2017－01－14(B02).

[254]张涛,孙红艳,张佑泽．国有工业企业社会责任与财务绩效关系研究——基于山东省国有工业企业2007—2008年数据[J]．山东财政学院学报,2011(3):88－93,98.

[255]张卫星,周杨淼．公益营销对消费者购买意愿的影响因素研究[J]．中国经贸导刊,2013(5):36－38.

[256]张晓丹．行业协会社会责任发展现状与实现路径研究——以上海地区行业协会为例[J]．企业改革与管理,2019(5):65－68.

[257]张惺惺,徐进．公益营销、消费者品牌态度与购买意愿关系分析[J]．商业经济研究,2021(10):77－79.

[258]张艳艳,徐晓萌．"一带一路"倡议下中资企业海外社会责任研究——基于2020中国百强跨国公司数据[J]．中国商论,2022(22):62－66.

[259]张艳艳．我国企业社会责任报告披露研究[J]．中国商论,2021(9):106－109.

[260]张益豪．股民投资行为和心理分析——基于对兰州市股民的问卷调查[J]．甘肃金融,2015(8):69－70.

[261]张玉．公益营销存在的问题及其解决途径[J]．经济视角,2010(8):46－47.

[262]张兆国,靳小翠,李庚秦．企业社会责任与财务绩效之间交互跨期影响实证研究[J]．会计研究,2013(8):32－39,96.

[263]张兆望,杨雪丽．新时代中央企业海外发展中的社会责任[J]．国际工程与劳务,2022(5):58－59.

[264]张正勇,吉利．企业家人口背景特征与社会责任信息披露——来自中国上市公司社会责任报告的经验证据[J]．中国人口·资源与环境,2013,23(4):131－138.

[265]张正勇．企业社会责任信息披露的决策机制研究[J]．南京财经大学学报,2013(4):68－74.

[266]张中元．中国海外投资企业社会责任:现状、规范与展望[J]．国际经济合作,2015(12):68－72.

[267]章大林,周鹏飞．“双碳”政策感知对居民绿色消费意愿的影响研究——基于绿色信任的中介作用[J]．中国商论,2022(22):86－88.

[268]赵钧．快跑的大象——2013 年中央企业社会责任报告专题研究[J]．WTO 经济导刊,2014(5):46－49.

[269]赵丽芳．带 CSR 上路——“一带一路”战略下中国企业的必然选择[J]. WTO 经济导刊,2015(5):20－25.

[270]赵莉,孙建鑫,张玲．媒体宣传与绿色消费行为关系研究——以社会认知理论为基础[J]．山东工商学院学报,2021,35(5):79－91.

[271]赵顺发,刘玉玲,魏秀丽．消费者对企业社会责任及责任消费的认知调查分析[J]．现代商业,2011(26):285－286.

[272]赵延明,程天祥．社会责任、政治关联与企业竞争力研究——基于 A 股 116 家民营医疗保健企业的数据实证分析[J]．科技促进发展,2020,16(10):1189－1195.

[273]赵志浩．国有企业“走出去”的社会责任研究[J]．现代商业,2015(24):222－223.

[274]郑坤,张立镜．基于消费者心理的公益营销影响初探——以怡宝“百所图书馆计划”为例[J]．时代农机,2016,43(3):80－82.

[275]郑培,李亦修,何延焕．企业社会责任对财务绩效影响研究——基于中国上市公司的经验证据[J]．财经理论与实践,2020,41(6):64－71.

[276]郑茜,任志宽．我国社会责任消费发展现状分析[J]．新经济,2014(19):21－24.

[277]郑青莹．赞比亚中国经贸合作区[EB/OL]．[2014－07－18]. http://gb.cri.cn/44571/2014/07/18/7872s4620654.htm.

[278]郑若娟,胡璐．我国社会责任投资策略与绩效分析[J]．经济管

理,2014,36(5):163－174.

[279]郑晓洁. 国有上市公司社会责任信息披露现状——基于2014—2016年沪深两市国有企业数据[J]. 华北水利水电大学学报(社会科学版),2018,34(3):49－54.

[280]中国保险资产管理业协会. 中国保险资产管理业的ESG实践与发展报告[R]. 2020.

[281]中国对外承包工程商会. 对外承包工程行业社会责任报告2013—2015[R]. 2016.

[282]中国纺织工业联合会. 2019—2020中国纺织服装行业社会责任年度报告[R]. 2020.

[283]中国纺织工业联合会. 2013—2014中国纺织服装行业社会责任年度报告[R]. 2014.

[284]中国纺织工业联合会. 2014—2015中国纺织服装行业社会责任年度报告[R]. 2015.

[285]中国纺织工业联合会. 2017—2018中国纺织服装行业社会责任年度报告[R]. 2018b.

[286]中国纺织工业联合会. 2019—2020中国纺织服装行业社会责任年度报告[R]. 2020.

[287]中国纺织工业联合会. 2020—2021中国纺织服装行业社会责任年度报告[R]. 2021.

[288]中国纺织工业联合会. CSC9000T纺织服装企业社会责任管理体系(2018版)[R]. 2018a.

[289]中国工业经济联合会. 2012中国工业经济行业企业社会责任报告发布会社会责任实践案例选编[R]. 2012.

[290]中国工业经济联合会. 2018中国工业行业企业社会责任报告发布会在京召开[R]. 2018.

[291]中国工业经济联合会. 中国工业行业企业社会责任发展五年(2008—2012)回顾及趋势展望[R]. 2013.

[292]中国工业经济联合会．中国工业经济联合会积极倡导和推进中国工业行业企业社会责任建设[R]. 2019.

[293]中国建筑股份有限公司．中国建筑股份有限公司可持续发展报告[R]. 2014.

[294]中国南方电网公司．中国南方电网公司企业社会责任报告[R]. 2014.

[295]中国社科院经济学部企业社会责任研究中心. 中国企业社会责任研究报告——企业社会责任蓝皮书——2013 版[M]. 北京:社会科学文献出版社,2013.

[296]中国信托业协会．中国信托业 2021—2022 社会责任报告[R]. 2022.

[297]中国有色集团. 中国有色集团 2011 年社会责任报告[R]. 2011a.

[298]中国有色集团．中国有色集团赞比亚 2011 社会责任报告[R]. 2011b.

[299]中国有色集团. 中国有色集团 2012 年社会责任报告[R]. 2012.

[300]中国有色集团．中国有色集团 2014 年可持续发展报告[R]. 2014.

[301]中国责任投资论坛. 中国责任投资年度报告 2021[R]. 2021.

[302]中国证券投资基金业协会 . 2013 年度中国证券投资基金社会责任报告[R]. 2013.

[303]中国证券投资基金业协会 . 2019 年度中国基金业 ESG 投资专题调查报告——证券版[R]. 2020.

[304]中国证券投资基金业协会 . 2022 年度公募基金行业社会责任报告[R]. 2022a.

[305]中国证券投资基金业协会 . ESG 责任投资专题调研报告[R]. 2019.

[306]中国证券投资基金业协会．推动 ESG 制度建设 发展绿色投资[R]. 2018.

[307]中国证券投资基金业协会．中国私募投资基金行业践行社会责任报告2022[R].2022b.

[308]中国证券业协会．关于发布证券公司履行社会责任专项评价办法的通知[R].2021.

[309]中国支付清算协会．中国支付产业年报2021[M].北京:中国金融出版社,2021a.

[310]中国支付清算协会．中国支付产业年报2022[M].北京:中国金融出版社,2022a.

[311]中国支付清算协会．中国支付清算行业社会责任报告(2023)[R].2023.

[312]中国支付清算协会．中国支付清算行业社会责任报告(2015)[R].2015.

[313]中国支付清算协会．中国支付清算行业社会责任报告(2016)[R].2016.

[314]中国支付清算协会．中国支付清算行业社会责任报告(2017)[R].2017.

[315]中国支付清算协会．中国支付清算行业社会责任报告(2018)[R].2018.

[316]中国支付清算协会．中国支付清算行业社会责任报告(2019)[R].2019.

[317]中国支付清算协会．中国支付清算行业社会责任报告(2020)[R].2020.

[318]中国支付清算协会．中国支付清算行业社会责任报告(2021)[R].2021b.

[319]中国支付清算协会．中国支付清算行业社会责任报告(2022)[R].2022b.

[320]中国驻赞比亚大使馆经济商务参赞处．赞比亚矿业对经济和社会的贡献[R].2014.

[321]钟宏武,许英杰. 社会责任:中国企业“走出去”的新课题[N]. 中国石油报,2013-06-04(2).

[322]钟宏武. 新时代需要央企高标准履行社会责任[J]. 中国石化,2023(3): 40-44.

[323]钟雨洁,刘婧. 公益营销:公益事业与市场营销的有机结合[J]. 中国市场,2019(17):121-122.

[324]周宏春,史作廷. “双碳”导向下的绿色消费:内涵、传导机制和对策建议[J]. 中国科学院院刊,2022,37(2):188-196.

[325]周洁红,韩飞,魏珂,等. 居民绿色消费研究综述[J]. 浙江大学学报(人文社会科学版),2022,52(9):57-68.

[326]周翔, 张武康. 油气行业企业社会责任与企业绩效关系实证研究[J]. 西安财经大学学报, 2021, 34(6): 108-117.

[327]周中胜,何德旭,李正. 制度环境与企业社会责任履行:来自中国上市公司的经验证据[J]. 中国软科学,2012(10):60-62.

[328]朱鸿鸣,赵昌文,汪日垚,等. 社会责任投资适合中国资本市场吗?——来自社会责任指数的证据[J]. 天府新论,2012(4):57-61,82.

[329]朱勇国. 企业社会责任运动下劳工权益的保护——中国出口加工业劳工权益现状分析[J]. 人口与经济,2008(3):27-35.

[330]祝继高,王谊,汤谷良. “一带一路”倡议下中央企业履行社会责任研究——基于战略性社会责任和反应性社会责任的视角[J]. 中国工业经济,2019(9):174-192.

[331]左春芳,马佳. 民营企业社会责任对企业财务绩效的影响研究——基于沪深股市上市公司的财务数据[J]. 中国乡镇企业会计,2017(5):22-26.

[332]Bruyaka Olga, K. Zeitzmann Hanko, Chalamon Isabelle, et al. Strategic corporate social responsibility and orphan drug development: Insights from the US and the EU biopharmaceutical industry [J]. *Journal of Business Ethics*, 2013, 117(1): 45-65.

[333] Li Jing Claire, Benamraoui Abdelhafid, Shah Neeta, et al. Dynamic capability and strategic corporate social responsibility adoption: Evidence from china [J]. *Sustainability*, 2021, 13(10): 1 – 19.

[334] Mitchell Ronald K, Agle Bradley R, Wood Donna J. Toward a theory of stakeholder identification and salience: Defining the principle of who and what really counts [J]. *The Academy of Management Review*, 1997, 22(4): 853 – 886.

[335] Martínez – Martínez Domingo, Madueño Jesús Herrera, Jorge Manuel Larrán, et al. The strategic nature of corporate social responsibility in SMEs: A multiple mediator analysis [J]. *Industrial Management & Data System*, 2017, 117(1): 2 – 31.

[336] Zu Liangrong, Song Lina. Determinants of managerial values on corporate social responsibility: Evidence from China [J]. *Journal of Business Ethics*, 2009, 88(1): 105 – 117.

[337] Attah Amewu, Amoah Prince. The extractive industry and expectations of resource benefits: Does CSR promote community well – being? [J]. *Corporate Governance: The International Journal of Effective Board Performance*, 2023, 23(6): 1437 – 1453.

[338] Bendell Jem. Terms of endearment: Business, NGO'S and sustainable development [M]. *Sheffield: Routledge*, 2000.

[339] Bhattacharyya Som Sekhar. Exploring the concept of strategic corporate social responsibility for an integrated perspective [J]. *European Business Review*, 2010, 22 (1): 82 – 101.

[340] Bohnett, Eve, Coulibaly, et al. Corporate responsibility and biodiversity conservation: Challenges and opportunities for companies participating in China's Belt and Road Initiative [J]. *Environmental Conservation*, 2022, 49 (1): 42 – 52.

[341] Burke Lee, Logsdon Jeanne M. How corporate social responsibility pays off [J]. *Long Range Planning*, 1996, 29(4): 495 – 502.

[342]Yin Juelin, Jamali Dima . Strategic corporate social responsibility of multinational companies subsidiaries in emerging markets: Evidence from China [J]. *Long Range Planning: International Journal of Strategic Management*, 2016, 49(5): 541 -558.

[343]Chilaka Marcus A, Nwaneke Princess K. Integrating corporate social responsibility, health improvement, and community support in development programmes: A case for enhancing the application of health impact assessment in programme implementation in the Niger Delta region [J]. *Local Environment*, 2016, 21 (3): 383 -395.

[344]Dahlsrud Alexander. How corporate social responsibility is defined: An analysis of 37 definitions[J]. *Corporate Social Responsibility & Environmental Management*, 2008, 15 (1): 1 -13.

[345]Dandago Kabiru Isa, Arugu Love Obiani. Corporate social responsibility and environmental concerns in Nigeria: A critical focus on oil producing communities [J]. *Issues in Social & Environmental Accounting*, 2014, 8(2): 104 -115.

[346]Daouda, Youssoufou Hamadou. CSR and sustainable development: Multinationals are they socially responsible in Sub - Saharan Africa? The case of Areva in Niger [J]. *Cadernos de Estudos Africanos*, 2014, (28): 141 -162.

[347]De Bakker Frank G A, Groenewegen Peter. , Hond Frank den. A bibliometric analysis of 30 years of research and theory on corporate social responsibility and corporate social performance [J]. *Business and Society*, 2005, 44 (3): 283 -317.

[348]Eweje Gabriel. Multinational oil companies' CSR initiatives in Nigeria: The scepticism of stakeholders in host communities [J]. *Managerial Law*, 2007, 49(5/6): 218 -235.

[349]Frynas, Jedrzej G. Corporate social responsibility and international development: Critical assessment [J]. *Corporate Governance: An International Review*, 2008, 16 (4): 274 -281.

[350] Galbreath, Jeremy. Building corporate social responsibility into strategy [J]. *European Business Review*, 2009, 21(2): 109 - 127.

[351] Gilberthorpe, Emma, Banks Glenn. Development on whose terms? CSR discourse and social realities in Papua New Guinea's extractive industries sector [J]. *Resources Policy*, 2012, 37 (2): 185 - 193.

[352] Gilberthorpe Emma, Agol Dorice & Gegg Thomas. "Sustainable mining"? Corporate social responsibility, migration and livelihood choices in Zambia [J]. *Journal of Development Studies*, 2016, 52(11): 1517 - 1532.

[353] Griffin J, Mahon J. The corporate social performance and corporate financial performance debate: Twenty - Five Years of Incomparable Research [J]. *Business and Society*, 1997(36):1.

[354] Hatipoglu Burcin Ertuna Bengi Salman Duygu. Corporate social responsibility in tourism as a tool for sustainable development: An evaluation from a community perspective [J]. *International Journal of Contemporary Hospitality Management*, 2019, 31(6): 2358 - 2375.

[355] Havlinova Aneta, Kukacka Jiri. Corporate social responsibility and stock prices after the financial crisis: The role of strategic CSR activities [J]. *Journal of Business Ethics*, 2023(182): 223 - 242.

[356] Heslin Peter A, Ochoa Jenna D. Understanding and developing strategic corporate social responsibility [J]. *Organizational Dynamics*, 2008, 37(2): 125 - 144.

[357] Huang Heshu, Shang Ruotong, Wang Liukai, et al. Corporate social responsibility and firm value: Evidence from Chinese targeted poverty alleviation [J]. *Management Decision*, 2022, 60(12): 3255 - 3274.

[358] Ip P K. Business ethics and a state - owned enterprise in China [J]. *Business Ethics: A European Review*, 2003, 12(1): 64 - 77.

[359] Jamali D. The case for strategic corporate social responsibility in developing countries [J]. *Business and Society Review*, 2007, 112(1): 1 - 27.

[360] Jang Soebin, Ardichvili Alexandre. Examining the link between corporate social responsibility and human resources: Implications for HRD research and practice [J]. *Human Resource Development Review*, 2020, 19 (2): 183 – 211.

[361] Jing Jielin, Wang Jianling, Hu Zhuochen. Has corporate involvement in government – initiated corporate social responsibility activities increased corporate value? —Evidence from China's Targeted Poverty Alleviation [J]. *Humanities & Social Sciences Communications*, 2023, 10(1):355 – 371.

[362] Kramer M R, Porter M E. Strategy and society: The link between competitive advantage and corporate social responsibility [J]. *Harvard Business Review*, 2006, 84(12): 78 – 92.

[363] Lantos G P. The boundaries of strategic corporate social responsibility [J]. *Journal of Consumer Marketing*, 2001, 18(7): 595 – 630.

[364] Li W J, Zhang R. Corporate social responsibility, ownership structure, and political interference: Evidence from China [J]. *Journal of Business Ethics*, 2010(96): 631 – 645.

[365] Margolis J D, Walsh J P. Misery loves companies: Rethinking social initiatives by business [J]. *Administrative Science Quarterly*, 2003, 48 (2): 268 – 305.

[366] McWilliams A, Siegel D. Corporate social responsibility and financial performance: Correlation or misspecification? [J]. *Strategic Management Journal*, 2000, 21(5): 603 – 609.

[367] McWilliams A, Siegel D. Creating and capturing value: Strategic corporate social responsibility, resource – based theory, and sustainable competitive advantage [J]. *Journal of Management*, 2011, 37(5): 1480 – 1495.

[368] Mills Albert J, Durepos Gabrielle, Wiebe Elden. *Encyclopedia of case study research* [M]. Los Angeles: Sage, 2010.

[369] Moore G. Corporate social and financial performance: An investiga-

tion in the U. K. supermarket industry [J]. *Journal of Business Ethics*, 2001 (34): 299 -315.

[370] Newell P. Citizenship, accountability and community: The limits of the CSR agenda[J]. *International Affairs*, 2005(81): 541 -557.

[371] Pava M L, Krausz J. The association between corporatecial responsibility and financial performance: The paradox of social cost [J]. *Journal of Business Ethics*, 1996, 15(3): 321.

[372] Porter Michael E, Kramer Mark R. Strategy and society: The link between competitive advantage and corporate social responsibility [J]. *Harvard Business Review*, 2006, 84(12): 78 -92.

[373] Qu R L. Corporate social responsibility in china: Impact of regulations, market orientation and ownership structure [J]. *Chinese Management Studies*, 2007(1): 198 -207.

[374] Qu R L. Corporate social responsibility, ownership structure, and political interference: Evidence from China [J]. *International Journal of Management*, 2007(24): 582 -591.

[375] Sayekti Yosefa. Strategic Corporate Social Responsibility (CSR), company financial performance, and earning response coefficient: Empirical evidence on Indonesian listed companies [J]. *Procedia - Social and Behavioral Sciences*, 2015, 211(54): 411 -420.

[376] Simpson W G, Kohers T. The link between corporate social and financial performance: Evidence from the banking industry [J]. *Journal of Business Ethics*, 2002, 35(2): 97 -110.

[377] Stanwick P A, Stankwick S D. The relation between corporate social performance and organizational size, financial performance, and environmental performance: An empiricial examination [J]. *Journal of Business Ethics*, 1998, 17(2): 195 -205.

[378] Uduji Joseph I, Okolo - Obasi, Elda N, et al. Corporate social re-

sponsibility and the role of rural women in sustainable agricultural development in sub – Saharan Africa: Evidence from the Niger Delta in Nigeria [J]. *Sustainable Development*, 2019a, 27(4): 692 – 703.

[379] Uduji Joseph I, Okolo – Obasi, Elda N, et al. Corporate social responsibility in Nigeria and multinational corporations in the fight against human trafficking in oil – producing communities [J]. *Local Environment*, 2019b, 24 (12): 1097 – 1118.

[380] Uduji Joseph I, Okolo – Obasi, Elda Nduka, et al. Sustainable peacebuilding and development in Nigeria's post – amnesty programme: The role of corporate social responsibility in oil host communities [J]. *Journal of Public Affairs*, 2021, 21(2): 1 – 13.

[381] Uduji Joseph I, Okolo – Obasi, Elda Nduka, et al. Gender and natural resources management in Nigeria: The role of corporate social responsibility in the oil host communities [J]. *Natural Resources Forum*, 2023 (online first): 1 – 23.

[382] Weber M. The business case for corporate social responsibility: A company – level measurement approach for CSR [J]. *European Management Journal*, 2008, 26(4): 247 – 261.

[383] Wu C F. The relationship of ethics decision – making to business ethics and performance in Taiwan [J]. *Journal of Business Ethics*, 2002, 35(3): 163 – 177.

[384] Wuttke Martina, Vilks Arnis. Poverty alleviation through CSR in the Indian construction industry [J]. *Journal of Management Development*, 2014, 33 (2): 119 – 130.

[385] Yan J, She Q L. Developing a trichotomy model to measure socially responsible behaviour in China [J]. *International Journal of Market Research*, 2011, 53(2): 253 – 274.

[386] Yin Robert K. *Case study research: Design and methods (Third Edition)* [M]. Thousand Oaks, CA: Sage, 2003.

[387]Zeng S X, Xu X D,Yin H T. Factors that drive Chinese listed companies in voluntary disclosure of environmental information [J]. *Journal of Business Ethics*, 2012(109): 309 -321.

[388]Zhang Qiaowen,De Vries Annalien. Striving for sustainable development: The impact of corporate social responsibility on corporate performance of Chinese manufacturing multinationals in Africa [J]. *Sustainable Development*, 2023, 31(5): 3328 -3345.

